Das

SAUCEN-
KOCHBUCH

Das

SAUCEN-KOCHBUCH

256 Rezepte für Saucen, Salsas und Dressings aus aller Welt

Oded Schwartz

Fotos von Ian O'Leary

Kaleidoskop Buch

Dieses Buch habe ich meiner Agentin und Freundin Vicki McIvor gewidmet. Ohne ihre Unterstützung und ihr Vertrauen wäre meine Arbeit nicht möglich gewesen.

Aus dem Englischen übersetzt von Jens Bommel
Redaktion: Inken Kloppenburg Verlags-Service, München
Korrektur: Petra Tröger
Einbandgestaltung: Studio für Illustration und Fotografie, Icking, Sascha Wuillemet
Herstellung: Dieter Lidl
Satz: satz & repro Grieb, München

Die Originalausgabe mit dem Titel *Sauces & Salsas* wurde erstmals 1999 im Verlag Dorling Kindersley Limited, London, veröffentlicht

DTP-Design: Bridget Roseberry
Food-Styling: Alison Austin, Jane Suthering, Oded Schwartz

DK EIN DORLING KINDERSLEY BUCH

Druck und Bindung: Graficas Estella
Printed in Spain

ISBN 3-88472-828-8

HINWEISE

Alle Rezepte gelten für 4–6 Personen, außer es wird etwas anderes erwähnt.

Einige Rezepte in diesem Buch enthalten rohe Eier. Aufgrund der Gefahr einer Salmonellenvergiftung sollten kleine Kinder, ältere Personen, schwangere Frauen und Personen mit einem geschwächten Immunsystem auf den Verzehr von rohen Eiern verzichten.

Alle Informationen und Hinweise, die in diesem Buch enthalten sind, wurden vom Autor nach bestem Wissen erarbeitet und von ihm und dem Verlag mit größtmöglicher Sorgfalt überprüft. Unter Berücksichtigung des Produkthaftungsrechts müssen wir allerdings darauf hinweisen, dass inhaltliche Fehler oder Auslassungen nicht völlig auszuschließen sind. Für etwaige fehlerhafte Angaben können Autor, Verlag und Verlagsmitarbeiter keinerlei Verpflichtung und Haftung übernehmen.

Korrekturhinweise sind jederzeit willkommen und werden gerne berücksichtigt.

Inhalt

EINFÜHRUNG

Eine gute Sauce zuzubereiten ist keine Hexerei – alles, was man dazu benötigt, sind frische Zutaten, Techniken, die funktionieren, ein bisschen Geduld und ein wenig Phantasie.

Von den einfachen Saucen alter Kulturen – Mischungen aus Essig, Salz und Ölen – bis hin zu den eleganten, reichhaltigen Kreationen der klassischen französischen Küche: Saucen fiel schon immer eine große Bedeutung bei der Zubereitung von Speisen zu. In letzter Zeit jedoch werden Saucen von Hobbyköchen vernachlässigt. Sie befürchten, Saucen zu kochen sei diffizil und sehr zeitaufwendig und zudem eine fett- und kalorienreiche Angelegenheit. Dieses Buch jedoch schafft einen neuen Zugang zu dem Thema und versucht aufzuzeigen, dass Saucen leicht, frisch und schnell zubereitet sein können. Klassische Techniken werden Schritt für Schritt erklärt, zum Beispiel bei Béchamelsauce, Sauce hollandaise, Weißer Buttersauce, Sabayon und Coulis. Zudem enthält das Buch eine umfangreiche Palette moderner Saucen und Relishes.

Als Antwort auf unsere immer ausgefalleneren Gaumenfreuden, unseren hektischen Lebensstil und unsere deutlich gesünderen Essgewohnheiten werden hier Saucen im weitesten Sinne des Wortes vorgestellt. Salsas – Kombinationen aus fein geschnittenen frischen Früchten und Gemüsen, die nicht gekocht werden müssen – können ein Stück gegrilltes Huhn oder Fisch in eine kulinarische Offenbarung verwandeln. Frische Dipsaucen lassen sich gut zu einer Auswahl von Vorspeisen oder als kleiner Imbiss zwischendurch reichen. Dressings kann man über knackige Salatblätter in einer Schüssel träufeln. Kokosnuss-Chutney verleiht einfachen indischen *samosas* (frittierten Teigtaschen) eine besonders schmackhafte Note. Ich habe diesem Buch auch eine internationale Auswahl herzhafter und würziger, heller und dunkler Saucen beigefügt, von denen man die meisten lange vor sich hin köcheln lassen kann und die wesentlicher Bestandteil vieler klassischer und exotischer Gerichte sind.

Ob eine üppige Hollandaise, etwas würzige Paste, eine Flocke aromatisierte Butter, ein frisch zubereitetes Relish oder eine Marinade mit Pfiff – eine gelungene Sauce kann einfache Zutaten in ein kulinarisches Erlebnis verwandeln. Saucen verleihen Speisen Geschmack, Farbe und Konsistenz, und sie runden sie optimal ab. Zudem sind Saucen sehr vielseitig verwendbar. Viele der sehr würzigen Pasten und Relishes lassen sich mit Frischkäse, Joghurt oder Mayonnaise vermischen und ergeben so äußerst delikate Dipsaucen und Dressings. Ein Löffel davon über Pasta, Polenta, Couscous oder Reis ergibt im Handumdrehen eine leichte Mahlzeit. Einfache Saucen sind oft eine gute Basis für die unterschiedlichsten Geschmacksträger, und zwar besonders dann, wenn Sie Kräuter und Gewürze gerne miteinander variieren. Lassen Sie Ihrer Phantasie freien Lauf und experimentieren Sie!

Glücklicherweise sind die Zeiten, als Saucen noch argwöhnisch als Versuch betrachtet wurden, die schlechte Qualität der Zutaten zu kaschieren, seit langem vorbei. Heutzutage sind Saucen ausnahmslos die glorreiche Krönung eines Gerichts. Eine sorgfältig ausgesuchte Sauce ergänzt die Zutaten, zu denen sie gereicht wird, auf perfekte Weise. Sie unterstützt ihren Geschmack, ohne diesen zu überdecken. Die Kunst besteht darin, die Vielseitigkeit von Saucen zu verstehen, sie mit Phantasie einzusetzen und zu kombinieren. Am Ende dieses Buches habe ich eine Tabelle angefügt (siehe „Welche Saucen wozu?", S. 138–140), die Ihnen die Kombination von Saucen mit den geeigneten Zutaten erleichtert.

Saucen, Salsas, Dressings ist eine ausgewählte Zusammenstellung meiner Lieblingsrezepte. Üppig, würzig, fein und köstlich, althergebracht oder speziell für dieses Buch kreiert – die hier vorgestellten Rezepte nehmen Sie mit auf eine kulinarische Reise um die ganze Welt. Peppen Sie Ihre Saucen mal wieder auf, und nehmen Sie dieses Buch als Anleitung dafür; verwenden Sie es als einen Entwurf für eine neue Art des Kochens! Ich hoffe, es wird Sie anregen, eigene, neue und aufregende Saucen und Salsas zu kreieren, und Ihnen beim Kochen genauso viel Freude bereiten, wie es mir Spaß gemacht hat, dieses Buch zu schreiben.

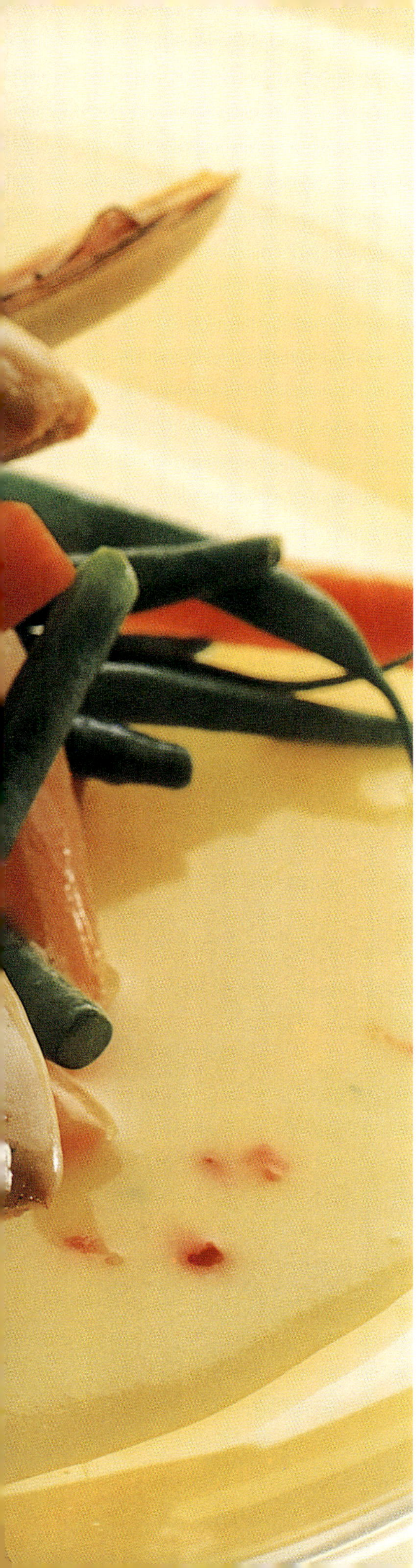

Die Wahl der richtigen Sauce

Die folgende Vorstellung von Saucen aller Art wird Ihnen helfen, frische und aufregende Zutaten in delikate und leckere Saucen, Salsas, Dressings, Marinaden und Relishes zu verwandeln. Lassen Sie sich von den Ideen und Anregungen inspirieren, und vergrößern Sie so Ihr kulinarisches Repertoire.

KRÄUTER

✦ LORBEER
Aromatische Blätter zum Würzen von Fonds, Saucen und Eintöpfen. Frisch oder getrocknet in kleinen Mengen verwenden.

✦ ROSMARIN
Unverzichtbar in der mediterranen Küche. Passt gut zu Fleisch, Fisch und Gemüse und wird frisch und getrocknet verwendet. Schmeckt getrocknet leicht bitter. Sparsam zugeben.

✦ SALBEI

Sehr aromatisch, nur in kleinen Mengen verwenden, da sein Geschmack den der anderen Zutaten leicht überdecken kann. Es gibt verschiedene Arten, die alle gut mit Fleisch harmonieren.

✦ BASILIKUM
Süßlich und zugleich pfeffrig im Geschmack, harmoniert besonders mit Tomaten. Kraut der italienischen Küche, spielt aber in der thailändischen Küche eine ebenso wichtige Rolle.

✦ ESTRAGON
Ein besonders aromatisches Kraut. Es verträgt sich ausgezeichnet mit Fisch und hellem Fleisch und wird zum Aromatisieren von Essig verwendet.

✦ PETERSILIE
Das wohl bekannteste Küchenkraut. Glatte Petersilie schmeckt würziger und frischer. Stets frisch verwenden.

✦ OREGANO

Ein beliebtes mediterranes Kraut, passt ausgezeichnet zu Tomaten, Lamm und Geflügel. Wird frisch und getrocknet verwendet.

✦ DILL
Schmeckt würzig und frisch und erinnert an Anis. Passt gut zu Fisch, Geflügel und Gemüse. Stets frisch verwenden.

✦ MINZE
Das aromatische Kraut harmoniert ausgezeichnet mit Lamm, Geflügel, Hülsenfrüchten, Gemüse und Früchten.

KRÄUTER-SAUCEN

Frische, aromatische und würzige Kräuter sind für die gute Küche unentbehrlich. Kräuter mit festen Blättern wie Thymian, Lorbeer und Rosmarin besitzen einen sehr intensiven Geschmack und sollten sparsam verwendet werden, da sie andere Zutaten leicht überdecken oder einen bitteren Beigeschmack verursachen können. Langes Garen kann das Aroma von Kräutern verändern – etwas von dem frischen Kraut, kurz vor dem Anrichten zugefügt, lässt den Geschmack meist wieder aufleben. Damit Kräuter frisch bleiben, schneidet man die trockenen Enden der Stiele ab und stellt die Stiele in ein Glas frisches Wasser oder wickelt sie in ein feuchtes Küchentuch und legt sie in einem Plastikbeutel in das Gemüsefach des Kühlschranks. Für Saucen eignen sich frische Kräuter meist besser als getrocknete. Aber auch getrocknete Kräuter haben ihre Vorteile, wie zum Beispiel in manchen Marinaden und Gewürzpasten.

ROSMARINÖL

GROSSES BILD: Mit Rosmarin aromatisiertes Öl, über dünne Scheiben geräucherten Heilbutts geträufelt. Eine sehr elegante Vorspeise (s. S. 70).

GREEN-GODDESS-DRESSING

MITTE: Das mit gehackter Petersilie gewürzte Green-Goddess-Dressing ist der perfekte Begleiter zu einem saftigen Filetsteak (s. S. 72).

DILL-PESTO

OBEN: Dill-Pesto auf Polentascheiben, belegt mit gegrillter roter Paprikaschote, roter Zwiebel und geraspeltem Parmesan (s. S. 120).

MEDITERRANE MARINADE

UNTEN: Schwertfischsteaks profitieren von den frischen Aromen dieser mit Zitronenzesten, Dill und Petersilie gewürzten Marinade (s. S. 108).

Gewürze

✦ **Zitronengras**
Der dicke Stiel eines Grases aus Südostasien. Besitzt einen zitronenartigen Geschmack und ein wunderbar intensives Aroma.

✦ **Zimt**
Die aromatische Rinde des Zimtbaumes, gerollt als Stangen, als Splitter und gemahlen im Handel. Wird für süße und salzige Zubereitungen verwendet.

✦ **Kassiazimt**
Ein naher Verwandter des Zimtes. Wird mehr für würzige Zubereitungen verwendet, da kräftiger im Geschmack. Häufige Zutat für indische Currys.

✦ **Vanille**
Die duftende Schote einer tropischen Orchidee. Vanilleschoten sind Vanilleextrakt vorzuziehen, obgleich Vanilleextrakt deutlich besser schmeckt als synthetische Vanilleessenz.

✦ **Kaffir-Limettenblätter**
Die duftenden Blätter des Kaffir-Limettenbaumes haben einen intensiven, frischen Zitrusgeschmack. Man verwendet sie frisch oder getrocknet. Frische Blätter lassen sich gut einfrieren.

✦ **Tamarinde**
Die Schoten des Tamarindenbaumes gibt es im Ganzen oder als küchenfertige Paste. Sie haben einen fruchtigen, süßsauren Geschmack.

✦ **Ingwer**

Die Wurzel ist scharf und leicht süßlich im Geschmack, wird am besten frisch verwendet. Kommt auch getrocknet, gemahlen und eingelegt in den Handel.

✦ **Galgant**
Die äußerst aromatische Wurzel kann zwar durch Ingwer ersetzt werden, besitzt aber einen intensiveren, stark an Kampfer erinnernden Geschmack.

Saucen mit Gewürzen und Aromen

So wie sich der Maler der Farbe bedient, um feine Nuancen herauszuarbeiten, so bedient sich der Koch verschiedener Gewürze und Aromen wie Tamarinde, Ingwer und Vanille, um seinen Saucen einen delikaten Geschmack und ein feines Aroma zu verleihen. Die Liste der häufig verwendeten Gewürze und Aromen wird immer länger, da die meisten exotischen Zutaten heute fast überall erhältlich sind. Mit Aromen sollte man sparsam umgehen, denn viele bringen einen so intensiven Geschmack mit, dass sie andere Zutaten leicht überdecken. Gewürze und Aromen sollte man zudem in kleinen Mengen kaufen und in luftdicht verschließbaren Behältern aufbewahren: Durch den direkten Kontakt mit der Luft verlieren sie schnell ihr Aroma. Manche können eingefroren werden, um ihre Frische zu erhalten.

Zitronengras-Buttersauce

Grosses Bild: Saftige Hähnchenstücke auf einem Spieß aus Zitronengras mit einer samtigen, glatten und aromatischen Buttersauce (s. S. 54).

Tamarinden-Dipsauce

Oben: Herb, fruchtig, mit fein geschnittenen Frühlingszwiebeln und Koriandergrün – ideal zum Eintauchen von gefülltem Filoteig (s. S. 125).

Südafrikanische Sosatie

Mitte: Lammkoteletts mit einer klassischen südafrikanischen Sauce aus Tamarinde, Zitronenblättern und Ingwer (s. S. 113).

Exotisches Früchte-Relish

Unten: Eine Mischung aus Ananas, aromatischem Ingwer und Kaffir-Limettenblättern, die zu Lachs gereicht wird (s. S. 103).

CHILLIES

✦ ANAHEIM (CHILI VERDE)
Der in den USA am häufigsten verwendete Chili. Heißt auch California Long Green. Mild.

✦ CASCABEL
Dunkelrot, wird frisch und getrocknet verwendet. Mild.

✦ VOGELAUGEN-CHILI (THAI-CHILI)
Wird in den meisten asiatischen Ländern verwendet. Grüne und rote Sorten, frisch und getrocknet im Handel. Sehr scharf.

✦ CAYENNE-CHILI
Aus ihm wird der echte Cayennepfeffer hergestellt. Sehr scharf.

✦ SANTA FE GRANDE (CARIBE, CALORO ODER GOLD SPIKE)
Gelb, orange, rot; wird frisch oder getrocknet, im Ganzen oder als Pulver verwendet. Mild bis scharf.

✦ CHORICERO
Wichtige Zutat für spanische Chorizo-Würste. Großer Chili, wird frisch und getrocknet verwendet. Mild.

✦ GUAJILLO
Ein mexikanischer Chili mit delikatem Geschmack. Rostrot. Mild.

✦ FRESNO
Hellgrün, reift kirschrot aus. Wird frisch verwendet. Scharf.

✦ JALAPEÑO/CHIPOTLE
Chipotle-Chillies sind im Rauch getrocknete Jalapeños und besitzen einen rauchigen Geschmack. Scharf.

✦ PASILLA
Im Spanischen „kleine Rosine" genannt, da die getrocknete, runzlige Schote und der Geschmack an Rosinen erinnern. Mild bis mäßig scharf.

✦ HABANERO (SCOTCH BONNET)
Geschmacklich intensiver Chili, unverzichtbar in der karibischen Küche. Sehr scharf.

✦ SERRANO
Grün, rot oder orange, wird frisch verwendet. Scharf.

CHILI-SAUCEN

Frische, getrocknete, scharfe, süße oder milde Chillies sind in fast allen Küchen der Welt eine unverzichtbare Zutat. Sie verleihen Saucen aus aller Herren Länder Geschmack, Konsistenz und eine intensive, appetitliche Farbe. Chillies wuchsen früher hauptsächlich wild und wurden, wie auch Tomaten, aus Zentral- und Südamerika in die Alte Welt eingeführt. Sie sind reich an Vitamin C, A und Capsaizin – der Stoff, der Chillies so scharf macht. Der Schärfegrad von Chillies hängt von der verwendeten Sorte ab (s. links). Im Allgemeinen gilt, je kleiner die Chillies, desto schärfer sind sie. Es gibt aber auch Ausnahmen. Jeder empfindet die Schärfe von Chillies anders. Darum sollten Sie auch beim Kochen Chillies zuerst vorsichtig dosieren und die vielen verschiedenen Chiliarten erst einmal ausprobieren, um so Ihre persönliche Schärfegrenze kennen zu lernen.

TOMATEN-CHILI-SAUCE

GROSSES BILD: Scharfe Tomatensauce, die ein gegrilltes Schellfischfilet in den Rang einer Gourmetspezialität erhebt (s. S. 76).

THAI-DIPSAUCE

OBEN: Eine asiatische Sauce, die mit Chiliringen gewürzt wird und ausgezeichnet zu Garnelen passt (s. S. 125).

HARISSA

MITTE: Verleiht Suppen, Eintöpfen, Saucen und sogar Mayonnaise sofort eine scharf-pikante Note (s. S. 103).

GRANATAPFEL-SALSA

UNTEN: In dieser farbenfrohen Salsa werden Chili, Granatapfelkerne und frisches Koriandergrün vermischt (s. S. 97).

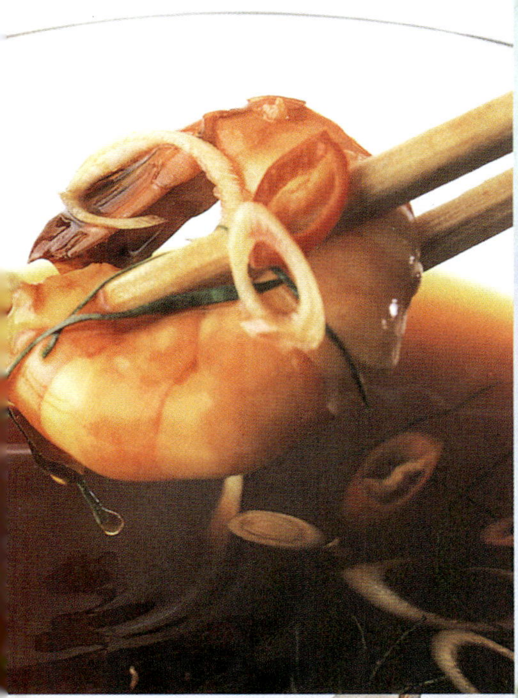

Tomaten

✦ Fleischtomaten
Groß, saftig, festes Fleisch, leicht zu enthäuten. Besonders für Salsas, Salate und Füllungen geeignet.

✦ Verschiedenfarbige Tomaten
Heute gibt es gelbe, orange, violette und sogar gestreifte Tomaten. Man verwendet sie je nach Farbe, die die Sauce annehmen soll.

✦ Kirschtomaten
Mundgerechte, süßfleischige Tomaten. Sie schmecken ausgezeichnet frisch oder gekocht. Am Strauch ausgereifte Kirschtomaten besitzen ein intensiveres Aroma.

✦ Sonnengetrocknete Tomaten
Sie zählen zu den „Rosinen" der feinen Küche. Meist handelt es sich um Eiertomaten, die in Salz gelegt und anschließend in der Sonne getrocknet werden. Sie kommen getrocknet (vor der Verwendung in Wasser einweichen) und in Öl eingelegt in den Handel. Ausgeprägtes Aroma, nur in kleinen Mengen verwenden.

✦ Tomatenmark
Ein glattes, konzentriertes Püree aus passierten, gekochten Tomaten. Meist wird es zur farblichen und geschmacklichen Intensivierung von gekochten Tomatengerichten verwendet. Kommt in Dosen und Tuben in den Handel, lässt sich auch zu Hause zubereiten.

✦ Dosentomaten
Eine gängige Alternative zu frischen Tomaten, besonders im Winter. Vor der Weiterverwendung lässt man die Flüssigkeit abtropfen und drückt die Tomaten leicht aus. Eine Dose mit 400 g Inhalt entspricht abgetropft und ausgedrückt 200–250 g frischen Tomaten.

Tomaten-Saucen

Aus Tomaten lassen sich besonders gute Saucen bereiten, da sich ihr saftiges Fruchtfleisch leicht zu einer kompakten Sauce einkochen lässt. Tomaten wurden bereits im 16. Jahrhundert aus Zentral- und Südamerika in die Alte Welt eingeführt, aber erst im 19. Jahrhundert, als sich die Italiener ihnen mit größter Begeisterung widmeten, erlangten sie allgemeine Beachtung. Heute ist die internationale Küche ohne sie nicht mehr vorstellbar. Die besten Tomaten besitzen ein besonders intensives Aroma mit einem delikaten Gleichgewicht aus Süße und Säure, das sich ideal für Saucen und Salsas eignet. Durch Kochen wird ihr Geschmack intensiver, und roh verleihen sie vielen Speisen eine saftige und fruchtige Note. Tomaten enthalten Carotinoide, die der Krebsvorbeugung dienen sollen und den Früchten ihre rote Farbe verleihen. Vermeiden Sie wässrige Salattomaten.

Frischer Tomaten-Coulis

Grosses Bild: Die perfekte Füllung für eine reife Avocado, serviert mit knusprigen Tortillachips (s. S. 59).

Zwei-Tomaten-Relish

Mitte: Süßfleischige Kirschtomaten und sonnengetrocknete Tomaten in einem Relish zu Geflügel (s. S. 103).

Tomaten-Gravy

Oben: Frisches Tomatenmark und sonnengetrocknete Tomaten geben Bratensaft viel Geschmack (s. S. 65).

Tomaten-Raita

Unten: Eiertomaten und Joghurt, eine erfrischende Kombination. Ideal zu einem scharfen Curry (s. S. 104).

Milchprodukte

✦ **Milch**

Die meisten Saucen auf Milchbasis gelingen durch die sahnige Konsistenz von Vollmilch deutlich besser als mit fettarmer Milch.

✦ **Sahne, Schlagsahne**
Enthält mindestens 30 % Fett, eignet sich gut für Saucen und zum Schlagen.

✦ **Crème double**
Sie ist glatt, reichhaltig, enthält mindestens 40 % Fett und ist die am meisten verwendete Sahne für Saucen. Eignet sich auch zum Schlagen.

✦ **Crème fraîche**
Eine Art Doppelrahm aus saurer Sahne, fein säuerlich, ohne sauer zu sein.

✦ **Saure Sahne**
Enthält mindestens 10 % Fett. Samtig, mild säuerlich, eine beliebte Basis für Dressings und Dipsaucen.

✦ **Joghurt**

Durch Beigabe von Bakterien gesäuerte Milch. Enthält 0,3–10 % Fett. In Saucen sollte Joghurt nicht gekocht werden, da er sonst gerinnt.

✦ **Blauschimmelkäse**
Käse wie Gorgonzola, Stilton oder Danablu enthalten 45–85 % Fett i. Tr. und verleihen Saucen eine würzige Note.

✦ **Frischkäse**
Käse aus Magermilch enthalten wenig Fett. Rahmkäse enthält etwa 60 % Fett i. Tr. Sie werden meist als Basis für Dipsaucen und Aufstriche verwendet.

✦ **Hartkäse und halbfester Schnittkäse**

Parmesan, Emmentaler und Gouda enthalten 40–85 % Fett i. Tr. Sie eignen sich gut zum Reiben und sind die in der Küche am häufigsten verwendeten Käse.

✦ **Butter**
Beim Kochen nur Butter von guter Qualität verwenden. Ein Stückchen Butter, unter eine Sauce geschlagen, verleiht ihr Glanz und Sämigkeit.

Saucen mit Milchprodukten

Milch, Sahne, Butter, Joghurt und Käse sind die Grundlage für viele klassische und moderne Saucen. Was ist einfacher zuzubereiten als eine Sauce aus geschmolzener Butter, die mit ein paar Tropfen Zitronensaft aromatisiert wird? Oder aus angeschlagener Sahne oder Joghurt, mit frischen Kräutern oder Gewürzen verfeinert? Vollmilch ist die richtige Basis für gelungene weiße Saucen und Englische Creme. Durch süße Sahne werden Zubereitungen reichhaltig und samtig, während saure Sahne, Crème fraîche und Joghurt Saucen Sämigkeit, Frische und eine fein säuerliche Nuance verleihen. Durch Käse bekommen Gerichte Geschmack und Konsistenz, und Überbackenes erhält eine leckere goldbraune Kruste. Blauschimmelkäse verleiht Dressings und Saucen eine außergewöhnlich pikante Note. Für solche Zubereitungen sollten Sie ausschließlich Käse von sehr guter Qualität verwenden.

Tandoori-Marinade

Grosses Bild: Tandoori-Stubenküken und Naan. Der Joghurt in der Marinade verleiht eine besonders feine Note (s. S. 110).

Joghurt-Honig-Sauce

Oben: Saftige Feigen mit Honig-Minze-Joghurt ergeben ein leichtes und gesundes Dessert (s. S. 128).

Schokoladencremesauce

Mitte: Eine karamellisierte, mit Zesten garnierte Orange wird auf eine zarte, cremige Schokoladensauce gesetzt (s. S. 126).

Mornay-Sauce

Unten: Brokkoli, der mit einer Käsesauce zart knusprig und goldbraun überbacken wurde (s. S. 49).

Früchte

✦ **Äpfel**
Für Saucen nimmt man am besten säurereiche, mürbe Kochäpfel. Tafeläpfel eignen sich besser roh und gewürfelt für Salsas und Relishes.

✦ **Beeren**
Süße und saure Beeren besitzen gute Kocheigenschaften und ergeben farbenprächtige Saucen. Cumberlandsauce wird aus roten Johannisbeeren hergestellt, Preiselbeersauce ist der Klassiker zu Haarwild.

✦ **Steinobst**
Reife Kirschen, Pflaumen, Pfirsiche und Nektarinen sind eine ausgezeichnete Basis für süße und delikate Saucen.

✦ **Zitrusfruchte**
Zitronen, Limetten und Orangen verleihen Saucen einen säuerlichen Geschmack, besonders die geriebene Schale von unbehandelten Früchten. Zitronen- und Limettensaft verhindern, dass Avocados und andere Früchte braun anlaufen.

✦ **Tropische Fruchte**
Papayas enthalten proteinspaltende Enzyme, die zähes Fleisch zart machen. Mangos schmecken ausgezeichnet in Salsas und Chutneys. Ananas wird häufig für Chutneys und als Fleischzartmacher in Marinaden verwendet. Die exotischen Geschmacksnuancen tropischer Früchte sind besonders bei Dessertsaucen sehr beliebt.

✦ **Bananen**
Zitronen- oder Limettensaft verhindert die Braunfärbung von geschälten Bananen. Sie sind reich an Stärke und Kalium. In vielen exotischen Saucen werden Bananen zum Binden verwendet.

✦ **Granatäpfel**
Die essbaren Samen sitzen in dem saftigen rubinroten Fruchtfleisch. Eine beliebte Zutat der Küche des Nahen Ostens, gut in Salsas.

Frucht-Saucen

Aus Früchten Saucen zu bereiten ist wirklich einfach. Besonders weiche Früchte wie Beeren, Kirschen, Pflaumen, Pfirsiche und Mangos, die nur eine kurze Garzeit besitzen oder gleich roh verwendet werden, eignen sich vortrefflich für schnelle, frisch schmeckende Coulis und Dessertsaucen. Gekochte Saucen werden gerne zu süßen oder pikanten Speisen gereicht. Mit säuerlichen Früchten wie Äpfeln und Pflaumen zubereitet, sind sie die klassischen Begleiter zu Braten und Geflügel. Sie bilden einen wunderbaren Kontrast zu fettem Fleisch wie Ente und Schwein sowie zu Fischen mit hohem Fettanteil wie Makrele und anderen. Den frischen Geschmack von Zitrusfrüchten macht man sich allerorts zunutze, um Saucen perfekt abzurunden. Nehmen Sie am besten nicht ganz ausgereifte Früchte, die Sie zu Hause einige Tage nachreifen lassen – außer natürlich, Sie wollen sie noch am selben Tag verwenden.

Bananen-Karamell-Sauce

Grosses Bild: Eine Verbindung von Bananen, Sahne und Karamell, die über einen Turm von heißen Pfannkuchen gegossen wird (s. S. 129).

Kirschsauce

Mitte: Fein säuerliche Kirschsauce, über eine dicke Scheibe Schinken und zarte Röstkartoffeln gegeben (s. S. 118).

Rote-Bete-Apfel-Salsa

Oben: Cremiger Ziegenkäse auf einem Croûton mit säuerlicher Rote-Bete-Apfel-Salsa, garniert mit rotstieligem Mangold (s. S. 96).

Himbeer-Vinaigrette

Unten: Saftige Scheiben Entenbrust auf einem Bett von Blattsalaten, beträufelt mit rubinroter Himbeer-Vinaigrette (s. S. 69).

Alkoholika

✦ **In Flaschen gereifte Spirituosen**
Hochprozentige geistige Getränke, die meist aus fermentiertem Obst, Stärke und Getreide destilliert werden, darunter Kirschwasser und Himbeergeist. Andere wie Grappa und Wodka schmecken annähernd neutral und werden vor allem wegen ihres hohen Alkoholgehaltes verwendet.

✦ **In Holzfässern gereifte Spirituosen**
Die am meisten in der Küche verwendeten, hochprozentigen Geschmacksträger wie Cognac, Whisky, Weinbrand, Calvados und Rum. Diese intensiv aromatischen Alkoholika werden in kleinen Mengen verwendet.

✦ **Gespritete Weine**
Sowohl süße als auch trockene gespritete Weine sind ausgebaute Weine, die mit hochwertigem Branntwein versetzt werden. Zu dieser Gruppe zählen Sherry, Madeira, Portwein, Marsala und Reiswein. Sie verleihen Saucen Süße und ein delikates Aroma.

✦ **Fruchtliköre**
Verschnittene Liköre, die mit verschiedenen Fruchtsäften, Zitrusschalen, Ölen und Blättern aromatisiert werden – Grand Marnier, Triple Sec, Curaçao, Cointreau, Cherry Brandy, Aprikosen-, Bananen- und Ananaslikör und andere. Man verwendet sie, um Saucen Süße und ein fruchtiges Aroma zu verleihen.

✦ **Gewürz- und Bitterspirituosen**
Spirituosen, die mit Gewürzen und Aromen wie Kaffee, Vanille, Gewürznelken, Bitterextrakten, Kräutern, Zitrusschale oder Holzraspeln versetzt und dann entweder gefiltert oder destilliert werden. Zu ihnen gehören Pernod, Arrak und Ouzo. Obwohl sie meist als Aperitif oder Digestif gereicht werden, verwendet man sie auch zum Aromatisieren von zahlreichen Saucen.

Saucen mit Alkohol

Weine und gespritete Weine wie Sherry, Reiswein und Madeira geben vielen Saucen Körper und Geschmack. Weißwein und Rotwein werden meist schon zu Beginn der Zubereitung hinzugefügt und sollten durch starkes Kochen gut reduziert werden. Der Alkohol verdampft, die Geschmacksstoffe werden konzentriert und entfalten sich. Gespritete Weine werden in kleinen Mengen am Ende einer Zubereitung hinzugefügt und erzeugen so einen weichen, eleganten Abgang. Spirituosen und Liköre sind sehr vielseitig einsetzbar und verleihen sowohl süßen als auch salzigen Saucen ein intensives Aroma. Mit Früchten aromatisierte Liköre harmonieren ausgezeichnet mit dem Geschmack einer Sauce – Cointreau zum Beispiel schmeckt köstlich in einer Orangensauce. Widerstehen Sie der Versuchung, billige Weine und Liköre zum Kochen zu verwenden. Das Ergebnis sind flache, fad schmeckende Saucen.

Zabaione

Grosses Bild: Ein klassisch italienisches Dessert, cremig und schaumig, wird mit süßem Marsala aromatisiert (s. S. 128).

Gekochte Vinaigrette

Oben: Ein leichter Orangen-Chicorée-Salat mit einer köstlichen, mit Weißwein zubereiteten Vinaigrette (s. S. 69).

Rum-Ingwer-Butter

Mitte: Butter, Rum und frischer Ingwer werden zu einer lockeren, cremigen Mischung verschlagen (s. S. 133).

Wacholder-Demiglace

Unten: Rotwein und Gin verleihen viel Geschmack, die Sauce passt zu Schweinemedaillons und Grünkohl (s. S. 61).

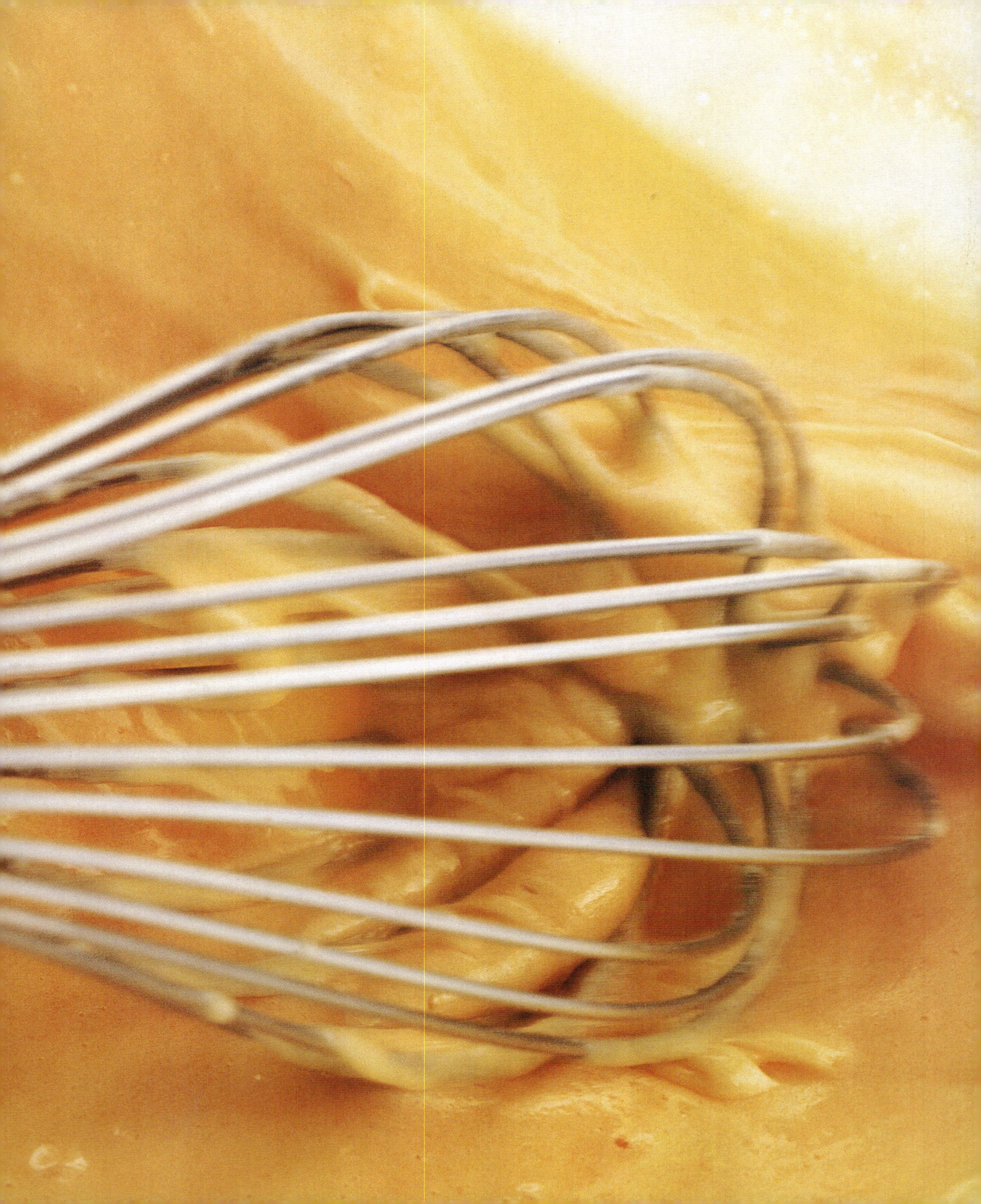

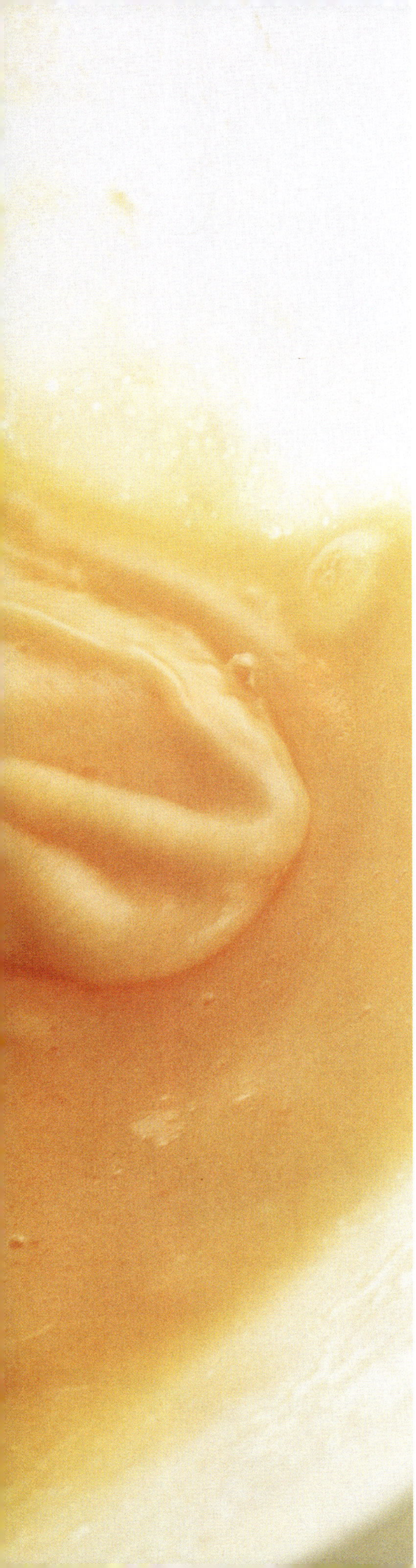

Die Techniken

Die Zubereitung von Saucen ist nicht schwierig – es sind keine besonderen Fertigkeiten oder ausgefallene Geräte nötig. Nehmen Sie sich etwas Zeit, und eignen Sie sich ein paar einfache Techniken an. Nicht nur, dass Sie damit würzige Fonds, schaumige Sabayons und glänzende Mayonnaisen zubereiten können. Nein, sie liefern Ihnen auch die Grundlagen, um mit Saucen zu experimentieren und eigene Saucenkreationen zu entwickeln.

Ausrüstung

Die meisten der auf diesen Seiten beschriebenen Geräte sind in einer durchschnittlich ausgerüsteten Küche bereits vorhanden. Beim Kauf von Küchengeräten und Hilfsmitteln sollte man nur beste Qualität wählen, da sie länger hält. Die Geräte sollen gut in der Hand liegen und aus nicht korrodierendem Material bestehen wie rostfreiem Edelstahl, Kunststoff oder Glas, die mit säurehaltigen Zutaten nicht reagieren.

Schüssel, auf eine Kasserolle gestellt
Ein einfacher Ersatz für einen doppelwandigen Topf oder ein Wasserbad – ein Arrangement, mit dem sich Saucen wie Hollandaise, Sabayon und Englische Creme durch besonders sanfte Hitzezufuhr zubereiten und warm halten lassen. Achten Sie darauf, dass der Boden der Schüssel nicht mit dem köchelnden Wasser in Berührung kommt.

Flacher Schneebesen: Er reicht auch in die Ecken einer Kasserolle.

Ballonbesen: Eignet sich zum Schlagen in Schüsseln.

Flacher Spiralbesen: Zum Rühren und Schlagen in Schüsseln und Kasserollen.

Kasserollen
Verwenden Sie ausschließlich Töpfe und Pfannen mit schwerem Boden (z. B. Sandwichboden), da sie die Hitze gleichmäßiger verteilen und eine bessere Kontrolle der Temperatur ermöglichen.

Schneebesen
Zum Mischen und Verbinden flüssiger Zutaten, heben Luft unter eine Sauce, so dass sie eine lockere Konsistenz erhält. Schneebesen sollen gut in der Hand liegen, das für Sie richtige Gewicht besitzen und ausschließlich aus rostfreiem Edelstahl bestehen.

Mörser und Stössel
Ein traditionelles Küchengerät, um Zutaten zu Pasten und Pürees zu verarbeiten – es entsteht eine Konsistenz, wie sie eine Küchenmaschine niemals erreicht.

Elektrische Geräte

Elektrisches Rührgerät: Erleichtert Arbeiten wie Mayonnaise, Eier, Sahne und Butter schlagen – besonders bei größeren Mengen. Für kleinere Mengen ist ein Handbesen vorzuziehen.

Mixstab: Zum Pürieren in Kasserollen oder von kleineren Mengen.

Standmixer: Ideal zum Pürieren; ermöglicht eine glatte, feine Konsistenz.

Küchenmaschine: Gut zum Mixen, Zerkleinern, Hacken und Pürieren. Ihr großes Plus ist die hohe Geschwindigkeit.

Gewürzmühle: Zum Pulverisieren und Mahlen von Gewürzen. Kommerziell hergestellte Gewürzpulver sind zwar feiner, aber frische, in einer Gewürzmühle gemahlene Gewürze sind stets deutlich aromatischer.

Siebe

Sie sind meist unverzichtbar, um eine glatte Konsistenz zu erreichen und um klumpige Saucen zu retten. Sowohl Spitz- als auch Rundsiebe gibt es in besonders feinmaschigen wie auch in gröberen Ausführungen. Man sollte mindestens zwei unterschiedlich große Siebe besitzen: ein größeres zum Abseihen von Fonds und ein kleineres zum Passieren von Saucen oder für Pürees. Reinigen Sie sie unter fließendem Wasser, und schütteln oder klopfen Sie sie anschließend, damit in den Maschen sitzendes Wasser entfernt wird.

Reibe

Zweckmäßiges kleines Küchenwerkzeug zum Reiben der Schale von Zitrusfrüchten oder von Käse.

Schaumlöffel

Zum Abheben von Schaum, der sich an der Oberfläche von Fonds und köchelnden Saucen bildet. Stellen Sie immer eine Schüssel mit kaltem Wasser daneben, um den Schaum vom Schaumlöffel abzuwaschen.

Zitronenpresse

Mit einer Zitronenpresse kann man halbierte Zitronen wieder in Form bringen. Man verwendet sie aber in erster Linie zum Auspressen von Zitronen- oder Orangensaft. Die Kerne werden zurückgehalten.

Hühnerfond

Kein Brühwürfel reicht jemals an einen selbst gemachten Fond aus frischen Zutaten heran. Da Hühnerfond als Basis für zahlreiche Zubereitungen dient, lohnt es sich, ihn selbst zu bereiten. Sie können ihn in Abstimmung mit dem Gericht, für das er verwendet werden soll, würzen. Der perfekte Hühnerfond besitzt eine helle Farbe und ist klar. Am besten eignen sich größere Suppenhühner aus ökologischer Freilandhaltung. Die Knochen von jungen Brathähnchen geben dem Fond nicht genug Geschmack und Gelierkraft. Fonds lassen sich gut einfrieren, verlieren aber durch langes Einfrieren etwas an Geschmack und Substanz.

Tipps & Tricks

Fett von einem Fond entfernen
Den Fond kalt stellen, so dass sich das Fett an der Oberfläche sammelt und erstarrt. Mit einem Löffel abheben. Man kann es aber auch mit einigen Lagen Küchenpapier von der noch heißen Oberfläche absaugen.

Grundrezept

Ich bevorzuge einen kräftigen Fond, doch sollten Sie für einen feinen Geschmack weniger Gemüse zugeben. Experimentieren Sie mit Kürbis, Zucchinis, Tomaten oder einer kleinen Menge Rote Bete, anderen Kräutern und Gewürzen. Geben Sie für einen asiatischen Fond einige ganze Knoblauchzehen zu sowie ein Bouquet garni aus 2 halbierten Stengeln Zitronengras, 2,5 cm Ingwerwurzel und 1–2 Streifen Orangenschale. Ersetzen Sie die Nelken und die Pfefferkörner durch 4 ganze Sternanis und $\frac{1}{2}$ TL Szechuanpfeffer.

Ergibt 1–$1\frac{1}{4}$ Liter

1,5–2 kg Hühnerknochen oder ein ganzes Suppenhuhn, in Stücke geschnitten

2 l Wasser

1 Stange Lauch, grob geschnitten

1 Zwiebel, ungeschält, gründlich gewaschen und in Viertel geschnitten

4 Möhren, gehackt

2 Stangen Bleichsellerie, gehackt

100 g Pilze oder 1 TL getrocknete Pilze, z. B. Steinpilze (nach Belieben)

1 Bouquet garni aus 3 Thymianzweigen, einigen Sellerieblättern, 1 Lorbeerblatt und 2–3 Streifen Zitronenschale (s. S. 30)

4 Gewürznelken und 1 TL schwarze Pfefferkörner, in ein Stück Mull gebunden (nach Belieben)

Haltbarkeit: 1 Woche im Kühlschrank, 3 Monate im Tiefkühlfach.

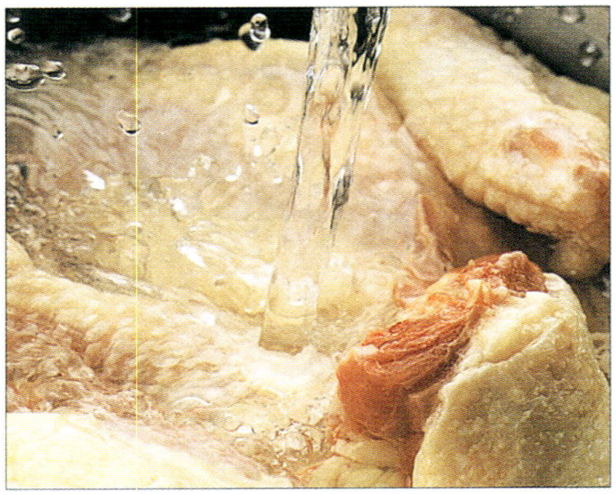

1 Die Hühnerknochen oder Hühnerstücke gründlich waschen, dabei das Wasser mehrmals wechseln und gut abtropfen lassen. In eine große Kasserolle füllen, das Wasser zugießen und langsam aufkochen. Abschäumen.

2 Etwa 30 Minuten köcheln lassen, wenn nötig abschäumen. Das Gemüse, das Bouquet garni und das Gewürzsäckchen zugeben.

3 Im offenen Topf etwa $1\frac{1}{2}$–2 Stunden bei kleiner Hitze weiterköcheln lassen, bis der Fond um etwa ein Viertel eingekocht ist.

4 Durch ein mit einem Mulltuch ausgelegtes Sieb abseihen. Rasch auskühlen lassen und das Fett entfernen (s. oben).

DUNKLER FOND

Ein behutsam und mit frischen Zutaten zubereiteter dunkler Fond ist kristallklar, tief bernsteinfarben, besitzt kein Fett und schmeckt kräftig und würzig nach Gemüse und Fleisch. Verschiedene Gemüse und Kräuter geben dem Fond unterschiedliche Geschmacksnuancen. Seine Zubereitung ist zeitaufwendig. Daher wird er heute nur noch selten zu Hause zubereitet, wohl aber in guten Restaurants, wo dunkler Fond eine wesentliche Zutat für die Herstellung von Demiglace ist (s. S. 60). Früher wurde er ausschließlich aus Kalbsknochen zubereitet. Heute nimmt man auch Rinder-, Lamm- und Hammelknochen.

TIPPS & TRICKS

Einen trüben Fond klären

1–2 Eiweiß mit der Schale schlagen, zum Fond geben, unter Rühren zum Kochen bringen. 3 Minuten kochen, vom Herd nehmen und 10 Minuten stehen lassen. Den Schaum abheben, den Fond abseihen.

GRUNDREZEPT

Das vorherige Rösten der Knochen verleiht dem Fond einen milden und doch vollen und konzentrierten Geschmack und eine intensive dunkle Farbe. Da die Aromen durch das Reduzieren stärker hervortreten, sollte man den Fond erst ganz am Schluss des Garprozesses würzen.

Ergibt 1–1 1/4 Liter

1,5 kg Rinder-, Lamm- oder Hammelknochen (Rückgrat und Rippe), gehackt und gründlich in mehrfach gewechseltem Wasser gewaschen

1 Kalbsfuß, der Länge nach halbiert und geviertelt (nach Belieben)

3 EL Sonnenblumen- oder Olivenöl

250 ml trockener Weißwein

3 l Wasser

250 g Möhren, gehackt

2 mittelgroße Zwiebeln, ungeschält, gut gewaschen und geviertelt

2 Stangen Bleichsellerie, gehackt

2 Knoblauchzehen

150 g Pilze, geschnitten

4 reife Tomaten, geviertelt

1 Bouquet garni aus 4 Zweigen Thymian, 2 Sellerieblättern und 2 Stengeln Petersilie (s. S. 30)

Salz und frisch gemahlener schwarzer Pfeffer

Haltbarkeit: 1 Woche im Kühlschrank, 3 Monate im Tiefkühlfach.

1 Die Knochen und den Kalbsfuß in eine Bratreine legen und mit dem Öl beträufeln. Im vorgeheizten Ofen bei 220 °C 45–50 Minuten rösten, dabei von Zeit zu Zeit wenden. Die Knochen in einen großen Topf füllen.

2 Das Fett aus der Reine abgießen. Mit dem Wein bei kleiner Hitze den Bratensatz lösen. Zu den Knochen gießen, ebenso das Wasser und zum Kochen bringen. Die Hitze verringern und 10 Minuten köcheln lassen.

3 Abschäumen, dann alle restlichen Zutaten außer Salz und Pfeffer zugeben. Im offenen Topf etwa 3 Stunden köcheln lassen.

4 Abschmecken. Etwas abkühlen lassen, durch ein mit einem Mulltuch ausgelegtes Sieb abseihen und rasch abkühlen lassen.

FISCHFOND (FUMET)

Fischfond oder Fumet ist die Basis für viele Saucen und Suppen. Üblicherweise werden nur die Gräten und Köpfe von fettarmen weißfleischigen Fischen wie Seezunge, Steinbutt verwendet. Aber auch aus Lachs, Forelle und Barsch lassen sich ausgezeichnete Fischfonds zubereiten. Streng schmeckende ölige Fische wie Makrele und Hering eignen sich weniger. Meist kommt Weißwein in den Fischfond, in manchen Rezepten aber auch Rotwein. Als Abwandlung ersetzt man das Bouquet garni durch Fenchel, Dill, Ingwer, Zitronengras, Fenchelsamen und Kümmel.

GRUNDREZEPT

Für mehr Geschmack gibt man 1 kleine Rotbarbe dazu. Für einen besonders feinen Fond nimmt man nur Gräten und keine Köpfe oder Abschnitte. Nicht länger als 30 Minuten köcheln lassen, da er sonst bitter wird.

Ergibt 1 1/4 – 1 1/2 Liter

1,5 kg Fischgräten, Köpfe und Abschnitte

30 g Butter

2 Stangen Lauch, nur den weißen Teil, fein geschnitten

1 Möhre, gehackt

1 Stange Bleichsellerie, gehackt

250 ml trockener Weißwein oder Rotwein

2 1/2 l Wasser

1 Bouquet garni aus 2 Zweigen Thymian, 2 Stücken grünem Lauch, 2 Stengeln Petersilie, 1 Sellerieblatt und 1 Lorbeerblatt (s. unten)

10 Pfefferkörner

2–3 dicke Scheiben Zitrone

Haltbarkeit: 1 Woche im Kühlschrank, 3 Monate im Tiefkühlfach.

BOUQUET GARNI

Für ein Bouquet garni bindet man ein Sträußchen frischer Kräuter mit Küchengarn. Die Frische der Zutaten trägt entscheidend zum Gelingen eines Fonds bei.

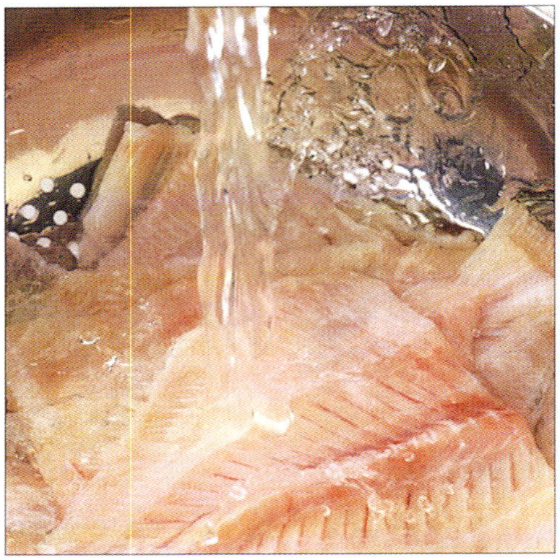

1 Die Gräten gründlich in reichlich kaltem Wasser waschen und alle Rückstände von Blut abbrausen. Gut abtropfen lassen.

2 Die Butter bei kleiner Hitze in einer Kasserolle erhitzen und den Lauch, die Möhre und den Sellerie darin anschwitzen.

3 Die Fischgräten, den Wein und das Wasser zugeben, aufkochen. Abschäumen, das Bouquet garni, die Pfefferkörner und die Zitronenscheiben zufügen, aufkochen.

4 Die Hitze verringern, im offenen Topf 30 Minuten leicht köcheln lassen, öfters abschäumen. Durch ein mit Mulltuch ausgelegtes Sieb abseihen und rasch abkühlen lassen.

GEMÜSEFOND

Ich bereite diesen sehr vielseitig verwendbaren Fond aus einer Reihe von Gemüsen und Kräutern zu, die ich je nach Jahreszeit entsprechend aussuche. Geschmacksreiche Gemüse wie Kürbis, Sellerie, Fenchel, Petersilienwurzel, Pastinaken oder Pilze eignen sich besonders, jedoch sollte man sie sparsam verwenden, damit kein Aroma vorherrscht. Fügen Sie einen Apfel, eine Birne oder auch einen Pfirsich hinzu, so bekommt der Fond ein klein wenig Süße. Setzen Sie diesen Fond als Basis für Saucen, Suppen und Eintöpfe ein sowie für die Zubereitung von Pilaw und Risotto.

GRUNDREZEPT

Probieren Sie anstelle des Bouquet garni Gewürze wie Zitronengras, Ingwer und Sternanis aus. Achten Sie aber darauf, dass sie mit dem Gericht harmonieren, für das der Fond verwendet werden soll. Geben Sie 75 g Okraschoten dazu – der Fond wird dadurch gebunden und erhält eine leicht gelatinöse Konsistenz. Sie können auch 2 Esslöffel eingeweichte Gerste, Hafer oder gestoßenen Reis zugeben, der Gemüsefond erhält dadurch Bindung und wird leicht sämig.

Ergibt 1–1¼ l

1 große Zwiebel, in Ringe geschnitten

100 g Möhren, gehackt oder in Scheiben geschnitten

100 g Kürbis, gehackt

2 Stangen Bleichsellerie

1 große, reife Tomate, in Viertel geteilt

3 Knoblauchzehen, geschält

1½ l Wasser

1 Bouquet garni aus 4 Stengeln Petersilie, 4 Stengeln Koriandergrün, 2 Zweigen Thymian und 2 Streifen Zitronenschale (s. Bild zu Schritt 2)

Haltbarkeit: 1 Woche im Kühlschrank, 3 Monate im Tiefkühlfach.

1 Zwiebel, Möhren, Kürbisfleisch, Sellerie, Tomate und Knoblauch in einen großen Topf füllen und das Wasser zugießen.

2 Das Bouquet garni einlegen und zum Kochen bringen. Die Hitze verringern und im offenen Topf 25 Minuten köcheln lassen. Zwischendurch immer wieder abschäumen.

3 Den Fond beiseite stellen und etwas abkühlen lassen. Anschließend durch ein feines Spitzsieb in eine Schüssel abseihen. Den Fond rasch abkühlen lassen.

Béchamelsauce

Béchamel ist eine vielseitig verwendbare Basis für zahlreiche andere Saucen. Sie verleiht ihnen Sämigkeit, Bindung und Fülle. Sie wird mit einem Roux gebunden, einer glatten, gekochten Mischung aus Mehl und Butter, die auch für Velouté und einige dunkle Saucen zubereitet wird. Béchamelsauce muss 15 Minuten gekocht werden, damit der Mehlgeschmack vollständig verschwindet, dabei ständig rühren, damit sie glatt und glänzend wird. Traditionell wird Béchamelsauce mit weißem Pfeffer gewürzt, doch bekommt sie mit schwarzem Pfeffer aus der Mühle, wie ich finde, ein interessanteres Aussehen und mehr Aroma. Soll die Sauce als Bindemittel oder als Grundlage für gebackene Gerichte dienen, stellt man am besten eine reine Milch-Béchamel her. Für eine würzigere Sauce zum Gießen verwendet man mit Gewürzen und Zwiebeln aromatisierte Milch.

Tipps & Tricks

Klumpige Béchamelsauce retten
Wird die Sauce zu schnell gekocht oder nicht ausreichend geschlagen, kann sie klumpig werden. Klümpchen bilden sich auch, wenn die Sauce zu wenig gerührt wird und am Topfboden ansetzt. Man passiert sie durch ein feines Sieb oder mixt sie in der Küchenmaschine oder mit dem Mixstab. Anschließend in eine saubere Kasserolle gießen und weiterkochen.

Grundrezept

Béchamelsauce wird mit einer weißen Mehlschwitze (Roux) hergestellt, die etwa 4 Minuten gerührt wird. Für eine helle Mehlschwitze rührt man den Roux, wie in Schritt 1 beschrieben, in 5–6 Minuten goldbraun. Für eine braune Mehlschwitze, die manchmal zum Binden von dunklen Saucen verwendet wird, nimmt man geklärte Butter (s. S. 35) und bereitet den Roux bei mittlerer Hitze 8–10 Minuten unter ständigem Rühren und Schlagen, bis er kräftig braun wird.

Ergibt 400 Milliliter

FÜR DEN ROUX

30 g Butter

30 g Mehl

FÜR DIE SAUCE

500 ml Milch oder aromatisierte Milch (s. S. 33)

Frisch geriebene Muskatnuss (nach Belieben)

Salz und frisch gemahlener weißer oder schwarzer Pfeffer

Haltbarkeit: 1 Woche im Kühlschrank.

1 Die Butter in einer kleinen Kasserolle zerlassen und, sobald sie aufschäumt, das Mehl mit einem Schneebesen gründlich einrühren. Bei nittlerer Hitze 3–4 Minuten ständig rühren, ohne dass der Roux Farbe nimmt.

Aromatisierte Milch

500 ml Milch in einer Kasserolle mit einer geschälten und geviertelten Zwiebel, 3–4 Nelken und, nach Geschmack, 1 Bouquet garni aus 1 Lorbeerblatt, 1–2 Zweigen Thymian und einem Streifen Zitronenschale (s. S. 30) erhitzen. Zum Kochen bringen, die Temperatur herunterschalten und bei kleinster Hitze etwa 10 Minuten leicht köcheln lassen. Vom Herd nehmen und abkühlen lassen. Anschließend durch ein Sieb abseihen.

2 Die Milch unter ständigem Schlagen zugießen, damit sich keine Klümpchen bilden. Zum Kochen bringen, bei kleinster Hitze unter gelegentlichem Schlagen 15–20 Minuten köcheln lassen, bis die Sauce glatt ist.

3 Die Muskatnuss unterrühren und mit Salz und Pfeffer abschmecken.

HOLLANDAISE

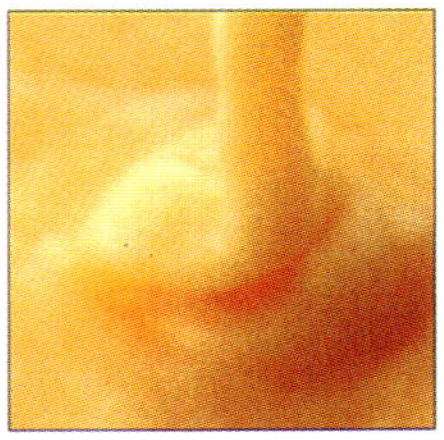

Diese luftig leichte, üppige Sauce zählt zu den größten Erfindungen der französischen Küche, obgleich sie aller Wahrscheinlichkeit nach von Franzosen im holländischen Exil kreiert wurde – daher der Name. Hollandaise ist die klassische Eigelb-Butter-Mischung und erinnert an warme Mayonnaise, wird aber statt mit Öl mit geklärter Butter zubereitet. Sie harmoniert sehr gut mit gekochtem oder gedämpftem Gemüse oder mit Fisch. Sie ist auch die Basis für Sauce béarnaise (s. S. 54), die klassische Begleitung zu Steak. Beherrscht man erst einmal die Technik, so kann man mit unterschiedlichen Kräutern, Pürees und Gewürzen experimentieren und neue oder bereits existierende Ableitungen dieser großartigen Sauce kreieren. Hollandaise sollte warm serviert werden, aber niemals heiß. Halten Sie sie in einem Wasserbad warm.

TIPPS & TRICKS

Geronnene Hollandaise retten

Werden die Eigelbe und die Reduktion zu schnell oder bei zu großer Hitze aufgeschlagen oder wird die Butter zu schnell zugegeben, kann die Sauce gerinnen. Beginnen Sie von neuem, aber verwenden Sie anstelle von mehr Butter die geronnene Sauce. 1 Eigelb mit 1 EL Wasser in einem Wasserbad locker aufschlagen. Vom Herd nehmen und nach und nach die geronnene Sauce unterrühren.

GRUNDREZEPT

Diese üppige und feine Sauce passt gut zu pochiertem Fisch oder gedämpftem Gemüse und dient als Basis für zahlreiche weitere Saucen. Übrig gebliebene kalte Hollandaise ergibt einen überraschend leckeren Brotaufstrich.
Für eine etwas reichhaltigere Mousselinesauce hebt man 60 ml halb fest geschlagene Sahne kurz vor dem Servieren unter. Für eine deliziöse, nussig schmeckende Ableitung der Hollandaise (Sauce noisette) stellt man gebräunte Butter her, indem man 60 g Butter erhitzt, bis sie eine leicht nussbraune Farbe annimmt. Sie wird dann kurz vor dem Servieren unter die Hollandaise gerührt.

Ergibt 750 Milliliter

4 EL Wasser

1 EL Weißweinessig

1 TL weiße oder schwarze Pfefferkörner, gestoßen

4 Eigelb

250 g Butter, geklärt (s. S. 35), auf Raumtemperatur abgekühlt

1 EL Zitronensaft

Salz

1 Das Wasser, den Essig und die Pfefferkörner in einer kleinen Kasserolle erhitzen und bei geringer Hitze in 2–3 Minuten um ein Drittel einkochen lassen (reduzieren). Die Reduktion durch ein Sieb in eine feuerfeste Glas- oder eine Metallschüssel abseihen und abkühlen lassen.

2 Die Schüssel auf eine Kasserolle mit leicht köchelndem Wasser setzen, die Eigelbe mit einem Schneebesen einrühren, bis die Mischung nach 5–8 Minuten bindet und schaumig wird. Die Hitze muss niedrig bleiben, die Sauce sollte nicht wärmer als handwarm sein, da die Eigelbe sonst gerinnen.

BUTTER KLÄREN

Die Butter bei schwacher Hitze in einer kleinen Kasserolle schmelzen und einige Sekunden aufschäumen lassen. Die Oberfläche abschäumen und die Butter anschließend leicht abkühlen lassen. Durch ein mit Musselin ausgelegtes Sieb abseihen. Die Molke am Boden der Kasserolle nicht mit abgießen. Den Musselin vorher kurz unter kaltem Wasser abbrausen und auswringen, so kann er die verbliebenen Rückstände besser auffangen.

3 Die geklärte Butter unter ständigem Schlagen zufügen, bis die Sauce dick und locker ist. Mit Zitronensaft und Salz abschmecken.

4 Die glatte, dicke und cremige Hollandaise sollte nun in einem breiten Strahl vom Schneebesen ablaufen. Sofort servieren.

SABAYON

Sabayon, ein naher Verwandter des italienischen Zabaione (s. S. 128), ist gewöhnlich eine süße Sauce. Anstelle des klassischen Süßweines und Zuckers werden bei dieser äußerst pikanten Version Fond, Wermut und Kräuter mit Eigelb bei niedriger Hitze zu einer lockeren, luftigen Sauce aufgeschlagen. Das so entstehende Sabayon besitzt eine schaumige Konsistenz und erstaunlich wenig Fett. Wie bei anderen Saucen, die Eigelb enthalten, sollte auch Sabayon nur sehr sanft erhitzt werden und niemals den Siedepunkt erreichen, da das Eigelb sonst gerinnt. Sobald Sie jedoch die Technik beherrschen, werden Sie zu dem Schluss kommen, dass sich die Sauce rasch und ohne große Schwierigkeiten zubereiten lässt. Sabayon sollte immer sofort – solange es noch warm ist – serviert werden. Auf den Seiten 56–57 finden Sie weitere Rezepte.

TIPPS & TRICKS

Welche Fehler passieren können

Sabayon lässt sich schnell und einfach zubereiten, erhält aber, wenn es zu lange geschlagen wird, eine zähe und zu dicke Konsistenz. Bei zu starker Hitze oder direktem Kontakt der Schüssel mit dem kochenden Wasser in der Kasserolle kann es gerinnen, und die Eigelbe flocken aus. Bedauerlicherweise gibt es keine Mittel, um hier Abhilfe zu schaffen. Man muss von neuem beginnen.

GRUNDREZEPT

Hier ein Rezept für ein delikates, mit feinen Kräutern aromatisiertes Sabayon, das ausgezeichnet zu Meeresfrüchten und pochiertem Fisch passt. Für ein Sabayon, das zu gegrilltem Hähnchen oder anderem Geflügel gereicht werden soll, nimmt man anstelle des Fischfonds 150 ml Hühnerfond, der auf etwa 60 ml eingekocht wird, und anstelle des Wermuts gibt man 45 ml trockenen Weißwein dazu und ersetzt den Orangen- durch Zitronensaft.

Für 4–6 Personen

4 Eigelb

1 TL Zucker

45 ml Fischfond (s. S. 30)

30 ml trockener Wermut

3 EL Kräuterpüree (s. S. 42)

1 EL Zitronensaft

Salz und frisch gemahlener schwarzer Pfeffer

1 Die Eigelbe mit dem Zucker in eine große Schüssel füllen und entweder mit dem Handbesen oder einem elektrischen Rührgerät schaumig schlagen, bis die Mischung glatt und etwas heller geworden ist.

2 Den Fischfond, den trockenen Wermut und das Kräuterpüree (eingefrorenes Püree sollte aufgetaut sein) zugeben und weiterschlagen, bis die Zutaten gründlich miteinander verbunden sind.

3 Die Schüssel auf eine Kasserolle mit leicht köchelndem Wasser setzen und darauf achten, dass der Boden der Schüssel das Wasser nicht berührt. Etwa 8–10 Minuten schlagen, bis die Sauce dick und schaumig wird. Mit einem elektrischen Rührgerät dauert dies nur etwa 5 Minuten.

4 Das Sabayon ist fertig, wenn sich beim Herausziehen des Schneebesens an der Oberfläche flache Spitzen bilden, die kurzzeitig stehen bleiben. Abschließend den Zitronensaft unterheben, mit Salz und Pfeffer abschmecken und sofort servieren.

MAYONNAISE

Die Herstellung von Mayonnaise grenzt an Magie. Eigelb, Öl und Gewürze werden in eine üppige, glänzende Emulsion verwandelt und gewürzt. Mayonnaise ist ein beliebter Begleiter kalter Gerichte und wird zu Salaten, als Dipsauce oder als Beigabe zu kaltem Fleisch und Meeresfrüchten gereicht oder für Sandwiches und Canapés verwendet. Das Geheimnis des Erfolgs liegt in der richtigen Temperatur aller Zutaten (kühle Raumtemperatur). Nach Belieben kann man am Schluss etwas kochendes Wasser zugeben, wodurch sich die Haltbarkeit verlängert und die Konsistenz – wenn nötig – korrigiert werden kann. Eine Mayonnaise von Hand herzustellen erfordert reichlich Kraft in den Unterarmen, das gleiche Resultat lässt sich aber mit deutlich geringerem Zeitaufwand auch mit Hilfe eines elektrischen Rührgerätes oder der Küchenmaschine erzielen (s. S. 39).

TIPPS & TRICKS

Ausgeflockte Mayonnaise retten

2 EL ausgeflockte Mayonnaise in eine saubere Schüssel füllen, entweder 2 TL Senf oder 1 Eigelb zufügen und schlagen, bis die Zutaten gut miteinander vermengt sind. Die restliche ausgeflockte Mayonnaise nach und nach untermischen, bis die Mayonnaise dick und glänzend ist. Nach Belieben das kochende Wasser, zusätzlichen Zitronensaft oder Essig und die Gewürze unterrühren.

GRUNDREZEPT

Für einen stärkeren Olivenölgeschmack ersetzt man ein Drittel des Öls durch natives Olivenöl extra. Für eine nussig schmeckende Mayonnaise ersetzt man die Hälfte des Öls durch Haselnuss- oder Walnussöl.

Ergibt 350 Milliliter

2 Eigelb, bei kühler Raumtemperatur

2 TL Zitronensaft oder Weißweinessig, plus ein wenig mehr zum Abschmecken

1 TL Dijonsenf oder Senfpulver

1 kleine Messerspitze Salz

300 ml Sonnenblumenöl oder leichtes Olivenöl

Salz und frisch gemahlener Pfeffer

2 EL kochendes Wasser (nach Belieben)

Haltbarkeit: 1 Woche im Kühlschrank.

1 Ein feuchtes Küchentuch oder einen breiten Gummiring unter die Rührschüssel legen, damit sie nicht wegrutscht. Die Eigelbe, den Zitronensaft oder Essig, den Senf und das Salz in die Schüssel füllen und mit dem Schneebesen gründlich verrühren.

2 Das Öl Tropfen für Tropfen unter ständigem Schlagen zufügen, bis etwa ein Drittel des Öls eingearbeitet ist und die Mayonnaise dicker wird. Das Öl bis zu diesem Zeitpunkt auf keinen Fall zu schnell zufügen, da die Mayonnaise sonst gerinnt (s. oben).

Mit der Maschine

Mit dem elektrischen Rührgerät
Eigelbe, Zitronensaft oder Essig, Senf und Salz einige Sekunden bei hoher Geschwindigkeit vermischen. Bei mittlerer Geschwindigkeit ein Drittel des Öls nach und nach in sehr kleinen Mengen einarbeiten. Das restliche Öl in dünnem Strahl einlaufen lassen, bis die Mayonnaise dick und glänzend ist. Bei höchster Geschwindigkeit fertig stellen, wie in Schritt 3 beschrieben.

Mit Küchenmaschine oder Mixer
Eigelbe, Zitronensaft oder Essig, Senf und Salz einige Sekunden mixen. Bei laufendem Gerät das Öl in dünnem Strahl zugießen, bis die Mayonnaise dick und glänzend ist. Fertig stellen, wie in Schritt 3 beschrieben, das Gerät aber bei Zugabe der restlichen Zutaten nur noch 1–2 Sekunden laufen lassen.

3 Das restliche Öl in dünnem Strahl zugießen und schlagen, bis die Mayonnaise dick wird, glänzt und steife Spitzen bildet. Mit Zitronensaft oder Essig, Salz und Pfeffer abschmecken. Soll sie aufbewahrt werden, rührt man das kochende Wasser unter.

4 Cremefarbene und glänzende Mayonnaise ist sehr reichhaltig und dick und bildet feste Spitzen.

Englische Creme

Englische Creme oder Vanillecremesauce ist die vollendete Dessertsauce, sie wird heiß oder kalt serviert und ganz unterschiedlich verwendet. Sie schmeckt ausgezeichnet zu Früchten sowie heißen oder kalten Puddings und süßen Aufläufen. Mit Gelatine zubereitet, bildet sie die Grundlage für Bayerische Creme. Mit Früchten oder anderen Aromen vermischt und gefroren, wird sie zu Eiskrem. Experimentieren Sie und aromatisieren Sie sie mit Zimtstangen, Bittermandeln, Orangenzesten, Lavendel, Spirituosen und Likören. Auf Seite 126 finden Sie weitere Rezepte.

Tipps & Tricks

Geronnene Englische Creme retten

Wird die Creme zu lange erhitzt oder gekocht, gerinnt sie. Durch ein Sieb abseihen oder mixen, anschließend in eine saubere Kasserolle gießen. 2 TL mit 2 EL Milch angerührtes Pfeilwurzmehl oder Speisestärke zugeben (s. S. 44) und die Sauce bei niedriger Hitze unter ständigem Schlagen abziehen, ohne dass sie dabei zu kochen beginnt. Sie sollte so dick sein, dass sie einen Löffelrücken deckt.

Grundrezept

Englische Creme kann direkt auf der Herdplatte zubereitet werden. Dies erfordert aber reichlich Erfahrung, da sie auf keinen Fall heißer als 80 °C werden darf. Das Wasserbad ist eine weitaus sicherere Methode, um zu vermeiden, dass die Sauce gerinnt. Vanillecremesauce kühlt man am besten ab, indem man sie in eine saubere Schüssel umfüllt und auf Eis setzt. Gelegentlich umrühren, damit sich keine Haut bildet. Frischhaltefolie direkt auf die Oberfläche legen und kalt stellen.

Ergibt 650 Milliliter

1 Vanilleschote, der Länge nach aufgeschlitzt, oder 1 TL natürlicher Vanilleextrakt

500 ml Milch

6 Eigelb

3–4 EL extrafeiner Zucker

Haltbarkeit: 1 Woche im Kühlschrank.

Vanilleschote vorbereiten

Die Schote der Länge nach aufschlitzen, an einem Ende festhalten und mit einem scharfen Messer das Vanillemark herauskratzen.

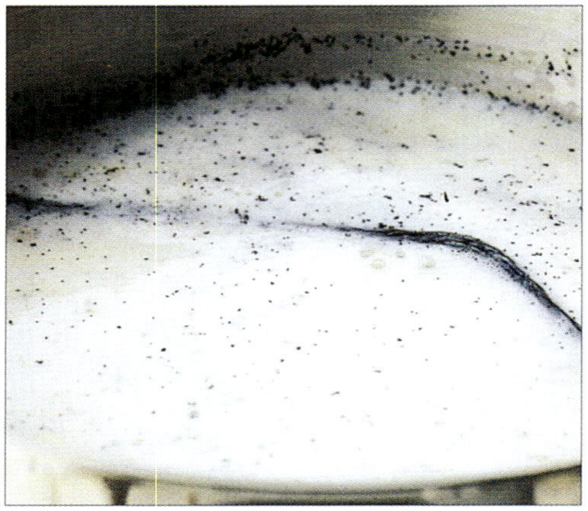

1 Das Vanillemark herauskratzen (s. links), das Mark und die Schote oder den Extrakt in die Milch geben. Unter Rühren langsam aufkochen, 5 Minuten köcheln lassen.

2 Die Eigelbe in einer Schüssel mit dem Zucker aufschlagen, bis die Masse schaumig und etwas heller wird. Die kochende Milch unter ständigem Schlagen dazugießen.

3 Die Schüssel auf eine Kasserolle mit leicht köchelndem Wasser setzen, sie darf das Wasser nicht berühren. Oder die Mischung in einen doppelwandigen Topf umfüllen.

4 Unter ständigem Rühren 10–15 Minuten abziehen, bis die Sauce so dick ist, dass sie einen Löffelrücken deckt. Sie darf auf keinen Fall kochen. Die Vanilleschote herausfischen.

KARAMELL

Bernsteinfarbener und kristallklarer Karamell ist nichts anderes als Zuckersirup (s. S. 128), der gekocht wird, bis alles Wasser verdampft ist. Bei einer Temperatur von 154 °C beginnt er zu karamellisieren und entfaltet ein angenehmes Aroma. Verwenden Sie heißen Karamell zum Ausgießen von Formen für *Crème Caramel* oder zur Herstellung von gesponnenem Zucker. Erstarrter und zerbrochener Karamell ergibt eine knusprige Garnitur, er kann in Pulverform auch als Würzmittel für süße Saucen und Cremes verwendet werden (s. rechts).

GESTOSSENER KARAMELL

Für gestoßenen Karamell oder -pulver zerstößt man gebrochene Karamellstücke im Mörser beliebig fein.

GRUNDREZEPT

Die letzten Arbeitsschritte bei der Herstellung von Karamell sind entscheidend und müssen sehr rasch vollzogen werden. Halten Sie den kochenden Karamell stets im Auge. Karamell darf auf keinen Fall schwarz werden, dann ist er unwiederbringlich verloren. Sobald er anfängt zu rauchen, erreicht er unmittelbar die gewünschte Farbe. Der Boden der Kasserolle muss dann sofort in kaltes Wasser getaucht werden, um ein Weiterkochen zu verhindern.

Ergibt 300 Milliliter flüssigen Karamell oder 250 Gramm fein gestoßenen Karamell

250 g extrafeiner Zucker

5 EL Wasser

Haltbarkeit: Bis zu 1 Jahr als Bruchstücke oder Pulver, aufbewahrt in einem luftdicht verschlossenen Behälter.

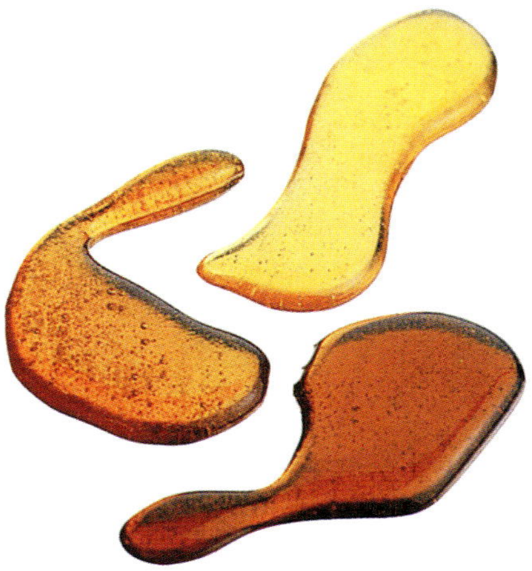

1 Zucker und Wasser in einer Kasserolle langsam erhitzen, bis sich der Zucker vollständig aufgelöst hat. Langsam aufkochen, der Sirup beginnt zu karamellisieren.

2 Der Karamell wird zuerst blass goldfarben, dann hellbraun und schließlich dunkelbraun. Sofort vom Herd nehmen und den Boden der Kasserolle in kaltes Wasser tauchen.

3 Hat der Karamell die gewünschte Farbe erreicht, kann er flüssig verwendet werden, oder man gießt ihn behutsam auf eine leicht geölte Fläche und lässt ihn fest werden.

4 Den Karamell auskühlen und fest werden lassen, anschließend mit einem Stößel, Nudelholz oder Holzhammer zerstoßen. Karamellbruchstücke sind eine elegante Garnitur.

KRÄUTERPÜREE

Dies ist eine einfache Methode, Saucen und Dipsaucen Farbe und Geschmack zu verleihen. Frische Kräuter werden kurz blanchiert und anschließend püriert, sie bewahren dadurch ihr Aroma und sind länger haltbar. Das Püree kann im Kühlschrank aufbewahrt oder tiefgefroren werden (in Eiswürfelschalen, s. S. 135). Zarte, milde Kräuter wie glatte Petersilie, Basilikum, Dill, Spinat und Sauerampfer – oder eine Mischung davon – eignen sich am besten. Sehr würzige Kräuter mit festen Blättern wie Thymian, Salbei und Rosmarin eignen sich nur bedingt zum Pürieren.

GRUNDREZEPT

Dies ist die schnellste und zweckmäßigste Methode, die ich kenne, um frische Kräuter haltbar zu machen. Die Kräuter nur sehr kurz blanchieren, andernfalls verlieren sie ihren Eigengeschmack. Für ein wirklich glattes Püree sollten Sie sich Zeit nehmen und alle harten Stiele oder Blätter entfernen. Nehmen Sie junge, leuchtend grüne Blätter, und sortieren Sie alle welken und farblich veränderten Blätter aus.

Ergibt 100 Gramm

1 l Wasser

2 TL extrafeiner Zucker

150 g frische Kräuter, nur die Blätter

Etwas Olivenöl

Haltbarkeit: 1 Woche im Kühlschrank, 3 Monate im Tiefkühlfach.

1 Das Wasser rasch zum Kochen bringen und den Zucker einrühren. Die Kräuter zugeben und erneut aufkochen. Anschließend sofort vom Herd nehmen und die Kräuter mit einem Schaumlöffel herausheben.

2 Die blanchierten Blätter in einer großen Schüssel mit Eiswasser abschrecken. Die schlaffen Blätter in dem Eiswasser bewegen, anschließend abtropfen lassen. Das verbliebene Wasser mit den Händen gut ausdrücken.

3 Die blanchierten Kräuter mit 1–2 EL Wasser in die Küchenmaschine füllen und mixen, bis ein feines Püree entsteht, oder mit einem Wiegemesser sehr fein hacken.

4 Ein großes Stück Musselin kalt abbrausen, gut auswringen, doppelt in ein Sieb legen. Das Sieb auf eine Schüssel stellen, das Püree einfüllen, 2 Stunden abtropfen lassen.

5 Die abgetropfte Flüssigkeit weggießen und das Püree möglichst kompakt in die Schüssel füllen. Mit einer dünnen Schicht Öl bedecken, zudecken, in den Kühlschrank stellen.

TOMATENMARK

Frisch zubereitetes Tomatenmark ist weitaus besser als im Laden gekauftes. Ich verwende es für viele Gerichte, die dadurch einen appetitlichen rosaroten Ton und einen köstlichen Tomatengeschmack erhalten. Es eignet sich auch sehr gut zum Binden von Saucen, Suppen und Schmorgerichten. Es ist wichtig, reife Tomaten mit festem Fleisch zu verwenden wie italienische Eier- oder Fleischtomaten. Wählen Sie bevorzugt Strauchtomaten: Sie sind farblich intensiver und besitzen meist einen süßlicheren Geschmack.

GRUNDREZEPT

Ich stelle immer gleich eine größere Menge her, wenn reife, aromatische Tomaten zu haben sind. Den erstaunlich klaren Saft, der beim Abtropfen des Pürees anfällt, sollten Sie auf keinen Fall wegwerfen: Er ist voller Aroma und eine köstliche Grundlage für Suppen.

Ergibt 100 Gramm

1 kg reife, aromatische Tomaten, enthäutet, die Samen entfernt (s. unten) und grob geschnitten

3 EL Zitronensaft

Etwas Olivenöl

Haltbarkeit: 1 Woche im Kühlschrank, 3 Monate im Tiefkühlfach.

TOMATEN ENTHÄUTEN

Mit einem scharfen Messer den Stielansatz herausschneiden und jede Tomate auf einer Seite kreuzweise einritzen. Die Tomaten in einer Schüssel mit kochendem Wasser übergießen und vollständig bedecken, 1–2 Minuten stehen lassen. Das heiße Wasser löst die Haut, sie kann anschließend mit einem scharfen Messer leicht abgezogen werden.

Die Tomaten vierteln und die Samen mit einem Teelöffel herausschaben.

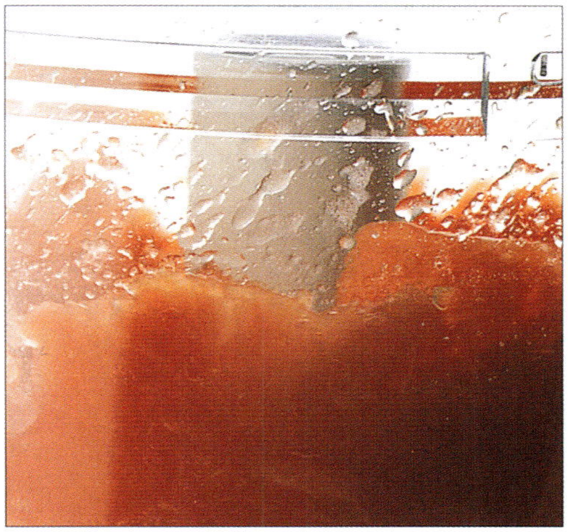

1 Die Tomaten und den Zitronensaft in die Küchenmaschine füllen und zu einem glatten Püree verarbeiten. Ein großes Stück Musselin kalt abbrausen, gut auswringen und doppelt in ein Sieb legen.

2 Das mit Musselin ausgelegte Sieb auf eine tiefe Schüssel stellen und die pürierten Tomaten hineingießen. Mit Frischhaltefolie abdecken und etwa 2 Stunden im Kühlschrank abtropfen lassen.

3 Den klaren Tomatensaft, der sich in der Schüssel gesammelt hat, weggießen oder für eine andere Zubereitung nehmen. Das Püree kann sofort verwendet werden.

4 Oder das Püree kompakt in eine kleine Schüssel füllen. Eine dünne Schicht Öl über das Püree gießen, die Schüssel abdecken und in den Kühlschrank stellen.

Saucen binden

Die Zeit der schweren Mehlsaucen ist vorbei. In der modernen Küche sind leichtere, dünnere Saucen gefragt. Doch gibt es beim Kochen immer wieder Unwägbarkeiten, und ein Bindemittel ist manchmal einfach notwendig, um die richtige Konsistenz zu erreichen. Die gebräuchlichste Methode der Saucenbindung ist die Reduktion: Durch schnelles Einkochen erhält die Sauce eine glänzende, sirupartige Konsistenz. Man kann Saucen auch durch Zugabe von Speisestärke oder Pfeilwurzmehl binden. Die angerührte Stärke wird in die kochende Flüssigkeit eingerührt und die Flüssigkeit quasi absorbiert, dadurch entsteht eine anhaltende Bindung. Obwohl jedes Bindemittel eine Sauce etwas anders ausfallen lässt, sind die meisten doch austauschbar (nähere Angaben unter Tipps & Tricks auf den Seiten 136 und 137).

Binden mit Speisestärke

Durch Stärke werden die meisten Saucen glänzend, heller und trüb. Meist genügen 2–3 Teelöffel Speisestärke, um einen halben Liter Flüssigkeit zu binden. Gleiche Mengen kalte Flüssigkeit wie Wasser, Fond oder Wein und Stärkemehl anrühren und nach und nach in die kochend heiße Sauce einrühren, die Sauce anschließend kurz aufkochen, bis sie die richtige Konsistenz erreicht hat.

1 Die Speisestärke mit der Flüssigkeit verquirlen, bis die Mischung glatt ist und sich gießen lässt.

2 Die Mischung in die kochend heiße Sauce gießen und unter ständigem Rühren 1 Minute kochen lassen.

3 Die gebundene Sauce deckt den Rücken eines Esslöffels. Sie wird durch Kochen oder Erwärmen nicht dünner.

Binden mit Pfeilwurzmehl

Eines der vielseitigsten Bindemittel ist Pfeilwurzmehl. Es macht Saucen klar und hell, so dass sie auch zum Glasieren verwendet werden können. 2–3 Teelöffel Pfeilwurzmehl genügen zum Binden von einem halben Liter Flüssigkeit, bei sauren Flüssigkeiten etwas mehr. Rühren Sie das Pfeilwurzmehl genau wie Speisestärke mit der gleichen Menge kalter Flüssigkeit wie Wasser, Fond oder Wein an.

1 Pfeilwurzmehl und Flüssigkeit verquirlen, bis die Mischung glatt ist und sich gießen lässt.

2 Die Mischung in die kochende Sauce gießen und unter Rühren 1 Minute kochen.

3 Die Sauce wird augenblicklich dicker und glänzend, sie deckt den Rücken eines Esslöffels.

Binden durch Reduktion

Durch diese Technik wird eine Sauce sehr würzig und aromatisch. Am besten reicht man sie in kleinen Mengen. Wenden Sie diese Methode der Saucenbindung für Demiglace, Gravies und Saucen auf Fondbasis an. Häufiges Abschäumen der Sauce während des Reduzierens verhindert, dass sie trüb wird.

1 Die Sauce bei mittlerer Hitze kochen. Durch Reduzieren und Verdampfen der Flüssigkeit wird sie dicker.

2 Die Sauce erhält eine immer stärkere Bindung, je länger man sie kochen lässt. Die Bindung lässt sich so regulieren.

Binden mit Butter

Das Binden von Saucen mit Butter wird als Montieren bezeichnet (von dem französischen Verb *monter*). Durch Butter werden Saucen cremig und glänzend, sie decken dann den Rücken eines Esslöffels. Nehmen Sie ausschließlich frische, eiskalte Butter, und schlagen Sie sie nach und nach in kleinen Stücken unter die Sauce. Schmecken Sie die Sauce mit ein paar Tropfen Zitronensaft ab, und servieren Sie sie sofort.

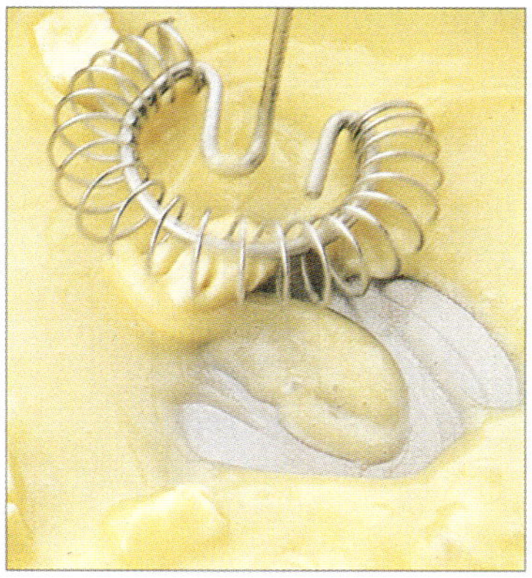

1 Die Sauce aufkochen, vom Herd nehmen und die eiskalten Butterwürfel einmontieren.

2 Schlagen, bis eine reichhaltige, glänzende Sauce entsteht, die den Löffelrücken deckt.

Schnelle Tipps

Binden mit Brotkrumen
Eine Hand voll Brotkrumen in Salsas, Suppen und Saucen einrühren, damit diese gebunden werden und Substanz erhalten. Stehen lassen, bis alle Flüssigkeit absorbiert ist. Anstelle von Brotkrumen können Sie auch Bulgur, Haferflocken, zerbröckelte Cracker oder Zwieback oder gemahlene Mandeln nehmen.

Binden mit Fruchtpüree
Verwenden Sie Püree aus frischen oder getrockneten Früchten, um Coulis und Saucen Konsistenz und Süße zu verleihen.

Binden mit Gemüsepüree
Geben Sie zum Binden und zum Verbessern der Konsistenz pürierte Wurzelgemüse wie Möhren, Pastinaken und Sellerie in Saucen, Suppen und Eintöpfe.

Binden mit Mehlbutter (Beurre manié)

Mehlbutter eignet sich ideal zum Binden von Suppen, Eintöpfen und Gravies. Sie verleiht ihnen Glanz und ist ein in der Küche häufig verwendetes Bindemittel. Sie sollte immer nur in kleinen Mengen zugegeben werden, bis die richtige Konsistenz erreicht ist. Mehlbutter lässt sich im Voraus zubereiten und kann eingefroren werden.

1 Mit einem Palettmesser gleiche Mengen weiche Butter und Auszugsmehl glatt verarbeiten.

2 Jeweils kleine Mengen Mehlbutter in die kochende Sauce rühren und darin schmelzen.

3 Das Mehl 2–3 Minuten kochen. Die gebundene Sauce sollte einen Löffelrücken decken.

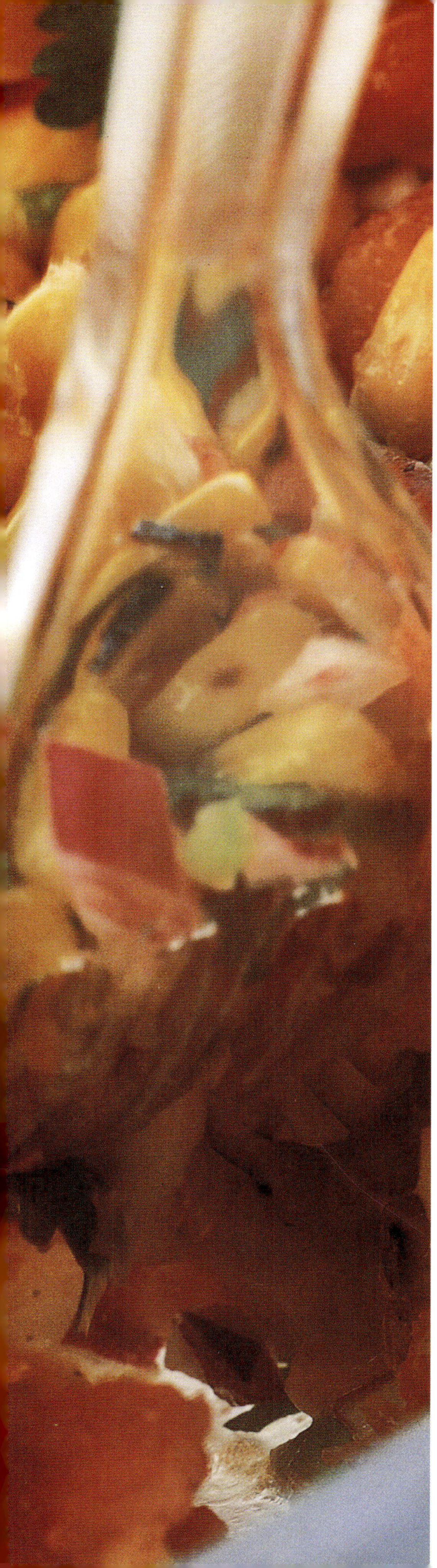

Die Rezepte

Von Klassikern wie Hollandaise und Béchamel bis hin zu einfachen Dressings und Salsas, auf den folgenden Seiten werden Saucen im weitesten Sinne zelebriert. Eine bunte Zusammenstellung, die neben alten Lieblingsrezepten auch neue Saucenzubereitungen enthält, die speziell für dieses Buch kreiert worden sind, sowie originelle Anregungen, wie sich diese vielseitigen Saucen servieren lassen.

Klassische Saucen

Sie zu definieren ist schwierig: Was in einem Land als klassisch gilt, ist in einem anderen vielleicht völlig fremd. Die Saucen in diesem Kapitel stammen überwiegend aus der französischen Küche, viele entsprechen jedoch neuen Trends, zum Beispiel, weil sie bekömmlicher als traditionelle Saucen sind und nicht so kalorienreich oder weil sie exotische Zutaten beinhalten, die heute in den Feinkostabteilungen der Supermärkte und in Spezialgeschäften erhältlich sind.

Weisse Saucen

Auf Béchamel basierende Saucen lassen sich rasch und einfach zubereiten. Zudem sind sie unglaublich vielseitig verwendbar. Eine Ableitung mit Käse passt wunderbar zu Pasta, eine andere gießt man über Fisch, Eier oder Gemüse und überbackt das Gericht, bis es eine goldbraune Oberfläche bekommt. Auf Béchamel basierende Saucen sind bis zu 1 Woche im Kühlschrank haltbar. Sie werden vorsichtig erhitzt, und wenn nötig, gibt man ein wenig Milch zu, um die Konsistenz zu verbessern. Das Grundrezept für Béchamelsauce finden Sie auf S. 32.

Sauce Soubise/Weisse Zwiebelsauce

Diese samtige und sättigende Sauce führt ihren Namen auf einen Kommandanten der französischen Armee zurück und passt besonders gut zu Lamm, gebratenem Geflügel und Federwild. Sie wird traditionell durch ein feines Sieb gestrichen, schmeckt aber noch intensiver nach Zwiebeln, wenn man sie im Mixer püriert.

Vorbereitung: Die Béchamelsauce kann im Voraus zubereitet werden.

Haltbarkeit: 3 Tage im Kühlschrank (streichen Sie die Oberfläche mit Butter ein, damit sich keine Haut bildet); 3 Monate im Tiefkühlfach.

50 g Butter
300 g Zwiebeln, fein gehackt
1 Menge Béchamelsauce (s. S. 32)
3 EL Crème double
Frisch geriebene Muskatnuss
Salz und frisch gemahlener weißer oder schwarzer Pfeffer
Abgeseihter Zitronensaft (nach Belieben)

1 Die Butter in einer Kasserolle zerlassen, die Zwiebeln zugeben, zugedeckt 10–15 Minuten köcheln lassen, bis sie glasig und weich sind.
2 Inzwischen die Béchamelsauce in einer anderen Kasserolle bis zum Siedepunkt erhitzen. Zu den Zwiebeln geben und unter ständigem Rühren erneut aufkochen. Die Hitze reduzieren, sobald der Siedepunkt erreicht ist. Unter häufigem Rühren 30 Minuten köcheln lassen, bis die Zwiebeln sehr weich sind.
3 Die Sauce in einem Mixer oder einer Küchenmaschine pürieren oder durch ein Sieb in eine saubere Kasserolle streichen, dabei so viel Zwiebeln wie möglich durchdrücken. Crème double zugeben.
4 Zum Kochen bringen, die Hitze herunterschalten und unter ständigem Rühren 5–8 Minuten köcheln lassen, bis eine dicke und sämige Konsistenz erreicht ist. Mit Muskatnuss, Salz, Pfeffer und Zitronensaft abschmecken.

Abwandlung

Karamellisierte Soubise

Reichen Sie diese moderne Variante der Soubise zu Gemüse und Federwild. Bereiten Sie sie wie Sauce Soubise zu, nehmen Sie nur 30 g Butter, dafür aber 2 EL Olivenöl und statt 300 g Zwiebeln 500 g. Sind die Zwiebeln glasig, 1 EL braunen Zucker und 2 EL Balsamessig zugeben und in 15–20 Minuten goldgelb karamellisieren. Gießen Sie dann die heiße Béchamel wie für die Soubise zu. Für eine dünnere Sauce rührt man 1–2 EL Milch oder Sahne unter.

Pilzsauce

Eine vegetarische Abwandlung der Sauce suprême (s. S. 53), die gut zu gekochtem Gemüse und gebratenem Geflügel passt. Man kann sie als glatte Sauce reichen, ich ziehe es aber vor, wenn die Pilze darin bleiben.

Vorbereitung: Die Béchamelsauce kann im Voraus zubereitet werden.

Haltbarkeit: 3 Tage im Kühlschrank (streichen Sie die Oberfläche mit Butter ein, damit sich keine Haut bildet); 3 Monate im Tiefkühlfach.

1 Menge Béchamelsauce (s. S. 32)

100 g geschlossene Champignons, dünn geschnitten

1 EL Zitronensaft

Geriebene Zitronenschale

1/4 TL edelsüßes Paprikapulver

Cayennepfeffer

30 g Butter, gekühlt und in Würfel geschnitten

Salz

1 Die Béchamel bis zum Siedepunkt erhitzen, die Pilze zugeben und bei kleiner Hitze 10 Minuten köcheln lassen. Ständig rühren, damit die Sauce nicht am Topfboden ansetzt.
2 Vom Herd nehmen und die Pilze entweder in der Sauce lassen oder durch ein Sieb abseihen.
3 Den Zitronensaft, die Zitronenschale und das Paprikapulver zufügen und schließlich mit Cayennepfeffer und Salz abschmecken. Die kalten Butterwürfel nach und nach unter die Sauce schlagen und servieren.

Kräftige Pilzsauce

50 g Butter

100 g Egerlinge, gehackt

15 g getrocknete Steinpilze, 30 Minuten in 60 ml heißem Wasser eingeweicht

1 Menge Béchamelsauce (s. S. 32)

1 EL Sojasauce

1 EL Zitronensaft

1/4 TL geriebene Zitronenschale

Salz und frisch gemahlener schwarzer Pfeffer

1–2 EL frisch gehackter Kerbel oder Petersilie

1 Die Butter in einer kleinen Kasserolle erhitzen, die frischen Pilze 5 Minuten darin anschwitzen, bis sie weich sind. Die Steinpilze abtropfen lassen, fein hacken und in die Kasserolle geben. Etwa 2 Minuten sautieren, anschließend die Einweichflüssigkeit der Steinpilze durch ein Sieb dazugießen und mit der Béchamel und der Sojasauce auffüllen. 20 Minuten köcheln lassen.
2 Vom Herd nehmen und den Zitronensaft und die -schale einrühren. Salzen, pfeffern und schließlich den Kerbel oder die Petersilie zugeben.

Diese Sauce lässt sich rasch zubereiten und schmeckt besonders lecker zu Rindfleisch, Federwild und sogar Nudelgerichten. Wenn Sie eine glatte Sauce bevorzugen, pürieren Sie die Sauce in einem Mixer oder einer Küchenmaschine oder seihen Sie sie vor dem Abschmecken durch ein Sieb.

Vorbereitung: Die Béchamelsauce kann im Voraus zubereitet werden.

Haltbarkeit: 3 Tage im Kühlschrank (streichen Sie die Oberfläche mit Butter ein, damit sich keine Haut bildet); 3 Monate im Tiefkühlfach.

Sauce Mornay

Die klassische Käsesauce wird mit Emmentaler oder Greyerzer hergestellt, Sie können auch Parmesan, spanischen Manchego oder – für eine Orangefärbung – roten Leicester nehmen. Für eine leichtere Sauce die Sahne weglassen.

Vorbereitung: Die Béchamelsauce kann im Voraus zubereitet werden.

Haltbarkeit: 3 Tage im Kühlschrank (streichen Sie die Oberfläche mit Butter ein, damit sich keine Haut bildet); 3 Monate im Tiefkühlfach.

Siehe Bild S. 19

1 Menge Béchamelsauce (s. S. 32)

75 ml Sahne

100 g Emmentaler oder Greyerzer, frisch gerieben

Frisch geriebene Muskatnuss

Frisch gemahlener schwarzer Pfeffer

1 Die Béchamel und die Sahne in einer kleinen Kasserolle bis zum Siedepunkt erhitzen. Die Hitze herunterschalten und die Sauce etwa 5 Minuten unter ständigem Rühren leicht köcheln lassen, sie soll nicht ansetzen.
2 Den frisch geriebenen Käse zugeben und etwa 1 Minute kräftig rühren, bis der ganze Käse geschmolzen ist und die Sauce völlig glatt ist.
3 Vom Herd nehmen und mit der geriebenen Muskatnuss und dem Pfeffer abschmecken.

Abwandlung

Blauschimmelkäsesauce
Bereiten Sie sie wie Sauce Mornay zu, aber nur mit 60 ml Sahne und 75 g frisch geriebenem Parmesan anstelle des Emmentalers oder des Greyerzers. Rühren Sie 100 g zerbröckelten Blauschimmelkäse wie Gorgonzola, die Muskatnuss und 4–5 grob gehackte Salbeiblätter in die Sauce, und schmecken Sie sie ab.

Exotische Béchamelsauce

Diese exotische Sauce ist eine interessante Variante der klassischen Béchamelsauce und passt besonders gut zu gedämpftem Gemüse und gegrilltem Fisch mit hohem Fettgehalt. Das Geheimnis ihrer luftigen Konsistenz liegt in der langen Kochzeit. Für eine glatte Sauce nimmt man Auszugsmehl. Die Verwendung von Kokosmilch, Sojamilch oder anderen pflanzlichen Milcharten ist eine ausgezeichnete Alternative für Veganer.

Haltbarkeit: 1 Woche im Kühlschrank, 3 Monate im Tiefkühlfach.

2 EL Erdnuss- oder Sonnenblumenöl

40 g Vollkornmehl

500 ml Kokosmilch oder aromatisierte Milch (s. S. 33)

30 g Ingwerwurzel, frisch gerieben

50 g Schalotten, fein gehackt

1 Knoblauchzehe, fein gehackt

1 rote Chilischote, Samen und Scheidewände entfernt, fein gehackt

1 EL Limettensaft

Salz

1 Das Öl in einer Kasserolle erhitzen, das Mehl zugeben, bei mittlerer Hitze 4–5 Minuten rühren, bis es angenehm nussig riecht.
2 Die Milch zugießen und langsam unter ständigem Rühren zum Kochen bringen, damit die Sauce nicht am Topfboden ansetzt.
3 Wenn die Sauce eine dickcremige Konsistenz erreicht hat, in eine Schüssel umfüllen, die auf einen Topf mit köchelndem Wasser gesetzt wird. Abdecken und etwa 45 Minuten unter häufigem Rühren köcheln lassen, damit sich keine Haut bildet.
4 Die restlichen Zutaten, außer dem Limettensaft und dem Salz, zugeben und unter häufigem Rühren weitere 15 Minuten köcheln. Vom Herd nehmen, den Limettensaft unterrühren, mit Salz abschmecken und sofort servieren.

Aurorasauce ▷

Eine mit Tomaten gewürzte Béchamel, die am besten zu Pute, Huhn oder Gemüse passt. Wenn Sie lieber gekauftes Tomatenpüree verwenden, geben Sie 1–2 TL geriebene Zwiebel, 1 fein gehackte Knoblauchzehe und 1 Zweig Salbei, Thymian oder Rosmarin zu, damit die Sauce würzig genug schmeckt.

Vorbereitung: Die Béchamelsauce kann im Voraus zubereitet werden.

Haltbarkeit: 3 Tage im Kühlschrank.

½ Menge Béchamelsauce (s. S. 32)

75 ml Crème double

125 g gekochter Tomaten-Coulis (s. S. 59) oder frisches Tomatenmark (s. S. 43)

30 g Butter, gekühlt und in Würfel geschnitten

1 TL Zitronensaft

Frische Basilikumblätter, grob geschnitten (nach Belieben)

Cayennepfeffer

Salz und frisch gemahlener schwarzer Pfeffer

1 Die Béchamel mit der Crème double in einer kleinen Kasserolle verrühren, zum Kochen bringen und etwa 5 Minuten köcheln lassen.
2 Den Tomaten-Coulis oder das Tomatenmark zugeben und etwa 5 Minuten unter häufigem Rühren köcheln lassen.
3 Vom Herd nehmen und die Butterwürfel nach und nach unter die Sauce schlagen. Die Sauce durch ein Sieb abseihen, den Zitronensaft und das Basilikum einrühren und würzen.

Petersiliensauce

Petersiliensauce wird traditionell zu gekochtem Schinken gereicht, schmeckt aber auch gut zu gegrilltem oder gedämpftem Fisch oder Geflügel.

Vorbereitung: Die Béchamelsauce kann im Voraus zubereitet werden.

Haltbarkeit: 3 Tage im Kühlschrank.

1 Menge Béchamelsauce (s. S. 32)

60 ml Crème double (nach Belieben)

3 EL frisch gehackte Petersilie

1 TL Zitronensaft

Fein geriebene Zitronenschale

Salz und frisch gemahlener schwarzer Pfeffer

1 Die Béchamel und die Crème double in einer Kasserolle zum Kochen bringen, vom Herd nehmen.
2 Die Petersilie, den Zitronensaft und die Zitronenschale unterrühren. Würzen.

Abwandlung

Gemischte Kräutersauce
Für eine Kräutersauce, die sehr lecker zu gedämpftem Gemüse oder pochiertem Geflügel schmeckt, bereitet man die Sauce wie beschrieben zu, jedoch mit 2–3 EL Haselnussöl anstelle der Sahne. Nehmen Sie sie vom Herd, und rühren Sie anstelle der Petersilie je 1 EL gehackten frischen Estragon, Thymian und Kerbel unter.

Rechte Seite: Aurorasauce erreicht die perfekte Konsistenz.

Veloutésaucen

Eine Velouté ist üppig und samtig und wird wie die Béchamel (s. S. 32) auf der Basis einer Mehlschwitze (Roux) hergestellt. Anstelle von Milch wird jedoch Fond verwendet, wodurch die Sauce dünner und leichter wird. Selbst zubereiteter Fond ist am besten, aber für den Handel frisch hergestellter Fond tut's auch. Nehmen Sie einen Fond, der mit den verwendeten Zutaten des Gerichts harmoniert, etwa Hühnerfond zu Huhn.

Velouté/Samtsauce

Velouté erreicht ihre ideale Konsistenz, wenn sie weich fließt und dünn auf dem Rücken eines Löffels liegen bleibt. Wer eine etwas dickere Konsistenz bevorzugt, rührt vor dem Abseihen bis zu 50 g Mehlbutter (s. S. 45) in die Sauce und lässt sie weitere 5–8 Minuten köcheln.

Vorbereitung: Der Fond kann im Voraus zubereitet werden.

Haltbarkeit: 2–3 Tage im Kühlschrank, 1 Monat im Tiefkühlfach.

1 Menge weißer oder heller Roux (s. S. 32)

750 ml Fond (s. S. 28–31)

Abgeseihter Zitronensaft (nach Belieben)

Salz und frisch gemahlener schwarzer Pfeffer

1 Den Roux in einer kleinen Kasserolle erhitzen, dann den Fond mit einem feinen Schneebesen unter kräftigem Schlagen zugießen.
2 Die Hitze stark reduzieren und die Velouté 30 Minuten köcheln lassen, jeglichen Schaum und andere Rückstände von der Oberfläche abschöpfen und ab und zu rühren.
3 Die Velouté durch ein Sieb abseihen, nach Belieben Zitronensaft zugeben und mit Salz und Pfeffer abschmecken.

Kapernsauce

Diese leckere britische Sauce wird traditionell zu gekochtem Hammel gereicht, schmeckt aber auch vorzüglich zu Geflügel und Fisch.

Vorbereitung: Die Velouté kann im Voraus zubereitet werden.

Haltbarkeit: 2–3 Tage im Kühlschrank.

1 Menge Velouté, mit Hühner-, Hammel- oder Lammfond zubereitet (s. oben)

3 EL Kapern in Lake, abgetropft und gehackt

1–2 Anchovisfilets, gehackt (nach Belieben)

Salz und frisch gemahlener schwarzer Pfeffer

1 EL Zitronensaft

Einige Zitronenzesten

2 EL gehackte Petersilie, Minze oder Dill

1 Die Velouté in einer Kasserolle zum Kochen bringen, die Kapern und nach Belieben die Anchovisfilets einrühren. Die Hitze verringern und 10 Minuten köcheln lassen, dabei häufig rühren, damit die Sauce nicht ansetzt.
2 Würzen, den Zitronensaft und die Zitronenzesten zugeben. Die Kräuter erst kurz vor dem Servieren einrühren.

Zitronengras-Kokosnuss-Sauce

Eine würzige, pikante Sauce, die am besten zu gegrilltem oder gebratenem Fisch mit festem Fleisch schmeckt wie Red Snapper oder Barramunda. Sie passt aber auch sehr gut zu Kabeljau oder Heilbutt.

Vorbereitung: Der Fond kann im Voraus zubereitet werden.

Haltbarkeit: 2–3 Tage im Kühlschrank.

50 g Butter

100 g Schalotten, fein gehackt

2 Stengel Zitronengras, die harten Blattteile entfernt, fein gehackt

1 Knoblauchzehe, fein gehackt

2 EL Mehl, gesiebt

250 ml Fischfond (s. S. 30)

250 ml Kokosmilch

1 kleine rote Chilischote, gehackt

4 Kaffir-Limettenblätter, gehackt

1 TL Palmzucker oder heller brauner Zucker (nach Belieben)

2 EL Limettensaft

2 EL thailändische Fischsauce (*nam pla*) oder Salz

1 Die Butter in einer kleinen Kasserolle erhitzen, die Schalotten, das Zitronengras und den Knoblauch bei mittlerer Hitze unter häufigem Rühren etwa 5 Minuten darin anschwitzen, bis die Schalotten Farbe nehmen. Das Mehl einstreuen und unter Rühren 4–5 Minuten kochen, bis die Schalotten leicht braun sind.
2 Den Fischfond und die Kokosmilch zugießen, dabei kräftig rühren, damit sich alle Bestandteile vom Topfboden lösen. Zum Kochen bringen, die Hitze reduzieren und etwa 30 Minuten leicht köcheln lassen, dabei von Zeit zu Zeit rühren, damit die Sauce nicht ansetzt.
3 Die Sauce in einen sauberen Topf abseihen. Die Chilischote, die Kaffir-Limettenblätter und nach Belieben den Zucker zugeben. Aufkochen, dann die Hitze reduzieren und 2 Minuten köcheln lassen. Vom Herd nehmen und den Limettensaft und die Fischsauce oder Salz einrühren.

Sauce suprême/ Geflügelrahmsauce

Eine klassische Sauce, die traditionell zu Huhn gereicht wird – eine der delikatesten Saucen überhaupt. Soll die Sauce mehr Konsistenz besitzen, wird sie nicht abgeseiht.

Vorbereitung: Die Velouté kann im Voraus zubereitet werden.

Haltbarkeit: 2–3 Tage im Kühlschrank.

1 Menge Velouté, mit Hühnerfond zubereitet (s. S. 52)

75 g geschlossene Champignons oder -stiele, dünn geschnitten

4 EL Crème double

30 g Butter, gekühlt, in Würfel geschnitten

Zitronensaft (nach Belieben)

4 EL trockener Sherry (nach Belieben)

Salz und frisch gemahlener schwarzer Pfeffer

1 Die Velouté in einer kleinen Kasserolle erhitzen. Pilze und Sahne darin 10 Minuten leicht köcheln lassen, dabei häufig rühren, damit die Sauce nicht ansetzt.
2 In eine saubere Kasserolle abseihen. Die kalten Butterwürfel bei mittlerer Hitze nach und nach in die Sauce schlagen. Vom Herd nehmen, nach Belieben Zitronensaft und Sherry zugeben, abschmecken.

Olivenölsauce

Eine würzige und schmackhafte Sauce, die nur wenig Cholesterin enthält, da die Mehlschwitze anstatt mit Butter mit Olivenöl hergestellt wird. Sie harmoniert ausgezeichnet mit Huhn oder gegrilltem Fisch. Man kann die frischen Paprikaschoten auch durch konservierte ersetzen, ebenfalls geröstet und enthäutet, von Samen und Scheidewänden befreit.

Vorbereitung: Der Fond kann im Voraus zubereitet werden.

Haltbarkeit: 2–3 Tage im Kühlschrank.

60 g Mehl

4 EL natives Olivenöl extra

500 ml Hühnerfond (s. S. 28)

1 große rote Paprikaschote, geröstet, enthäutet (s. S. 96), die Samen und Scheidewände entfernt, fein gehackt

75 g grüne Oliven, entsteint und gehackt

1 Knoblauchzehe, mit etwas Salz zu einer Paste zerdrückt

Salz und frisch gemahlener schwarzer Pfeffer

2 EL frisch gehackte glatte Petersilie (nach Belieben)

1 Mit dem Mehl und 3 EL Öl eine Mehlschwitze herstellen (s. S. 32). Den Fond zugießen und unter Rühren zum Kochen bringen.
2 Die Hitze verringern und den aufsteigenden Schaum abschöpfen. Die Paprikaschote zugeben und etwa 30 Minuten unter häufigem Rühren köcheln lassen.
3 Die Oliven und den Knoblauch einrühren und 2–3 Minuten köcheln lassen. Würzen, das restliche Öl und nach Belieben die Petersilie in die Sauce schlagen.

Senfsauce

Das Orangen-Senf-Aroma dieser Sauce harmoniert sehr gut mit gebratenem oder pochiertem Geflügel.

Vorbereitung: Die Velouté kann im Voraus zubereitet werden.

Haltbarkeit: 2–3 Tage im Kühlschrank.

75 ml Weißwein

75 ml Orangensaft

1/2 TL geriebene Orangenschale

1 EL Weißweinessig

1/2 TL Koriandersamen, gestoßen

2 TL Senfpulver

1 Menge Velouté, mit Hühnerfond zubereitet (s. S. 52)

3 EL Crème double oder Crème fraîche

2 EL Senf mit ganzen Körnern

Salz und frisch gemahlener schwarzer Pfeffer

1 Den Wein, den Orangensaft und die -zesten, Essig, Koriandersamen und Senfpulver in eine kleine Kasserolle füllen und rasch zum Kochen bringen, dabei kräftig rühren. 8–10 Minuten kochen, bis die Flüssigkeit auf 3 EL eingekocht ist. Vom Herd nehmen und die Reduktion durch ein Sieb in eine saubere Kasserolle abseihen.
2 Die Velouté erhitzen, in die abgeseihte Reduktion gießen und zum Kochen bringen. Die Hitze herunterschalten und unter häufigem Rühren 5 Minuten köcheln lassen. Die Crème double und den Senf einrühren, abschmecken und servieren.

Abwandlung

Senfsauce für Fisch

Diese Senfsauce ist leicht abgeändert und schmeckt ausgezeichnet zu pochiertem Fisch, insbesondere zu Lachs. Nehmen Sie bei der Zubereitung der Velouté anstelle des Hühnerfonds Fischfond (s. S. 30) und Fenchelsamen anstatt Koriandersamen.

Butteremulsionen

Bei diesen Saucen handelt es sich um eine köstliche Mischung von Butter und Eigelb, die sich durch kräftiges Schlagen bei sanfter Hitze verbinden. Das Ergebnis sollte dick, glatt und cremig sein. Die klassische Butteremulsion ist die Hollandaise, die von französischen Hugenotten im holländischen Exil erfunden wurde.

Sauce béarnaise

Diese Sauce ist eine etwas würzigere Abwandlung der Hollandaise (s. S. 34) und schmeckt besonders gut zu gegrilltem Fleisch und Lachs.

5 EL trockener Weißwein
5 EL Weißweinessig
2 Schalotten, fein gehackt
4 EL frisch gehackter Estragon
10 Pfefferkörner, zerstoßen
4 Eigelb
250 g Butter, geklärt (s. S. 35) und auf Raumtemperatur abgekühlt oder kalt in Würfel geschnitten
1 EL frisch gehackter Kerbel (nach Belieben)
2 EL Zitronensaft

1 Den Wein, den Essig, die Schalotten, 2 EL Estragon und die Pfefferkörner in einer kleinen Kasserolle aufkochen. Auf die Hälfte einkochen, vom Herd nehmen und abkühlen lassen.

2 Die Reduktion durch ein Sieb in eine Schüssel aus rostfreiem Stahl oder in eine Glasschüssel gießen. Die Schüssel auf eine Kasserolle mit köchelndem Wasser setzen und darauf achten, dass der Boden der Schüssel das Wasser nicht berührt. Die Eigelbe zugeben und 5–8 Minuten aufschlagen, bis der Schaum dick und cremig wird. Der Schaum darf nicht heißer als 65 °C werden, da das Eigelb sonst gerinnt.

3 Die geklärte Butter in dünnem Strahl und unter ständigem Schlagen einlaufen lassen, bis die Sauce dick und luftig ist. Werden kalte Butterwürfel verwendet, diese nach und nach unter ständigem Schlagen untermischen, bis sie vollständig aufgelöst sind. Den restlichen Estragon, nach Belieben den Kerbel und den Zitronensaft einrühren. Sofort servieren.

Weisse Buttersauce

Buttersauce oder Beurre blanc ist eine feine, üppige Sauce, die sehr gut zu Fisch passt. Sie ist locker, deliziös und extrem kalorienreich. Sie ist sehr einfach zuzubereiten, wenn man beachtet, dass sie wie Vanillecremesauce niemals kochen darf. Diese Butteremulsion enthält kein Eigelb.

3 Schalotten, fein gehackt
3 EL Weißweinessig
150 ml trockener Weißwein oder Wasser
250 g Butter, gekühlt und in Würfel geschnitten
Einige Tropfen Zitronensaft
Salz und frisch gemahlener schwarzer Pfeffer

1 Die Schalotten und den Essig in einer kleinen Kasserolle zum Kochen bringen. Bei mittlerer Hitze kochen, bis der meiste Essig verdampft ist, dann den Wein oder das Wasser zugießen und auf die Hälfte einkochen.

2 Die Butter Stück für Stück bei niedriger Hitze unter ständigem Schlagen untermischen, dabei darauf achten, dass sich die Butter vor Zugabe des nächsten Stückes vollständig aufgelöst hat. Ist die gesamte Butter eingearbeitet, den Zitronensaft unterschlagen und mit Salz und Pfeffer abschmecken. Sofort servieren.

Abwandlungen

Orangen-Buttersauce
Auch sie passt sehr gut zu Fisch. Ich reiche sie gerne zu Lachs oder Kabeljau. Sie wird wie Weiße Buttersauce, aber mit 100 ml Wein oder Wasser und 60 ml Orangensaft zubereitet.

Zitronengras-Buttersauce *Siehe Bild S. 13*
Meine Version einer thailändischen Buttersauce, die sehr gut mit delikat gewürztem Fisch wie Forelle und Lachs harmoniert. Sie wird wie Weiße Buttersauce, aber mit 160 g kalten Butterwürfeln und 90 g kalter, gewürfelter Zitronengras-Limetten-Butter zubereitet (s. S. 74).

Chili-Buttersauce
Reichen Sie die pikante Buttersauce zu Fisch, Huhn oder Gemüse. Sie wird wie Weiße Buttersauce, aber mit 125 g kalten Butterwürfeln und 125 g kalter, gewürfelter Chilibutter zubereitet (s. S. 74).

Malteser Sauce/Maltaise ▷

Sie passt besonders gut zu pochiertem Lachs.

Vorbereitung: Die Reduktion (Schritt 1) kann im Voraus zubereitet werden.

100 ml Blutorangensaft oder gewöhnlicher Orangensaft

Schale von 1 Orange, dünn geschält und in Julienne geschnitten

1 Menge Hollandaise (s. S. 34)

1 Den Orangensaft in einer kleinen Kasserolle um ein Drittel einkochen. Die Orangenzesten in einer anderen Kasserolle in kochendem Wasser 1 Minute blanchieren, abseihen, in eiskaltem Wasser abschrecken und abtropfen lassen. Zu der Orangensaft-Reduktion geben und 1 Minute leicht köcheln lassen.

2 Die Orangensaft-Reduktion kurz vor dem Servieren in die Hollandaise rühren.

Exotische Hollandaise

Diese Sauce ist scharf, locker und erfrischend und passt besonders gut zu Fisch mit festem Fleisch wie Thunfisch, Schwertfisch oder Red Snapper.

Vorbereitung: Die Reduktion (Schritt 1) kann im Voraus zubereitet werden.

100 ml trockener Weißwein oder Fischfond (s. S. 30)

2 Stengel Zitronengras, die harten Blattteile entfernt, fein gehackt

50 g Schalotten, fein gehackt

1 cm frische Ingwerwurzel, fein gehackt

1 Menge Hollandaise, ohne Zitronensaft zubereitet (s. S. 34)

2 EL Limettensaft

1/2 TL geriebene Zitronenschale

3 Kaffir-Limettenblätter, fein gehackt (nach Belieben)

1/2 TL frisch gehackte rote Chilischote oder frisch gemahlener schwarzer Pfeffer

Salz

1 Den Wein oder Fond, das Zitronengras, die Schalotten und den Ingwer in einer kleinen Kasserolle zum Kochen bringen und auf die Hälfte einkochen. Vom Herd nehmen und abkühlen lassen.

2 Die Reduktion in eine Schüssel aus rostfreiem Stahl oder in eine Glasschüssel abseihen. Wie eine Béarnaise ab Schritt 2 fertig stellen (s. S. 54), aber den Limettensaft, die Zitronenschale, die Limettenblätter und den Chili anstelle der Kräuter und des Zitronensaftes in die Sauce rühren. Mit Salz abschmecken und servieren.

Rechts: Orangensaft verleiht der Malteser Sauce eine zarte, orangefarbene Tönung.

Sabayons

Sabayons sind leicht, luftig und delikat gewürzt. Ihre Zubereitung ist sehr einfach, und dennoch sieht ein Sabayon immer beeindruckend aus. Wenn Sie die Technik erst einmal beherrschen, die in dem Grundrezept auf den Seiten 36 und 37 beschrieben ist, können Sie Ihre eigenen Kreationen entwickeln. Die goldene Regel lautet: 100 ml Flüssigkeit auf 4 Eigelb. Bis zu 75 g geklärte Butter (s. S. 35) können vor dem Servieren unter die Sauce geschlagen werden: Das Sabayon wird dann üppiger, aber etwas weniger luftig.

◁ Rosa Champagner-Sabayon

Perfekt als leichte und delikat gewürzte Begleitung zu pochierten Meeresfrüchten oder gegrilltem Hummer.

4 Eigelb

2 EL Champagneressig oder Weißweinessig

90 ml rosa Champagner (Rosé)

Salz und frisch gemahlener schwarzer Pfeffer

1 Die Eigelbe mit dem Essig in eine Schüssel füllen und mit der Hand oder einem elektrischen Handrührgerät zu einer hellen Masse schlagen. Den Champagner kräftig unterschlagen.
2 Die Schüssel auf eine Kasserolle mit köchelndem Wasser setzen und 8–10 Minuten schlagen, bis die Sauce dick und schaumig ist. Darauf achten, dass der Boden der Schüssel das Wasser nicht berührt. Mit Salz und Pfeffer abschmecken und sofort servieren.

Abwandlung

Seafood-Sabayon
Bereiten Sie dieses Sabayon wie oben beschrieben zu, nehmen Sie aber nur 1 EL Weißweinessig und 2 EL Ricard und 100 ml Fischfond (s. S. 30) anstelle des Champagners.

Avgolemono/ Eigelb-Zitronen-Sauce

Diese klassische griechische Sauce ist leicht scharf im Geschmack und passt besonders gut zu pochiertem oder gebratenem Huhn oder zu gedämpftem Gemüse.

Vorbereitung: Der Hühnerfond kann im Voraus zubereitet werden.

125 ml Hühnerfond (s. S. 28)

2 TL Pfeilwurzmehl

Saft von 3 Zitronen, durch ein Sieb abgeseiht

Geriebene Schale von 1 Zitrone

3 Eigelb, gut verrührt

Salz und frisch gemahlener schwarzer Pfeffer

1 Den Hühnerfond in einer Kasserolle aus Edelstahl zum Kochen bringen. Das Pfeilwurzmehl in 2 EL des Zitronensaftes auflösen und mit dem restlichen Zitronensaft und der Zitronenschale in den Fond einrühren. Unter Rühren erneut zum Kochen bringen.
2 Die Hitze herunterschalten und die Eigelbe in einem dünnen, gleich bleibenden Strahl einlaufen lassen, dabei ständig schlagen. 1–2 Minuten weiterschlagen, bis die Sauce leicht eindickt. Vom Herd nehmen, mit Salz und Pfeffer abschmecken und sofort servieren.

Orangen-Safran-Sabayon

Dieses elegante, schaumige, aromareiche und intensiv orangefarbene Sabayon schmeckt wunderbar zu Geflügel und Fisch.

Vorbereitung: Die Reduktion (Schritt 1) kann im Voraus zubereitet werden.

Saft von 2 Orangen, abgeseiht

200 ml Hühner- oder Fischfond (s. S. 28 und 30)

½ TL Koriandersamen, trocken geröstet und zerstoßen (s. S. 78)

½ TL Safranfäden, in 2 EL erwärmtem Weinbrand eingeweicht

4 Eigelb

1 EL Zitronensaft

Geriebene Schale von 1 Zitrone

Salz und frisch gemahlener schwarzer Pfeffer

1 Den Orangensaft, den Fond, die Koriandersamen und die Safranmischung in einer kleinen Kasserolle rasch aufkochen und auf etwa 100 ml einkochen. Vom Herd nehmen und abkühlen lassen.
2 Die Eigelbe in eine Schüssel geben, die abgekühlte Reduktion und den Zitronensaft zugießen und mit der Hand oder einem elektrischen Handrührgerät aufschlagen, bis die Masse die Farbe wechselt und heller geworden ist.
3 Die Schüssel auf eine Kasserolle mit köchelndem Wasser setzen und darauf achten, dass der Boden der Schüssel das Wasser nicht berührt. Etwa 8–10 Minuten schlagen, bis die Sauce dick und schaumig ist. Die Orangenschale zufügen, mit Salz und Pfeffer abschmecken und sofort servieren.

Linke Seite: Rosa Champagner-Sabayon mit Spargel, Jakobsmuscheln und Keta-Kaviar

Coulis

Das Wort Coulis kommt aus dem Französischen und bedeutet so viel wie dünnes Fisch-, Geflügel- oder Gemüsepüree. Es wird häufig zum Binden von Suppen und Eintöpfen verwendet. In der modernen Küche versteht man darunter rohe oder gekochte Frucht- oder Gemüsepürees, die mit Fond, Wein oder auch mit Zuckersirup verdünnt werden, bis sich diese wunderbar einfachen Saucen gießen lassen.

Brunnenkresse-Coulis

Eine wunderbare Sauce zu Fisch und gekochtem Gemüse.

Vorbereitung: Der Fond kann im Voraus zubereitet werden.

3 Bund Brunnenkresse, Blätter und Stiele getrennt, Stiele von 1 Bund gehackt und beiseite gestellt

300 ml Fisch- oder Hühnerfond (s. S. 30 und 28) oder Weißwein

50 g Schalotten, fein gehackt

2 Knoblauchzehen, fein gehackt

1 Bouquet garni aus 4 Zweigen Minze, 1 Streifen Zitronenschale und 1 Zweig Zitronenthymian (s. S. 30)

2–3 EL Crème fraîche (nach Belieben)

Salz und frisch gemahlener schwarzer Pfeffer

Zitronensaft

1 In einer Kasserolle Wasser zum Kochen bringen und die Kresseblätter einlegen. Sobald das Wasser wieder kocht, die Kasserolle vom Herd nehmen, die Blätter abseihen und sofort in eiskaltem Wasser abschrecken. Die Blätter abtropfen lassen und noch verbliebenes Wasser ausdrücken.
2 Den Fond oder den Wein in eine kleine Kasserolle gießen, die Schalotten, den Knoblauch, die Kressestiele und das Bouquet garni zugeben und zum Kochen bringen. Die Hitze verringern und leicht köcheln lassen, bis die Flüssigkeit auf die Hälfte eingekocht ist. Abseihen und beiseite stellen, das Gemüse wegwerfen.
3 Die blanchierten Kresseblätter und die abgeseihte Reduktion in eine Küchenmaschine oder einen Mixer füllen und zerkleinern, bis ein glattes und cremiges Püree entsteht. Für einen glatteren Coulis das Püree durch ein Sieb drücken.
4 In eine saubere Kasserolle füllen und langsam erhitzen. Nach Belieben die Crème fraîche unterrühren und 1 Minute erhitzen, ohne dass die Sauce zu kochen beginnt. Salzen, pfeffern, den Zitronensaft erst vor dem Servieren zugeben.

Möhren-Coulis

Ein glänzender orangefarbener Coulis mit einem würzigen Curry-Geschmack, der sehr gut zu gekochtem Gemüse wie Blumenkohl und Brokkoli passt.

Vorbereitung: Der Fond kann im Voraus zubereitet werden.

Haltbarkeit: 1 Woche im Kühlschrank, wenn er ohne Öl und Zitrone zubereitet wird.

6 EL Olivenöl oder Sonnenblumenöl

1 TL Kurkuma

1 TL Koriandersamen, frisch gemahlen

350 g Möhren, gehackt

1 EL guter Honig

400 ml Hühner- oder Gemüsefond (s. S. 28 und 31) oder trockener Weißwein

2 EL frisches Koriandergrün, gehackt

1/4 TL Chilipulver

2–3 EL Zitronensaft

Fein geriebene Zitronenschale (nach Belieben)

Salz

1 In einer Kasserolle 4 EL Öl erhitzen, die Kurkuma und die gemahlenen Koriandersamen darin 1 Minute leicht rösten. Die Möhren und den Honig zugeben und etwa 8 Minuten dünsten, bis die Möhren anfangen, Farbe zu nehmen.
2 Den Fond oder Wein zugießen, zum Kochen bringen und etwa 30 Minuten köcheln lassen, bis die Möhren sehr weich sind und die Kochflüssigkeit um die Hälfte eingekocht ist.
3 Die Möhrenmischung im Mixer oder in einer Küchenmaschine pürieren, bis eine glatte und cremige Konsistenz erreicht ist.
4 Zurück in eine saubere Kasserolle gießen und zum Kochen bringen. Vom Herd nehmen, das Koriandergrün und das Chilipulver einrühren und mit Salz abschmecken. Das restliche Öl mit dem Zitronensaft und nach Belieben der -schale unterschlagen. Für einen dünneren Coulis 1–2 EL Fond oder Wasser unterrühren.

Avocado-Coulis

Eine cremige, weiche und pikante Sauce, die heiß oder kalt gereicht werden kann. Sie schmeckt besonders gut zu Fisch mit hohem Fettgehalt, passt aber auch sehr gut zu Pasta.

Vorbereitung: Der Fond kann im Voraus zubereitet werden.

400 ml Hühnerfond (s. S. 28)

75 g Schalotten, fein gehackt

1 kleine, reife Avocado, halbiert und das Fruchtfleisch ausgelöst

2 EL Limettensaft

Fein geriebene Limettenschale

1 kleine rote Chilischote, die Samen und Scheidewände entfernt, fein gehackt

Salz

3 EL Crème double

1 Den Fond und die Schalotten in eine kleine Kasserolle füllen und zum Kochen bringen, die Hitze verringern und auf die Hälfte einkochen lassen. Vom Herd nehmen und abkühlen lassen.
2 Das Avocado-Fruchtfleisch in einen Mixer oder eine Küchenmaschine füllen, die abgekühlte Fond-Reduktion und den Limettensaft zugießen und zu einer glatten Creme pürieren.
3 Die Mischung in eine kleine Kasserolle füllen und langsam bis knapp unter den Siedepunkt erhitzen. Die Limettenschale und den Chili einrühren und eine weitere Minute erhitzen. Vom Herd nehmen, mit Salz abschmecken und die Sahne unterschlagen.

Frischer Tomaten-Coulis

Dieser Coulis ist sehr vielseitig einsetzbar, er wird als Dipsauce gereicht oder über Pasta gegossen und verleiht gegrilltem Fisch oder Fleisch eine frische Note. Man kann ihn auch mit Thymian oder Zitronenthymian würzen.

Vorbereitung: Das Tomatenpüree kann im Voraus zubereitet werden.

Haltbarkeit: 3 Tage im Kühlschrank.

Siehe Bild S. 17

1 Menge Tomatenmark (s. S. 43)

2 EL Zitronensaft

5–6 EL natives Olivenöl extra oder kalt gepresstes Haselnussöl

2 EL frisch gehacktes Basilikum, Minze, glatte Petersilie oder Koriandergrün

Salz und frisch gemahlener schwarzer Pfeffer

1 Das Tomatenmark in eine tiefe Schüssel füllen und den Zitronensaft unterrühren. Das Öl löffelweise einrühren.
2 Die Kräuter zugeben, mit Salz und Pfeffer abschmecken und gut vermischen. Bis zum Servieren kalt stellen.

Gekochter Tomaten-Coulis

Eine einfache und schmackhafte Tomatensauce, die gut zu Gemüsegerichten, gegrilltem Fleisch oder Fisch oder zu Pasta schmeckt. Geben Sie 1 TL Zucker oder Honig in den Coulis, wenn die Tomaten zu wenig Aroma haben. Soll der Coulis noch intensiver schmecken, rühren Sie kurz vor dem Servieren etwas mehr Olivenöl unter. Die Sauce ist so vielseitig verwendbar, dass es sich lohnt, eine größere Menge davon im Voraus herzustellen.

Haltbarkeit: 1 Woche im Kühlschrank, 3 Monate im Tiefkühlfach.

5 EL Olivenöl

100 g Schalotten, fein gehackt

3 Knoblauchzehen, zerdrückt

1 kg reife, feste Tomaten (Eier- oder Fleischtomaten), enthäutet, die Samen entfernt (s. S. 43), gehackt

1 Bouquet garni aus einigen Zweigen Thymian, 1 Zweig Rosmarin, einigen Sellerieblättern, 1 Lorbeerblatt und 1 Streifen Zitronenschale (s. S. 30)

1 TL Zucker oder Honig (nach Belieben)

Salz

Frisch gemahlener schwarzer Pfeffer oder 1 rote oder grüne Chilischote, gehackt

2 EL frisch gehacktes Basilikum, Minze, Oregano oder Petersilie (nach Belieben)

1 In einer Pfanne 3 EL Olivenöl erhitzen, die Schalotten und den Knoblauch darin etwa 5 Minuten anschwitzen, bis die Schalotten glasig sind.
2 Die Tomaten einrühren, das Bouquet garni einlegen und bei kleiner Hitze etwa 1 Stunde köcheln lassen, bis alle Flüssigkeit verdampft ist, von Zeit zu Zeit rühren. Nach Belieben den Zucker oder Honig zugeben.
3 Das Bouquet garni herausnehmen, die Sauce in einen Mixer oder eine Küchenmaschine gießen und glatt pürieren.
4 Die Sauce zurück in eine saubere Kasserolle gießen und bis zum Siedepunkt erhitzen, dann vom Herd nehmen und abschmecken. Nach Belieben die Kräuter einrühren und das restliche Öl unterschlagen.

Reduzierte Saucen

Diese einfachen, auf Fond basierenden Saucen werden durch Kochen reduziert, um ihren Geschmack zu konzentrieren. Die klassische Reduktion ist die Demiglace, deren Zubereitung man beherrschen sollte, da sie die Basis für viele wunderbare Saucen und eine der wichtigsten Saucen der feinen Küche ist. Ihre Zubereitung nimmt manchmal bis zu zwei Tage in Anspruch, da man zuerst einen guten Fond herstellen muss; doch rechtfertigt das Ergebnis in jedem Falle die Mühe, denn eine sorgfältig reduzierte Sauce rundet Speisen perfekt ab.

Demiglace

Diese leichtere und bekömmlichere Abwandlung der konventionellen Demiglace benötigt kein Mehl oder Madeira, und dennoch ist die fertige Sauce klar, kräftig und üppig. Sie wird zu rotem Schlachtfleisch gereicht oder dient als Basis für andere Saucen. Die Zugabe von Butter am Ende verleiht einer Demiglace einen wunderbar üppigen Glanz. Man lässt diesen Schritt und das Würzen aus, wenn sie als Basis für andere Saucen dienen soll.
Etwas Zeit sparen lässt sich, wenn man das Gemüse grob in einer Küchenmaschine zerkleinert, statt es mit der Hand zu hacken. Auf S. 61 finden sich üppigere, konventionellere Demiglace-Rezepte.

Ergibt 250–300 Milliliter

2 EL Olivenöl

30 g Butter

150 g Schalotten, fein gehackt

200 g Möhren, fein gehackt

100 g Bleichsellerie, fein gehackt

100 g Lauch, nur das Weiße, fein gehackt

150 g sehr reife Tomaten, enthäutet, die Samen entfernt (s. S. 43), gehackt

1 Bouquet garni aus 2 grünen Lauchblättern, 3 Zweigen Thymian, 1 Zweig Rosmarin, einigen Stengeln Petersilie und 1 Lorbeerblatt (s. S. 30)

1½ l dunkler Kalbsfond oder Hühnerfond (s. S. 29 und 28)

30 g Butter, gekühlt und in Würfel geschnitten (nach Belieben)

Salz, wenn nötig, und frisch gemahlener schwarzer Pfeffer (nach Belieben)

Haltbarkeit: 1 Woche im Kühlschrank.

1 Das Olivenöl und die Butter in einer großen Kasserolle erhitzen, die Schalotten, die Möhren, den Sellerie und den Lauch darin unter Rühren anschwitzen, bis das Gemüse leicht Farbe nimmt und karamellisiert.

2 Die Tomaten, das Bouquet garni und den Fond einrühren und aufkochen. Die Hitze verringern, 45–50 Minuten köcheln lassen und um ein Drittel einkochen. Dabei alle Trüb- und Schwebstoffe abschöpfen.

3 Die Reduktion durch ein feines Sieb oder ein mit einem Stück Musselin ausgelegtes Sieb in eine saubere Kasserolle abseihen und noch einmal 45–60 Minuten köcheln lassen, sie soll auf ein Viertel einkochen.

4 Die fertige Demiglace sollte eine dicke, sirupartige Konsistenz besitzen und einen Löffelrücken decken. Als Sauce gereicht, schlägt man nach und nach kalte Butterwürfel unter. Zum Schluss abschmecken.

Madeira-Demiglace

Hier eine üppigere Abwandlung der Demiglace.

Vorbereitung: Die Demiglace kann im Voraus zubereitet werden.

Haltbarkeit: 1 Woche im Kühlschrank, obgleich man sie am besten frisch serviert.

1 Menge Demiglace (s. S. 60)

100 ml Madeira

Salz und frisch gemahlener schwarzer Pfeffer

30 g Butter, gekühlt, in Würfel geschnitten

1 Die Demiglace und den Madeira in einer kleinen Kasserolle langsam zum Kochen bringen und bei reduzierter Hitze um ein Drittel einkochen. Dabei alle Trüb- und Schwebstoffe abschöpfen.
2 Vom Herd nehmen, abschmecken und die kalten Butterwürfel nach und nach unterschlagen.

Abwandlung

Rote Demiglace

Dies ist eine ausgefallene, wunderbar üppige Sauce, die perfekt zu gegrilltem Steak passt.

- 1 Menge Demiglace (s. S. 60) zum Kochen bringen und 200 ml guten, körperreichen Rotwein zugießen. Die Hitze stark verringern und 3 Zweige frischen Thymian einlegen.
- Etwa 30 Minuten köcheln lassen, bis die Sauce um die Hälfte eingekocht ist, dabei alle Trüb- und Schwebstoffe von der Oberfläche abschöpfen. Abseihen, abschmecken und zum Schluss 30 g kalte Butterwürfel Stück für Stück unterschlagen.

Wacholder-Demiglace

Eine kräftige, mit den Aromen des Mittelmeeres gewürzte Sauce, die besonders gut zu rosa gebratenem Lamm passt.

Vorbereitung: Die Demiglace kann im Voraus zubereitet werden.

Haltbarkeit: 1 Woche im Kühlschrank.

Siehe Bild S. 23

1 Menge Demiglace (s. S. 60)

200 ml guter, körperreicher Rotwein

1 EL Gin

2 kleine Zweige Rosmarin

10 Wacholderbeeren, gestoßen

Salz und frisch gemahlener schwarzer Pfeffer

30 g Butter, gekühlt, in Würfel geschnitten

1 Die Demiglace, den Wein und den Gin in einer Kasserolle zum Kochen bringen. Die Hitze herunterschalten und den Rosmarin und die Wacholderbeeren zugeben. Köcheln lassen und auf die Hälfte einkochen. Dabei alle Trüb- und Schwebstoffe abschöpfen.
2 In eine saubere Kasserolle abseihen und erneut zum Kochen bringen, dann vom Herd nehmen. Abschmecken und die Butter unterschlagen.

Gebundene Demiglace

Diese Sauce lässt sich einfacher und etwas schneller zubereiten als die moderne Demiglace (s. S. 60). Sie wird mit Mehl gebunden, und das Reduzieren ist nicht ganz so zeitaufwendig. Obwohl sie sehr würzig ist, besitzt diese Sauce nicht ganz den intensiven Geschmack der Demiglace. Nehmen Sie diese Sauce anstelle von Demiglace als Basis für andere Saucen.

Vorbereitung: Der Fond kann im Voraus zubereitet werden.

60 g geklärte Butter (s. S. 35)

150 g Schalotten, fein gehackt

200 g Möhren, fein gehackt

100 g Bleichsellerie, fein gehackt

100 g Lauch, nur das Weiße, fein gehackt

2–3 EL Mehl, gesiebt

2 l dunkler Kalbsfond oder Geflügelfond (s. S. 29 und 28)

150 g sehr rote Tomaten, enthäutet, die Samen entfernt (s. S. 43), gehackt

1 Bouquet garni aus 2 grünen Lauchblättern, 3 Zweigen Thymian, 1 Zweig Rosmarin, einigen Stengeln Petersilie und 1 Lorbeerblatt (s. S. 30)

Salz und frisch gemahlener schwarzer Pfeffer

Zitronensaft, abgeseiht

1 Die Butter in einer großen Kasserolle erhitzen, die Schalotten, die Möhren, den Sellerie und den Lauch darin bei mittlerer Hitze 10–15 Minuten anschwitzen, bis das Gemüse leicht Farbe nimmt. Mit dem Mehl bestauben und 5–8 Minuten unter ständigem Rühren rösten, bis das Mehl leicht braun wird.
2 Den Fond zugießen und unter Rühren zum Kochen bringen, alle Trüb- und Schwebstoffe von der Oberfläche abschöpfen. Die Tomaten und das Bouquet garni zugeben und köcheln lassen, bis der Fond um zwei Drittel eingekocht ist.
3 Durch ein feinmaschiges Sieb oder ein mit einem Stück Musselin ausgelegtes Sieb abseihen. Mit Salz, Pfeffer und einigen Tropfen Zitronensaft abschmecken.

Wildpilze-Demiglace

Eine wunderbar herzhafte und üppige Sauce, sie passt sehr gut zu Steak.

Vorbereitung: Die Demiglace kann im Voraus zubereitet werden.

Haltbarkeit: 1 Woche im Kühlschrank, wenn sie ohne Butter zubereitet wird.

15 g getrocknete Steinpilze, 30 Minuten in 75 ml heißem Wasser eingeweicht

1 Menge Demiglace (s. S. 60)

200 ml guter Rotwein

2 Zweige frischer Thymian

1 große Knoblauchzehe, fein gehackt

Salz und frisch gemahlener schwarzer Pfeffer

30 g Butter, gekühlt und in Würfel geschnitten

1 Die Steinpilze abtropfen lassen und fein hacken, die Einweichflüssigkeit abseihen. Die Demiglace, den Wein und die Einweichflüssigkeit in eine Kasserolle gießen und langsam zum Kochen bringen. Die Hitze stark verringern und die Steinpilze, den Thymian und den Knoblauch zugeben. Köcheln lassen, dabei alle Trüb- und Schwebstoffe von der Oberfläche abschöpfen, auf die Hälfte einkochen.

2 In eine saubere Kasserolle abseihen und erneut zum Kochen bringen. Die Hitze ausschalten, würzen und die Butter Stück für Stück unterschlagen.

Rotweinsauce

Diese Sauce stammt aus Osteuropa und schmeckt besonders gut zu pochiertem oder gebratenem Karpfen. Sie passt auch sehr gut zu Lachs und Wolfsbarsch oder Süßwasserfischen wie Forelle und Saibling.

Vorbereitung: Der Fond kann im Voraus zubereitet werden.

Haltbarkeit: 1 Woche im Kühlschrank, wenn sie ohne Butter zubereitet wird.

1 EL Olivenöl oder Sonnenblumenöl

75 g Schalotten, fein gehackt

75 g Möhren, fein gehackt

2,5 cm frische Ingwerwurzel, gerieben

1 EL guter Honig

500 ml Fischfond, mit Rotwein zubereitet (s. S. 30)

300 ml fruchtiger Rotwein

2 TL edelsüßes Paprikapulver

1/4 TL Rosenpaprika oder Cayennepfeffer

Salz und frisch gemahlener schwarzer Pfeffer

Zitronensaft

1/4 TL geriebene Zitronenschale

75 g Butter, gekühlt und in Würfel geschnitten

1 Das Öl in einer kleinen Kasserolle erhitzen und die Schalotten, die Möhren, den Ingwer sowie den Honig darin unter häufigem Rühren anschwitzen, bis die Schalotten goldbraun sind und anfangen zu karamellisieren. Den Fond und den Wein zugießen und zum Kochen bringen, die Hitze verringern und etwa 25 Minuten leicht köcheln lassen, dabei alle Trüb- und Schwebstoffe von der Oberfläche abschöpfen.

2 Die Sauce durch ein feinmaschiges Sieb in eine saubere Kasserolle abseihen, den edelsüßen Paprika und den Rosenpaprika oder Cayennepfeffer einrühren und zum Kochen bringen. Die Hitze verringern und etwa 10 Minuten leicht köcheln lassen.

3 Mit Salz und Pfeffer abschmecken und den Zitronensaft und die -schale zufügen. Vom Herd nehmen und die Butter kurz vor dem Servieren Stück für Stück unter die Sauce schlagen.

Orangen-Safran-Sauce ▷

Eine sehr fein duftende Sauce, die vorzüglich zu intensiv schmeckendem Fisch wie Rotbarbe, Meeräsche oder Thunfisch schmeckt.

Vorbereitung: Der Fond kann im Voraus zubereitet werden.

Haltbarkeit: 3–4 Tage im Kühlschrank, wenn sie ohne Butter zubereitet wird.

Saft von 3 Orangen, abgeseiht

400 ml Fischfond (s. S. 30)

1/4 TL Safranfäden, in etwas warmem Fischfond oder Wasser eingeweicht

1/2 TL Pfeilwurzmehl, in 1 EL Orangensaft oder Wasser aufgelöst

Dünn abgeschälte Schale von 1 Orange, in Julienne geschnitten

Einige Tropfen Zitronensaft

1/2 TL fein gehackte rote Chilischote oder 1/2 TL Cayennepfeffer

75 g Butter, gekühlt und in Würfel geschnitten

Salz

1 Den Orangensaft und den Fond in eine Kasserolle gießen und zum Kochen bringen. Die Hitze herunterschalten und 25 Minuten leicht köcheln lassen, bis die Sauce um zwei Drittel eingekocht ist. Dabei Trüb- und Schwebstoffe sorgfältig von der Oberfläche abschöpfen.

2 Den Safran, das Pfeilwurzmehl und die Orangenschale einrühren und etwa 1 Minute schlagen, bis die Sauce leicht bindet. Den Zitronensaft und die Chilischote oder Cayennepfeffer zugeben, 2 Minuten kochen lassen. Vom Herd nehmen, die Butter Stück für Stück unter die Sauce schlagen, mit Salz abschmecken und sofort servieren.

Rechte Seite: Rotbarbe in pikanter Orangen-Safran-Sauce, mit einem Zweig Rosmarin garniert

Frühlingszwiebel-Ingwer-Sauce

Diese pikante Sauce ist eine interessante Verbindung zwischen östlicher und westlicher Küche und passt besonders gut zu Lachs.

Vorbereitung: Der Fond kann im Voraus zubereitet werden.

Haltbarkeit: 3 Tage im Kühlschrank, wenn sie ohne Butter zubereitet wird.

125 g Frühlingszwiebeln

30 g Butter

1 EL Mehl

1 EL gekochter Tomaten-Coulis (s. S. 59) oder 1 TL Tomatenmark (s. S. 43) oder 1 TL gekauftes Tomatenmark

400 ml Fischfond (s. S. 30)

1 cm frische Ingwerwurzel, fein gerieben

2 EL Zitronensaft

Cayennepfeffer

Salz

75 g Butter, gekühlt und in Würfel geschnitten

1 Den weißen Teil der Frühlingszwiebeln fein hacken. 4–5 zarte grüne Spitzen in feine Ringe schneiden und beiseite stellen.
2 Die Butter in einer kleinen Kasserolle erhitzen und die fein gehackten Frühlingszwiebeln darin anschwitzen, bis sie Farbe nehmen. Mit dem Mehl bestauben und 2 Minuten leicht rösten, dann den Tomaten-Coulis oder das Tomatenmark einrühren und etwa 1 Minute unter häufigem Rühren kochen.
3 Den Fond unter kräftigem Schlagen zugießen, damit sich alle Bestandteile vom Topfboden lösen, und zum Kochen bringen. Die Hitze reduzieren und etwa 25 Minuten köcheln lassen, bis die Sauce um die Hälfte eingekocht ist. Dabei die Trüb- und Schwebstoffe von der Oberfläche abschöpfen. Häufig rühren, damit die Sauce nicht ansetzt.
4 Die Sauce durch ein Sieb in eine saubere Kasserolle abgießen, dabei mit der Rückseite eines Löffels so viele Zwiebeln wie möglich durchdrücken. Den Ingwer einrühren und 1–2 Minuten köcheln lassen, dann vom Herd nehmen und den Zitronensaft zugießen. Mit Cayennepfeffer und Salz abschmecken. Die Butterwürfel Stück für Stück unterschlagen, die in Ringe geschnittenen Frühlingszwiebeln zufügen und sofort servieren.

Zitronensauce

400 ml Fischfond (s. S. 30)

Abgeseihter Saft und fein geriebene Schale von 1 kleinen Zitrone

1/2 TL Zucker oder Honig

1 TL Pfeilwurzmehl, in 1 EL Weißwein oder Wasser aufgelöst

1/2 oder 1 kleine eingelegte Zitrone, gewässert, das Fruchtfleisch entfernt und die Schale fein gehackt

1 kleine rote Chilischote, gehackt (nach Belieben)

100 g Butter, gekühlt und in Würfel geschnitten

Salz und frisch gemahlener schwarzer Pfeffer

1 Den Fond, den Zitronensaft und den Zucker oder Honig in einer Kasserolle zum Kochen bringen. Die Hitze verringern und leicht köcheln lassen, bis die Sauce um zwei Drittel eingekocht ist. Dabei die Trüb- und Schwebstoffe abschöpfen.
2 Das Pfeilwurzmehl einrühren, bis die Sauce leicht bindet. Die Zitronenschale, die eingelegte Zitrone und nach Belieben die Chilischote 2–3 Minuten mitkochen. Vom Herd nehmen, die Butter Stück für Stück unterschlagen und abschmecken.

Marokkanische eingelegte Zitronen beleben diese erfrischende Sauce, die angenehm herb und pikant schmeckt. Sie passt besonders gut zu Rotbarbe oder gegrilltem Fisch mit hohem Fettanteil wie Makrele. Wenn Sie den Fischfond durch Hühnerfond ersetzen, können Sie die Sauce auch zu Huhn reichen. Eingelegte Zitronen gibt es im Spezialitätenhandel und in Lebensmittelgeschäften, die bevorzugt Waren aus südlichen Ländern und dem Nahen Osten anbieten.

Vorbereitung: Der Fond kann im Voraus zubereitet werden.

Haltbarkeit: 1 Woche im Kühlschrank, wenn die Sauce ohne Butter zubereitet wird.

Balsamessigsauce

400 ml Fischfond, mit Rotwein zubereitet (s. S. 30)

100 ml 10–15 Jahre alter Balsamessig

1 TL Pfeilwurzmehl, in 1 EL Balsamessig aufgelöst

100 g Butter, gekühlt und in Würfel geschnitten

Salz und frisch gemahlener schwarzer Pfeffer

1 Den Fond und den Balsamessig in einer kleinen Kasserolle zum Kochen bringen. Die Hitze verringern und 15–20 Minuten leicht köcheln lassen, bis der Fond um zwei Drittel eingekocht ist. Dabei die Trüb- und Schwebstoffe abschöpfen.
2 Das Pfeilwurzmehl einrühren, bis die Sauce bindet. Die Butter Stück für Stück unterschlagen, mit Salz und Pfeffer abschmecken. Sofort servieren.

Diese Sauce lässt sich rasch und einfach zubereiten und verhilft zu einem großartigen Gericht, wenn man sie zu Lachs, Forelle oder Wolfsbarsch serviert.

Vorbereitung: Der Fond kann im Voraus zubereitet werden.

Haltbarkeit: 1 Woche im Kühlschrank, wenn die Sauce ohne Butter zubereitet wird.

Gravies

Das Wort Gravy stammt aus dem Lateinischen und bedeutet *mit Getreide zubereitet.* Der typisch britische Gravy wird durch das Binden und Deglacieren des Bratensaftes von gebratenem Fleisch hergestellt. Ein zeitgemäßer Gravy kommt ohne Mehl aus, man lässt ihn ein paar Minuten länger köcheln. Wichtig: Die Sauce in einer Bratpfanne zubereiten, da die größere Bratfläche das Verdampfen und Eindicken beschleunigt.

Traditioneller Braten-Gravy

Diese Sauce wird aus dem Bratensaft und -satz nach der Zubereitung eines Bratens hergestellt.

Vorbereitung: Der Fond kann im Voraus zubereitet werden.

Haltbarkeit: 1 Woche im Kühlschrank.

1–2 EL Mehl oder 1/2 EL Speisestärke

500 ml dunkler Fond oder Geflügelfond (s. S. 29 und 28) oder halb Rot- oder Weißwein und halb Fond

Salz und frisch gemahlener schwarzer Pfeffer

2–3 EL frisch gehackte Petersilie (nach Belieben)

1 Das Bratenfleisch oder Geflügel aus der Bratpfanne oder dem Bräter nehmen und warm stellen. Das gesamte Bratenfett bis auf 2 EL abgießen.
2 Die Bratpfanne oder den Bräter bei kleiner Hitze auf den Herd stellen und den Bratensatz mit Mehl oder Speisestärke bestauben. 3–4 Minuten rösten, dabei ständig rühren und mit einem Kochlöffel den Bratensatz vom Boden der Pfanne oder des Bräters lösen.
3 Den Fond zugießen und zum Kochen bringen, 5–8 Minuten köcheln lassen, bis der Gravy leicht bindet. Abschmecken, nach Belieben die Petersilie einrühren und in einer Sauciere zu dem Braten reichen.

Abwandlungen

Lamm- oder Wild-Gravy
Wie traditionellen Braten-Gravy zubereiten, aber mit 350 ml Fond und 150 ml Portwein aufgießen.

Tomaten-Gravy *Siehe Bild S. 17*
Wie traditionellen Braten-Gravy zubereiten, aber 75 g gehackte, sonnengetrocknete Tomaten und 1 EL Tomatenmark (s. S. 43) oder gekauftes Tomatenmark vor dem Bestauben mit Mehl zugeben. Zu Lammbraten oder gebratenem Huhn servieren.

Senf-Gravy
Wie traditionellen Braten-Gravy zubereiten, aber vor dem Servieren 1 gehäuften EL körnigen Senf unterrühren. Zu Huhn reichen.

Zwiebel-Gravy

Dieser süße und milde Gravy zählt zu den ganz besonderen Saucen der britischen Küche. Er passt besonders gut zu Würsten oder Kartoffelpüree sowie zu gebratenem Fleisch oder Geflügel.

Vorbereitung: Der Fond kann im Voraus zubereitet werden.

Haltbarkeit: 1 Woche im Kühlschrank.

60 g Butter oder Schweineschmalz

500 g Zwiebeln, halbiert und hauchdünn geschnitten

1 EL Mehl

750 ml dunkler Fond (s. S. 29)

1 EL Zitronensaft

1/4 TL Cayennepfeffer oder einige Tropfen Tabasco

Salz und frisch gemahlener schwarzer Pfeffer

1 Die Butter oder das Schmalz in einer Kasserolle erhitzen und die Zwiebeln darin 10–15 Minuten bei mittlerer Hitze anschwitzen, bis sie weich und glasig sind.
2 Mit dem Mehl bestauben und 3 Minuten leicht rösten, dabei mit einem Kochlöffel den Bodensatz lösen und ständig rühren.
3 Den Fond zugießen und zum Kochen bringen, die Hitze herunterschalten und köcheln lassen, bis die Sauce auf die Hälfte eingekocht ist. Mit dem Zitronensaft und dem Cayennepfeffer oder Tabasco würzen, abschmecken und servieren.

Abwandlung

Karamellisierter Zwiebel-Gravy
Für einen süßeren, üppigeren und im Geschmack konzentrierteren Zwiebel-Gravy die Zwiebeln 40–50 Minuten köcheln lassen, bis sie gleichmäßig Farbe genommen und eine marmeladenartige Konsistenz erreicht haben.
Ab Schritt 2 wie oben fortfahren.

Dressings

Auf den nächsten Seiten finden Sie eine anregende Zusammenstellung von Rezepten aus aller Welt, die sich sehr einfach zubereiten lassen. Diese Dressings und Vinaigrettes lassen sich über Salate löffeln, doch erlauben ihre Aromen und ihre Einfachheit einen wesentlich vielseitigeren Einsatz: Probieren Sie sie anstelle von Butter auf Sandwiches, zu gedämpftem oder gekochtem Gemüse sowie zu gegrilltem Fleisch oder Fisch.

Blauschimmelkäse-Dressing

Für eine Variante mit weniger Kalorien nimmt man anstelle der Mayonnaise 150 ml fettarmen Joghurt.

Vorbereitung: Die Mayonnaise kann im Voraus zubereitet werden.

Haltbarkeit: 1 Woche im Kühlschrank.

1 Menge Mayonnaise (s. S. 38)

150 g Blauschimmelkäse wie Roquefort, Danablu oder Gorgonzola (mild oder pikant), zerbröckelt

2 EL Weißweinessig

Salz, wenn nötig, und frisch gemahlener schwarzer Pfeffer

Die Mayonnaise mit dem Käse und dem Essig in eine Küchenmaschine füllen und glatt pürieren. Abschmecken.

Thousand-Island-Dressing

Eine der bekannteren Salatsaucen, die sowohl über hart gekochte Eier als auch als Dipsauce zu Rohkost gereicht werden kann. Bei Verwendung von Tomatenketchup sollte die Sauce mit etwas Cayennepfeffer, Chilipulver oder einigen Tropfen Tabasco gewürzt werden.

Vorbereitung: Die Mayonnaise kann im Voraus zubereitet werden.

Haltbarkeit: 1 Woche im Kühlschrank.

1 Menge Mayonnaise (s. S. 38)

4 EL milde Chilisauce oder Tomatenketchup

1 hart gekochtes Ei, fein gehackt

2 EL gefüllte grüne Oliven, fein gehackt

1 EL fein gehackte Zwiebel

1 EL fein gehackte grüne Paprikaschote

1 EL fein gehackte Essiggurke

1 EL frisch geschnittener Schnittlauch

1 EL Zitronen- oder Limettensaft

Salz und frisch gemahlener schwarzer Pfeffer

Alle Zutaten in eine Schüssel füllen und gründlich miteinander verrühren.

Feta-Dressing

100 g Feta (griechischer Schafkäse)

2 EL Zitronensaft

1 Knoblauchzehe, zerdrückt

1 TL geriebene Zitronenschale

4 EL natives Olivenöl extra

3 EL frisch gehackte Minze oder Petersilie

Frisch gemahlener schwarzer Pfeffer

Alle Zutaten außer der Minze oder Petersilie in der Küchenmaschine glatt pürieren. Die Minze oder Petersilie zugeben und nur kurz untermixen.

Dieses Dressing ist cremig, scharf und sehr delikat. Es passt besonders gut zu Tomatensalat mit Zwiebeln, kann aber auch als Dipsauce gereicht oder über Reis oder Pasta gegossen werden.

Haltbarkeit: 1 Woche im Kühlschrank.

Mango-Dressing ▷

1 reife Mango, geschält und entsteint

Saft von 2 Limetten oder 1 großen Zitrone

1 EL Dijonsenf oder englisches Senfpulver

1 TL geriebene Zitronen- oder Limettenschale

1 kleine Chilischote, die Samen und Scheidewände entfernt, fein gehackt

2 EL frisch geschnittener Schnittlauch

Salz und frisch gemahlener schwarzer Pfeffer

Das Mangofruchtfleisch und den Limetten- oder Zitronensaft in einer Küchenmaschine glatt pürieren. Ist die Mango faserig, das Püree durch ein feinmaschiges Sieb streichen. In eine Schüssel füllen und die restlichen Zutaten unterrühren.

Ein köstliches, fettfreies Dressing, das zu grünem Salat oder als Sauce zu gegrilltem Fisch oder Fleisch gereicht wird. Geben Sie, wenn nötig, etwas Zucker zu, damit es ausgewogen schmeckt. Rührt man die Zitrusschale, Chili und Schnittlauch erst am Schluss unter, erhält man eine festere Beschaffenheit.

Haltbarkeit: 1 Woche im Kühlschrank.

Rechte Seite: Frisch geschnittener Schnittlauch wird in das Mango-Dressing gerührt.

Sauerrahm-Dressing

Ein sehr beliebtes Dressing zu in der Schale gebackenen Kartoffeln und grünem Salat. Für eine kalorienarme Variante wird der Sauerrahm durch fettarmen Joghurt ersetzt.

Haltbarkeit: 1 Woche im Kühlschrank.

150 ml Sauerrahm oder Schmand

1–2 EL Zitronensaft, Weißweinessig oder Cidre-Essig

1 TL Dijonsenf (nach Belieben)

2 EL frisch geschnittener Schnittlauch, Dill oder glatte Petersilie

Salz und frisch gemahlener weißer oder schwarzer Pfeffer

Die Zutaten in einer Schüssel verrühren.

Tahinsauce

Eine vielseitige Sauce mit Sesam aus dem Nahen Osten, die als Dipsauce zu Pitabrot oder als Salatsauce verwendet wird. Für einen üppigeren Geschmack rührt man 2–3 EL natives Olivenöl extra kurz vor dem Servieren unter. Für eine gekochte Sauce nimmt man 250 ml Milch oder Wasser, übergießt gekochtes Gemüse oder gegrillten oder gebratenen Fisch mit der Sauce und überbäckt oder grillt das Gericht, bis es goldbraun ist.

Haltbarkeit: 1 Woche im Kühlschrank (Knoblauch weglassen und erst kurz vor dem Servieren zugeben).

250 g Tahin (Sesammus)

Saft von 2 Zitronen, abgeseiht

175 ml Wasser

1 Knoblauchzehe, zerdrückt (nach Belieben)

2–3 EL frisch gehackte glatte Petersilie oder Minze

Salz

1 Das Tahin und den Zitronensaft in einer kleinen Schüssel verrühren. Die Mischung mag anfangs klumpig sein und sich trennen, doch mit der Zugabe von Wasser in kleinen Mengen unter ständigem Rühren erreicht die Sauce bald die Konsistenz von Crème double.

2 Die restlichen Zutaten sorgfältig untermischen. Alternativ alle Zutaten außer den Kräutern in einer Küchenmaschine zu einer glatten Creme mixen. Die Kräuter unterrühren.

Abwandlungen

Haselnuss- oder Erdnuss-Tahinsauce

Wie oben zubereiten, aber 200 g Haselnussmus (erhältlich in Naturkostgeschäften) oder Erdnussmus anstelle des Tahins verwenden.

Grüne Tahinsauce

Eine leuchtend grüne, frische Variante der Tahinsauce, die im Mixer oder einer Küchenmaschine hergestellt werden kann. Die Tahinsauce wie oben beschrieben zubereiten, aber die Petersilie oder Minze weglassen. 100 g frische glatte Petersilie, Minze oder Dill oder eine Mischung daraus mit 3 EL Tahinsauce 1–2 Minuten mixen, bis die Sauce glatt ist. Während die Maschine läuft, die restliche Tahinsauce zugeben und fein mixen.

Salatcreme

Diese klassische britische Sauce ist bei Kindern sehr beliebt und lässt sich einfach zubereiten. Sie enthält weniger Fett als Mayonnaise und ist gut haltbar. Wie Vanillecremesauce sollte die Salatcreme ständig gerührt werden und auf keinen Fall kochen. Die fertige Sauce kann in eine Flasche gefüllt und kalt gestellt werden.

Haltbarkeit: 1 Woche im Kühlschrank, 2 Wochen in einem luftdicht verschlossenen Glas (s. S. 134–135).

1 EL Senfpulver

2 EL Mehl oder Speisestärke

1–2 EL extrafeiner Zucker

3 Eigelb

250 ml Sahne, Crème double oder Milch

100 ml Cidre-Essig oder Weißweinessig

Salz

1 Den Senf, das Mehl, den Zucker und die Eigelbe in einer Schüssel verrühren. Unter kräftigem Schlagen die Sahne oder Milch untermischen.

2 Die Schüssel auf eine Kasserolle mit köchelndem Wasser setzen. Darauf achten, dass der Boden der Schüssel das Wasser nicht berührt. Rühren, bis die Sauce beginnt dick zu werden. Den Essig und das Salz zugeben und weiterschlagen, bis die Sauce dick und glatt ist.

Vinaigrette

Vinaigrette ist eine der einfachsten und vielseitigsten Saucen. Man nimmt sie zum Anmachen von Salaten, macht mit ihr trockenes Pökelfleisch wieder saftig oder gießt sie über gegrillten oder gebratenen Fisch. Ich träufele sie gern über Pasta, Bulgur, Couscous oder Reis für ein schnelles Gericht.

Haltbarkeit: 3 Wochen in einem fest verschlossenen Glas im Kühlschrank.

2 TL Dijonsenf

1 EL Honig (nach Belieben)

2 EL Weinessig, Apfelessig oder anderer aromatisierter Essig oder Zitronen- oder Limettensaft

Salz und frisch gemahlener schwarzer Pfeffer

6–8 EL natives Olivenöl extra

Den Senf, den Honig, den Essig, Zitronen- oder Limettensaft in einer Schüssel verrühren und würzen. Nach und nach das Olivenöl unterschlagen, bis die Sauce glatt und sämig ist. Alternativ dazu alle Zutaten in einen fest verschließbaren Behälter füllen und gut schütteln.

Abwandlungen

Roquefort-Dressing

Ich löffle es über Salate, gegrilltes Steak und Lammkoteletts. Wie oben zubereiten, aber im Mixer oder einer Küchenmaschine mixen und 60 g zerbröckelten Roquefort zugeben.

Knoblauch-Kräuter-Vinaigrette

Wie oben zubereiten, aber 1 zerdrückte Knoblauchzehe und 1–2 EL frisch gehackte Petersilie, Schnittlauch oder Estragon zugeben.

Paprika-Chili-Vinaigrette

Eine Vinaigrette für Chili-Liebhaber. Man kann auch eingemachte, geröstete Paprikaschoten nehmen, die in Supermärkten, in Feinkostgeschäften und im Spezialitätenhandel erhältlich sind.

Haltbarkeit: 1 Woche im Kühlschrank.

1 Menge Vinaigrette, mit Zitronen- oder Limettensaft zubereitet (s. S. 68)

2 EL geröstete, enthäutete (s. S. 96) und fein gehackte rote Paprikaschote

1/2 TL geriebene Zitronen- oder Limettenschale

1–2 grüne oder rote Chillies, die Samen und Scheidewände entfernt, fein gehackt

1–2 EL frisch gehacktes Koriandergrün

Alle Zutaten in einer Schüssel miteinander verrühren.

Gekochte Vinaigrette

Diese Sauce basiert auf einem Rezept von Nico Ladenis, einem der innovativsten Küchenchefs Londons. Im Originalrezept wird die Vinaigrette durch ein Sieb abgeseiht und das Gemüse entfernt. Ich lasse das Gemüse lieber in der Vinaigrette und serviere sie als Sauce mit festerer Konsistenz zu Gemüse, Fisch oder Fleisch. Am besten bereitet man gleich eine größere Menge davon zu, da diese Vinaigrette gut haltbar ist.

Ergibt 1 1/2 Liter

Haltbarkeit: 1 Monat im Kühlschrank, 6 Monate in einem luftdicht verschlossenen Glas (s. S. 134–135).

Siehe Bild S. 23

1 l Olivenöl

100 ml Weißweinessig

1 EL guter Honig (nach Belieben)

350 ml trockener Weißwein

100 g Möhren, fein gehackt

100 g Sellerie, fein gehackt

100 g rote Paprikaschote, fein gehackt

100 g Schalotten, fein gehackt

5 Knoblauchzehen, fein gehackt

1 Bouquet garni aus 4 Zweigen Thymian, 2 Zweigen Rosmarin, 2 Streifen Zitronenschale und 2 Lorbeerblättern (s. S. 30)

1 TL schwarze Pfefferkörner und 1/2 TL Nelken, in ein Stück Musselin gebunden

150 g Eiertomaten, enthäutet (s. S. 43), die Samen entfernt, fein gehackt

1 TL Salz

1 Das Olivenöl, den Essig und nach Belieben den Honig in einer Kasserolle erhitzen. Die restlichen Zutaten zugeben und zum Kochen bringen. Die Hitze stark verringern und etwa 30 Minuten köcheln lassen. Dabei die Trüb- und Schwebstoffe von der Oberfläche abschöpfen.
2 Das Bouquet garni herausnehmen und die Vinaigrette nach Belieben durch ein mit Musselin ausgelegtes Sieb abseihen, das Gemüse wegwerfen.

Würzige Vinaigrette

100 ml frischer Orangensaft

Saft von 1/2 Zitrone, abgeseiht

6 EL Olivenöl

1 EL Honig

1 EL Dijonsenf

1 TL geriebener Ingwer

1/2 TL geriebene Orangenschale

Salz und frisch gemahlener schwarzer Pfeffer

1 Den Orangen- und Zitronensaft in einer kleinen Kasserolle köcheln lassen und auf 3 EL einkochen. Beiseite stellen und abkühlen lassen.
2 In eine Schüssel gießen, das Öl, den Honig und den Senf unterschlagen. Den Ingwer und die Orangenzesten einrühren, abschmecken.

Dieses Rezept habe ich von meinem alten Freund Steve bekommen. Die Vinaigrette schmeckt würzig und sehr intensiv und ist die ideale Salatsauce zu rohem oder gekochtem Sellerie. Sie schmeckt auch ausgezeichnet zu Fisch mit hohem Fettgehalt und ist eine einfache Sauce zu gegrillter Ente oder Federwild.

Haltbarkeit: 1 Woche im Kühlschrank.

Himbeer-Vinaigrette

2 EL Himbeer- oder Rotweinessig

1 TL Honig

60 g frische Himbeeren

6 EL Oliven- oder Haselnussöl

1 EL frisch geschnittener Schnittlauch oder glatte Petersilie

Salz und frisch gemahlener schwarzer Pfeffer

Den Essig und den Honig in einer Schüssel glatt rühren. Die Himbeeren mit einer Gabel fein zerdrücken und mit dem Öl und dem Schnittlauch oder Petersilie in die Essigmischung rühren, abschmecken.

Diese Vinaigrette ist leuchtend rot, erfrischend und säuerlich. Sie schmeckt besonders gut, kalt oder leicht erwärmt, zu Ente oder Geflügelsalat, gegrilltem Ziegenkäse, Brathähnchen oder gegrilltem Fisch mit hohem Fettgehalt.

Haltbarkeit: 1 Woche im Kühlschrank.

Siehe Bild S. 21

Ahornsirup-Vinaigrette

3 EL Cidre-Essig

3 EL Ahornsirup

1 TL Dijonsenf

8 EL Oliven- oder Walnussöl

Salz und frisch gemahlener schwarzer Pfeffer

Den Essig und den Ahornsirup in einer kleinen Kasserolle schwach erhitzen.
Den Senf und das Öl unterschlagen, abschmecken und warm servieren.

Eine süßsaure Vinaigrette, die ausgezeichnet zu Brathähnchen oder Geflügelsalat oder über gedämpftes Gemüse gelöffelt schmeckt.

Haltbarkeit: 1 Woche im Kühlschrank.

Aromatisierte Öle

Einige Tropfen aromatisiertes Öl geben einer Speise augenblicklich Duft und Würze. Träufeln Sie ein paar Esslöffel über Pasta, und streuen Sie frische Kräuter darüber: Schon haben Sie ein köstliches Mahl. Wenn im Rezept nicht anders angegeben, nimmt man am besten helles, gut gefiltertes und raffiniertes Öl wie Sonnenblumen-, Sesam- oder Sojaöl. Kalt gepresste native Öle haben meist einen sehr ausgeprägten Geschmack, der die feinen Aromen überdecken könnte. Öle mit rohen Zutaten in sterilisierten Gefäßen aufbewahren (s. S. 134).

Kräuteröl

Ich verwende mit Kräutern aromatisierte Öle für Salatsaucen oder zum Würzen von Suppen und Eintöpfen kurz vor dem Servieren. Kräuter wie Basilikum, Thymian und Rosmarin eignen sich ausgezeichnet.

Haltbarkeit: 3 Wochen ungefiltert, 6 Monate gefiltert.

Siehe Bild S. 11

1 l gutes, helles Olivenöl

200 g frische Kräuter, angedrückt

Das Öl in einer Kasserolle auf 40 °C erhitzen. Die Kräuter in ein sterilisiertes Glas oder eine Flasche füllen (s. S. 134). Das warme Öl über die Kräuter gießen und das Gefäß luftdicht verschließen. 2–3 Wochen an einen kühlen, dunklen Ort stellen, von Zeit zu Zeit schütteln. Das Öl ist nun fertig für den Gebrauch, ist aber länger haltbar, wenn man es filtert und die Kräuter entfernt (s. S. 135).

Abwandlung

Lavendelöl

Lavendel eignet sich ausgezeichnet zum Aromatisieren von Öl. Geben Sie dieses Öl in Salatsaucen oder andere Saucen, oder träufeln Sie es über gedämpftes Gemüse. Bereiten Sie es wie Kräuteröl zu, nehmen Sie aber 1 l Mandel- oder Erdnussöl anstelle des Olivenöls und 200–300 g Lavendelblüten anstelle der Kräuter.

Karamellisiertes Thai-Öl

Ein wunderbar pikantes und duftendes Öl mit dem ausgeprägten Aroma von Schalotten und Knoblauch. Verleihen Sie Salatsaucen oder Kartoffelpüree den Geschmack von karamellisierten Zwiebeln.

Haltbarkeit: 6 Monate (luftdicht verschlossen und kalt gestellt ist die frittierte Schalottenmischung bis zu 1 Monat haltbar und eignet sich für Salate und Suppen).

150 g Schalotten, gehackt

10 Knoblauchzehen, gehackt

5 cm frische Ingwerwurzel, geraspelt

1–2 frische oder getrocknete Thai-Chillies, zerstoßen

1 l Öl

Alle Zutaten in dem Öl 15–20 Minuten sanft frittieren, bis die Schalotten goldbraun sind und anfangen, knusprig zu werden. Vom Herd nehmen und abkühlen lassen. Das Öl ist nun fertig für den Gebrauch, kann aber auch in eine sterilisierte Flasche gefiltert werden (s. S. 134–135).

Zitronenöl

1 l Öl

Feine Zesten von 5 Zitronen, die weiße Haut vollständig entfernt

Das Öl in einer Kasserolle auf 60 °C erhitzen. Die Zesten in ein sterilisiertes Glas oder eine Flasche füllen (s. S. 134), das Öl zugießen und luftdicht verschließen. Die Flasche etwa 1 Woche an einem warmen Ort stehen lassen und ab und zu schütteln. Das Öl in eine sterilisierte Flasche filtern (s. S. 135).

Verwenden Sie ausschließlich unbehandelte Zitronen für dieses Öl.

Haltbarkeit: 6 Monate.

Knoblauchöl

4 Knollen frischer Knoblauch, quer halbiert

4–5 Zweige frischer Thymian

1 l helles Olivenöl

Den Knoblauch und den Thymian in ein sterilisiertes Glas füllen (s. S. 134), mit dem Öl begießen und fest verschließen. Sterilisieren und 2–3 Wochen an einem warmen Ort stehen lassen. Das Öl gleich verwenden oder für den späteren Gebrauch filtern und in Flaschen füllen (s. S. 135).

Der Knoblauch kann vor dem Auffüllen mit Öl auch geröstet werden. Dadurch wird er leicht nussig und milder. Einfach in eine Bratpfanne legen, mit etwas Öl beträufeln und 25–30 Minuten rösten, bis er weich ist. Der marinierte Knoblauch schmeckt sehr gut in Salsas und Salaten.

Haltbarkeit: 6 Monate.

Frisches Chiliöl ▷

Scharfes, duftendes und schmackhaftes Chiliöl, das zum Anmachen von Pasta und Salaten oder gegrilltem Fisch oder zu Fleisch verwendet wird. Ich nehme es sogar für Barbecue. Besonders dekorativ sieht es aus, wenn man ganze rote Chillies nach dem Filtern in das Öl gibt – zudem ein ideales Geschenk für Freunde.

Haltbarkeit: 6 Monate.

300 g rote oder grüne Chillies, die Stiele entfernt, längs halbiert

4–5 Zweige frischer Thymian

1 l Öl

1 Alle Zutaten in einer Kasserolle zum Sieden bringen. Die Hitze verringern und etwa 15 Minuten leicht köcheln lassen.
2 In ein sterilisiertes Einmachglas (s. S. 134) gießen, luftdicht verschließen und 2 Wochen stehen lassen, damit sich das Aroma entfalten kann. Filtern und das Öl in eine Flasche füllen (s. S. 135).

Rauchiges Chiliöl

Vogelaugen-Chillies geben diesem sonst verhältnismäßig milden Öl eine äußerst feurige Note, die jeden Chili-Liebhaber begeistern wird.

Haltbarkeit: 6 Monate.

50 g Chipotle-Chillies, die Stiele entfernt, grob zerstoßen

50 g Guindilla-Chillies, die Stiele entfernt, grob zerstoßen

1 EL Vogelaugen-Chillies (nach Belieben), die Stiele entfernt, grob zerstoßen

1 l Öl

Alle Zutaten in einer Kasserolle langsam erhitzen, aber nicht heißer als 100 °C werden lassen. 20 Minuten simmern lassen, dann vom Herd nehmen und abkühlen lassen. Das Öl kann gleich verwendet werden, oder es wird gefiltert und in Flaschen gefüllt (s. S. 135).

Kaffir-Limetten-Öl

Ein stark duftendes und vielseitig verwendbares Öl. Nehmen Sie es zum Aromatisieren von Vinaigrettes und Mayonnaisen und zum Beträufeln von Gemüse-Carpaccio oder dünn geschnittenem Räucherfleisch oder -fisch.

Haltbarkeit: 6 Monate.

1 l Öl

Feine Zesten von 4 Limetten, die weiße Haut vollständig entfernt

20 Kaffir-Limettenblätter

Das Öl auf 60 °C erhitzen, nicht heißer. Die Zesten und Limettenblätter andrücken und in ein sterilisiertes Gefäß füllen (s. S. 134). Das warme Öl darüber gießen und luftdicht verschließen. An einem kühlen, dunklen Ort 2–3 Wochen stehen lassen, dann filtern und in Flaschen füllen (s. S. 135).

Rechts: Frisches Chiliöl, das in eine Glaskaraffe abgegossen wird

Mayonnaise

Das Grundrezept für die Zubereitung von Mayonnaise wie auch die Hinweise für die Zubereitung in einer Küchenmaschine finden Sie auf S. 38–39.

Haltbarkeit: 1 Woche im Kühlschrank.

2 Eigelb, bei kühler Raumtemperatur

2 TL Zitronensaft oder Weißweinessig und etwas mehr zum Abschmecken

1 TL Dijonsenf oder Senfpulver

1 kleine Messerspitze Salz

300 ml Erdnussöl, helles Olivenöl oder helles, geschmacksneutrales Öl wie Sonnenblumenöl

Salz und frisch gemahlener schwarzer Pfeffer

Die Eigelbe in einer Schüssel mit dem Zitronensaft oder Essig, dem Senf und dem Salz glatt rühren. Das Öl Tropfen für Tropfen unterschlagen, bis etwa ein Drittel des Öls eingearbeitet ist. Weiterschlagen und das restliche Öl in einem gleichmäßig dünnen Strahl einlaufen lassen, bis die Mayonnaise dick und glänzend ist. Mit etwas Zitronensaft oder Essig, Salz und Pfeffer abschmecken.

Abwandlungen

Knoblauchmayonnaise
Sie schmeckt ausgezeichnet als Dipsauce oder zu Fisch, kaltem Huhn oder gedämpftem Gemüse. Wie oben beschrieben zubereiten und besser Zitronensaft als Essig nehmen. 4–6 Knoblauchzehen mit etwas Salz zu einer Paste zerdrücken und mit 2 EL gehackten frischen Kräutern wie Thymian, Oregano, Minze, Petersilie, Dill oder Majoran unter die Mayonnaise mischen. Mit Salz und frisch gemahlenem Pfeffer abschmecken.

Kräutermayonnaise
Reichen Sie diese Mayonnaise zu Fisch oder als Salatdressing. Rühren Sie 3 EL Kräuterpüree (s. S. 42) und 1 EL Zitronensaft in die fertige Mayonnaise. Abschmecken.

Rauchige Paprikamayonnaise
2 rote Paprikaschoten rösten, enthäuten und pürieren (s. S. 96), in ein mit Musselin ausgelegtes Sieb füllen und 2 Stunden abtropfen lassen. Mit 2 EL Zitronensaft unter die fertige Mayonnaise rühren.

Orangen-Senf-Mayonnaise
Sie schmeckt ausgezeichnet zu pochiertem Fisch, besonders zu Lachs. Den Saft von 3 Orangen in einer kleinen Kasserolle zum Kochen bringen und 15–20 Minuten köcheln lassen, bis der Saft um drei Viertel eingekocht ist. Vom Herd nehmen und abkühlen lassen, dann mit der geriebenen Schale von 1 Orange, 1 EL Zitronensaft und 3–4 EL grobem Senf wie *Moutarde de Meaux* unter die fertige Mayonnaise rühren. Mit Salz und frisch gemahlenem schwarzem Pfeffer abschmecken.

Rote-Bete-Mayonnaise
100 g gekochte Rote Bete und 2 EL Rot- oder Weißweinessig in einer Küchenmaschine pürieren. Das Püree durch ein Sieb streichen und unter die fertige Mayonnaise rühren. Mit Salz und frisch gemahlenem schwarzem Pfeffer abschmecken.

Harissa-Mayonnaise
Für eine mit Chili gewürzte Mayonnaise rührt man 3–4 EL Harissa (s. S. 103) unter die fertige Mayonnaise.

Garnelen-Cocktailsauce
Bereiten Sie diese klassische Sauce zu, indem Sie 4 EL Tomatenketchup, 1 EL Worcestersauce, 1 EL Zitronensaft und Tabasco oder Cayennepfeffer unter die Mayonnaise rühren und mit Salz und frisch gemahlenem Pfeffer abschmecken.

Green-Goddess-Dressing *Siehe Bild S. 11*
Diese klassische amerikanische Sauce wurde in den zwanziger Jahren von dem Küchenchef des San Francisco Palace Hotel kreiert. Sie passt ausgezeichnet zu Steak oder gegrilltem Fisch. 100 ml Sauerrahm, 4 fein gehackte Frühlingszwiebeln, 4 fein gehackte Anchovisfilets, 3 EL fein gehackte Petersilie und 2 EL Estragonessig unter die fertige Mayonnaise rühren. Mit Salz und frisch gemahlenem schwarzem Pfeffer abschmecken.

Kräutermayonnaise

Rauchige Paprikamayonnaise

Orangen-Senf-Mayonnaise

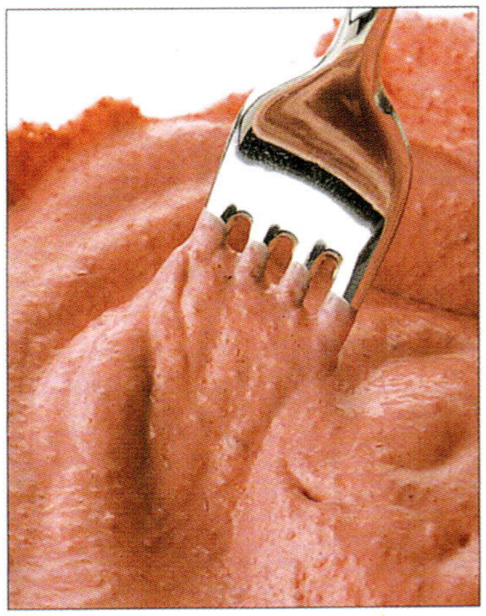

Rote-Bete-Mayonnaise

Gribiche Sauce

Eine köstliche Variante der Mayonnaise, die sehr gut zu Fisch oder hart gekochten Eiern passt. Sie schmeckt aber auch ausgezeichnet als Dipsauce zu rohem oder gedämpftem Gemüse.

Haltbarkeit: 1 Woche im Kühlschrank.

3 hart gekochte Eigelb

1 rohes Eigelb

1 EL Dijonsenf

250 ml Olivenöl

1 EL Weißweinessig

3 hart gekochte Eiweiß, gehackt oder grob gerieben

2 EL Kapern, gehackt

2 EL Cornichons oder Essiggurken, gehackt

2 EL frisch gehackte Kräuter (Kerbel, Schnittlauch, Petersilie, Estragon)

Salz und frisch gemahlener schwarzer Pfeffer

Entweder die hart gekochten Eigelbe durch ein Sieb streichen oder mit einer Gabel fein zerdrücken. Das rohe Eigelb und den Senf zugeben und zu einer glatten Paste verrühren. Das Öl in einem sehr dünnen Strahl unter ständigem Schlagen zugießen, bis die Hälfte des Öls eingearbeitet ist. Unter weiterem Schlagen den Essig und nach und nach das restliche Öl untermischen. Die Sauce sollte dick und glänzend sein. Die restlichen Zutaten unter die Sauce rühren.

Abwandlung

Tartarensauce
Wie oben zubereiten, lassen Sie aber das Eiweiß und die Cornichons oder Essiggurken weg. Rühren Sie 3 statt 2 EL Kapern und 60 g fein gehackte Zwiebeln oder Schalotten und am Schluss fein gehackte Petersilie anstelle der Kräuter unter die Sauce.

Aïoli

4–6 Knoblauchzehen, die grünen Keimlinge entfernt

1/4 TL Salz

2 hart gekochte Eigelb, durch ein feines Sieb gestrichen

1 rohes Eigelb

300 ml Olivenöl

Zitronensaft

Den Knoblauch und das Salz in einer Küchenmaschine glatt pürieren. Die gekochten Eigelbe und das rohe Eigelb zugeben und pürieren. Das Öl anfänglich Tropfen für Tropfen, später in einem gleichmäßig dünnen Strahl in die Mayonnaise laufen lassen, während die Maschine läuft. Zum Schluss den Zitronensaft in kurzen Schüben untermixen.

Eine klassische französische Sauce, die ihren Namen der großen Menge Knoblauch (ail) verdankt, die für die Zubereitung benötigt wird. In manchen Rezepten werden 2 Knoblauchzehen pro Person angegeben, wodurch die Sauce sehr aromareich und beißend wird.

Haltbarkeit: 1 Woche im Kühlschrank.

Remouladensauce

1 Menge Mayonnaise (s. S. 72)

1 EL fein gehackte Essiggurke

1 EL fein gehackte Kapern

Je 1 EL gehackte frische Petersilie, Estragon und Schnittlauch

1 EL Dijonsenf

3–4 Anchovisfilets, fein gehackt

Die Mayonnaise in eine Schüssel füllen, alle anderen Zutaten zufügen und miteinander verrühren.

Servieren Sie diese Sauce zu Fisch oder kaltem Fleisch oder als Dipsauce zu gedämpftem Gemüse.

Vorbereitung: Die Mayonnaise kann im Voraus zubereitet werden.

Haltbarkeit: 1 Woche im Kühlschrank.

Leichte Mayonnaise

Eine leichtere Variante mit deutlich weniger Kalorien als die traditionelle Mayonnaise. Soll sie fester und cremiger sein, lässt man den Joghurt und den Frischkäse vorher abtropfen. Dafür zwei mit Musselin ausgelegte Siebe auf Schüsseln setzen, den Joghurt und den Frischkäse getrennt einfüllen und im Kühlschrank 5–6 Stunden abtropfen lassen.

200 ml griechischer Joghurt, sehr kalt

200 ml Frischkäse, sehr kalt

1 EL Dijonsenf

Saft von 1 Zitrone, abgeseiht

Geriebene Schale von 1/2 Zitrone (nach Belieben)

75 ml Oliven-, Erdnuss- oder Haselnussöl

Salz und frisch gemahlener schwarzer Pfeffer

Mit der Hand: Den Joghurt und den Frischkäse, den Senf, Zitronensaft und -schale in einer Schüssel verrühren. Einige Tropfen Öl unterschlagen. Nach und nach das restliche Öl unterschlagen, bis die Sauce glänzt und auf dem Löffelrücken dick liegen bleibt. Salzen und pfeffern.

Mit der Maschine: Alle Zutaten außer dem Öl in eine Küchenmaschine füllen. Bei höchster Geschwindigkeit das Öl langsam in einem gleichmäßig dünnen Strahl einlaufen lassen.

Haltbarkeit: 1 Woche im Kühlschrank.

Buttermischungen

Sie sind eine schnelle und innovative Art, einer ganzen Reihe von Gerichten augenblicklich Geschmack zu verleihen. Als Brotaufstrich verfeinern sie Canapés und Sandwiches, während sie, am Ende einer Zubereitung untergerührt, auch Konsistenz verleihen. Buttermischungen werden zu gebratenem Fleisch, Hähnchen oder Fisch gereicht. Zerlassen ergeben sie eine wunderbare Dipsauce, etwa zu Garnelen oder gedämpftem Gemüse.

Traditionell werden die Zutaten mit Mörser und Stößel zerkleinert, viel einfacher ist es jedoch, sie im Mixer zu mischen. Ich bevorzuge Butter von gröberer Konsistenz. Wer eine glatte Butter lieber mag, streicht sie mit Hilfe einer Teigkarte durch ein Trommelsieb. Buttermischungen isst man am besten frisch, aber straff verpackt sind sie gut haltbar. Ich habe immer ein oder zwei Sorten im Kühlschrank oder im Tiefkühlfach vorrätig.

Chilibutter

Sie passt besonders gut zu gegrilltem Fisch und Huhn.

Haltbarkeit: 1 Woche im Kühlschrank, 1 Monat im Tiefkühlfach.

1 rote Paprikaschote, geröstet, enthäutet (s. S. 96), die Samen und Scheidewände entfernt

200 g weiche Butter

1 EL Zitronensaft

1–2 rote oder grüne Chillies oder gemischt, die Samen und Scheidewände entfernt, sehr fein gehackt

1 EL fein gehacktes frisches Koriandergrün (nach Belieben)

Salz

1 Die Paprika in einem Mixer pürieren. Das Püree in ein mit Musselin ausgelegtes Sieb, das auf einer Schüssel steht, gießen und 1 Stunde abtropfen lassen.
2 Die Butter in einer Schüssel mit dem Paprikapüree und dem Zitronensaft locker aufschlagen. Die Chillies und nach Belieben das Koriandergrün unterrühren, salzen. Rollen (s. unten) und kalt stellen.

Butter rollen

1 Die Butter in zwei Hälften teilen und auf Backpapier, Alu- oder Klarsichtfolie legen.

2 Jede Hälfte zu einer gleichmäßigen Rolle formen und die Enden gegeneinander drehen.

Zitronengras-Limetten-Butter

250 g weiche Butter

4 Stengel Zitronengras, die harten Blattteile entfernt, fein gehackt oder zerstoßen

2 EL Limettensaft, Salz

1 kleine Chilischote, die Samen und Scheidewände entfernt, fein gehackt (nach Belieben)

5 Kaffir-Limettenblätter, gehackt

1 In einer Kasserolle 100 g Butter erhitzen, das Zitronengras darin dünsten, bis es Farbe zu nehmen beginnt. Vom Herd nehmen und abkühlen lassen, durch ein mit Musselin ausgelegtes Sieb abseihen.
2 Die restliche Butter in einer Schüssel schlagen, bis sie leicht und locker ist. Die abgeseihte Butter und die restlichen Zutaten untermischen. Die Butter rollen (s. links) und kalt stellen, bis sie fest ist.

Eine außergewöhnlich frische und aromatische Butter, die Meeresfrüchten und Fisch eine delikate und würzige Note verleiht. Sie eignet sich ebenso als Brotaufstrich und für Canapés.

Haltbarkeit: 1 Woche im Kühlschrank, 1 Monat im Tiefkühlfach.

Tomatenbutter

100 g sonnengetrocknete Tomaten in Öl, gut abgetropft

200 g weiche Butter

2 EL gezupftes Basilikum

Salz und frisch gemahlener schwarzer Pfeffer

Die Tomaten pürieren, die Butter gründlich untermixen. Das Basilikum zugeben und mit Salz und, wenn nötig, mit Pfeffer abschmecken. Die Butter rollen (s. links) und kalt stellen, bis sie fest ist.

Tomatenbutter schmeckt ausgezeichnet als Brotaufstrich und auf Canapés. Für eine gröbere Konsistenz nur eine Hälfte der Tomaten pürieren und die andere grob mit der Hand hacken, bevor man sie unter die Butter rührt.

Haltbarkeit: 1 Woche im Kühlschrank, 1 Monat im Tiefkühlfach.

Anchovisbutter

Eine klassische Begleitung mit wunderbarem Aroma zu pochiertem oder gegrilltem Fisch und zu einem saftigen Steak.

Haltbarkeit: 1 Woche im Kühlschrank, 1 Monat im Tiefkühlfach.

100 g in Salz oder Öl eingelegte Anchovisfilets, einige Minuten gewässert

200 g weiche Butter

2–3 EL gehacktes Basilikum oder Dill

1–2 EL Zitronensaft (nach Belieben)

Salz und, wenn nötig, frisch gemahlener schwarzer Pfeffer

Die Anchovis entweder im Mörser zerstoßen oder in einer Küchenmaschine pürieren. Mit der Butter gründlich vermischen. Das Basilikum oder den Dill und nach Belieben den Zitronensaft zugeben und abschmecken. Die Butter rollen (s. S. 74) und kalt stellen, bis sie fest ist.

Zitronenbutter

Zitronenbutter schmeckt köstlich auf Räucherlachs-Sandwiches oder zu gegrilltem Fisch. Sie verleiht Saucen einen feinen Zitronengeschmack. Für Limettenbutter nimmt man Limettensaft anstelle des Zitronensaftes und Limettenschale anstelle der Zitronenschale.

Haltbarkeit: 1 Woche im Kühlschrank, 1 Monat im Tiefkühlfach.

200 g weiche Butter

4 EL Zitronensaft

Geriebene Schale von 1 Zitrone

1–2 EL gehackter Dill oder Petersilie (nach Belieben)

Salz und frisch gemahlener schwarzer Pfeffer

Die Butter in eine Schüssel füllen und mit dem Zitronensaft so lange schlagen, bis sie leicht und locker ist. Die restlichen Zutaten gründlich untermischen. Rollen (s. S. 74) und kalt stellen, bis die Butter fest ist.

Knoblauchbutter

Eine der wichtigsten Zutaten in meiner Küche. Bestreichen Sie großzügig ein Baguette damit, oder geben Sie sie in heiße Eintöpfe oder Suppen. Sie verleiht Gerichten ein feines Aroma von frisch zerdrücktem Knoblauch.

Haltbarkeit: 1 Woche im Kühlschrank, 1 Monat im Tiefkühlfach.

200 g weiche Butter

1 EL Zitronensaft (nach Belieben)

4–6 Knoblauchzehen, püriert

2 EL fein gehackte Petersilie (nach Belieben)

Salz und frisch gemahlener schwarzer Pfeffer

Die Butter in eine Schüssel füllen und nach Belieben mit dem Zitronensaft schlagen, bis sie leicht und locker ist. Den Knoblauch und nach Belieben die Petersilie gründlich untermischen und abschmecken. Rollen (s. S. 74) und kalt stellen, bis die Butter fest ist.

Rechts, von oben nach unten: Anchovis-, Chili-, Zitronengras-Limetten-, Tomaten- und Knoblauchbutter

SCHMORSAUCEN

Sie zu definieren ist schwierig, und dennoch findet man sie in jeder Küche: auf einer Sauce basierende Schmorgerichte mit Fleisch, Fisch oder Gemüse, welche ihre Aromen an die Sauce abgeben. Diese herzhaften Saucen können, wenn nötig, verlängert werden und eine größere Anzahl von Zutaten aufnehmen. Man isst sie mit Brot, Nudeln, Reis oder anderen Beilagen als vollständige Mahlzeit.

WÜRZIGE TOMATEN-CHILI-SAUCE ZU FISCH ▷

Diese scharfe, pikante Sauce ist die ideale Basis für einen Fischtopf. Sie kann aber auch heiß oder kalt über gebratenen, gegrillten oder pochierten Fisch gegossen werden.

Ausreichend für 1 kg Fischfilets oder -steaks

Haltbarkeit: 3 Wochen im Kühlschrank.

Siehe Bild S. 15

4 EL Olivenöl

2 Zwiebeln, gehackt

6 Knoblauchzehen, gehackt

6 Anchovisfilets

750 g Eiertomaten, geviertelt

1 säuerlicher Apfel, geschält, entkernt und gehackt

2–3 EL Tomatenmark (nach Belieben)

Saft und geriebene Schale von 1 Zitrone

2–3 rote Chillies (nach Geschmack auch mehr) wie roter Jalapeño, Anaheim oder Serrano, fein gehackt

Eventuell Salz

1 Das Öl in einer Kasserolle erhitzen und die Zwiebeln, den Knoblauch und die Anchovis darin andünsten, bis die Zwiebeln glasig und weich sind.

2 Die Tomaten und den Apfel einrühren und etwa 30 Minuten köcheln lassen, bis der größte Teil der Flüssigkeit verdampft ist.

3 In eine Küchenmaschine füllen und zu einer glatten Sauce pürieren.

4 Durch ein Sieb in eine saubere Kasserolle passieren, nach Belieben das Tomatenmark, den Zitronensaft und die -schale sowie die Chillies in die Sauce rühren. Zum Kochen bringen und 2–3 Minuten kochen. Eventuell salzen (die Anchovis sind salzig).

5 Verwendung: Über Fischsteaks gießen und 25 Minuten im Ofen garen oder als Sauce zu pochiertem, gegrilltem oder gebratenem Fisch servieren.

ABWANDLUNGEN

WÜRZIGE TOMATEN-FENCHEL-SAUCE

Die zarten, inneren Stangen einer Bleichselleriestaude und 1 kleine Fenchelknolle, beides fein gehackt, sowie 1/2 TL Fenchelsamen in Schritt 1 mit andünsten.

WÜRZIGE PAPRIKASAUCE

Die Samen und Scheidewände von 1 kg roten Paprikaschoten entfernen, die Schoten klein schneiden und anstelle der Tomaten zugeben. Den Apfel und das Tomatenmark weglassen.

Rechte Seite: Kabeljaufilets in würziger Tomaten-Chili-Sauce

Trockenes Fleisch-Curry

Diese Currys variieren sehr stark in Geschmack und Schärfe, aber alle basieren auf einer Gewürzpaste, die mit dem Fleisch gebraten wird, bis es Farbe nimmt. Anschließend wird etwas Flüssigkeit zugegossen, und das Fleisch wird gekocht, bis es weich ist. Dieses Rezept passt besonders gut zu Lamm, Rind oder Hammel, schmeckt aber auch sehr gut zu Gemüse. Für eine authentisch zubereitete Gewürzpaste zerstößt man die Zutaten in einem Mörser aus Granit, so können sich die Aromen voll entfalten. Masala (eine Gewürzmischung, die im Ganzen trocken geröstet und anschließend gemahlen wird) ist ebenfalls wesentlicher Bestandteil der unterschiedlichen Geschmacksrichtungen eines Currys.

FÜR DIE GEWÜRZPASTE

3 Zwiebeln, gehackt

6 Knoblauchzehen, geschält

5 cm frische Ingwerwurzel, geschält

2–6 kleine grüne Chilischoten, die Samen und Scheidewände entfernt

1 TL Kurkuma

1 TL Chilipulver

FÜR DAS MASALA

6 grüne Kardamomkapseln

6 Nelken

2 TL Koriandersamen

1 TL Kreuzkümmel

5 cm Zimtstange oder einige Stücke Kassiazimt

FÜR DAS CURRY

4 EL Ghee (geklärte Butter) oder Öl

750 g Schmorfleisch von Lamm, Rind oder Hammel, gewürfelt

3 EL Joghurt, mit 250 ml Wasser verrührt

8 frische Curryblätter (nach Belieben)

Frisches Koriandergrün, gehackt

1 Für die Gewürzpaste alle Zutaten in eine Küchenmaschine geben und zu einem glatten Püree mixen.

2 Das Masala zubereiten wie unten beschrieben.

3 Das Ghee oder Öl in einer großen Kasserolle erhitzen und die Gewürzpaste darin 2–3 Minuten anschwitzen, bis sie ein angenehmes Aroma zu entfalten beginnt. Das Fleisch zugeben, die Hälfte des Masala darüber streuen und unter häufigem Rühren 15–20 Minuten leicht braten, bis es schön gleichmäßig gebräunt ist. Dabei mit einem Kochlöffel den sich bildenden Bodensatz immer wieder lösen.

4 Die Hitze verringern, etwa 3 EL des verdünnten Joghurts zugießen, den Deckel auflegen, 1½–2 Stunden leicht köcheln lassen und weiteren Joghurt nachgießen, wenn das Curry zu trocken wird. Ist aller Joghurt verbraucht und das Fleisch noch nicht weich, so viel Wasser wie nötig zugießen.

5 Fünf Minuten bevor das Fleisch fertig ist, das restliche Masala und nach Belieben die Curryblätter unterrühren. Mit Koriandergrün garnieren und mit Reis servieren.

Vorbereitung: Das Masala kann in einem luftdicht verschließbaren Behälter bis 3 Monate aufbewahrt werden. Die Gewürzpaste hält 1 Woche im Kühlschrank und 3 Monate im Tiefkühlfach.

Haltbarkeit: 1 Woche im Kühlschrank, 3 Monate im Tiefkühlfach.

Gewürze trocken rösten & Masala herstellen

1 Die Gewürze in einer trockenen Bratpfanne bei mittlerer Hitze rösten, bis sie leicht Farbe nehmen und duften. Darauf achten, dass die Gewürze nicht verbrennen: Sie sind fertig, wenn sie anfangen zu springen.

2 Für die Zubereitung von Masala oder einer Gewürzmischung die Gewürze beiseite stellen und abkühlen lassen, dann in eine Gewürz- oder Kaffeemühle oder einen Mörser füllen.

3 In der Gewürz- oder Kaffeemühle zu feinem Pulver vermahlen oder mit dem Stößel im Mörser so fein wie möglich zerstoßen.

4 Für ein noch feineres Pulver die gemahlenen oder zerstoßenen Gewürze sieben und die in dem Sieb zurückgebliebenen größeren Stücke nochmals mahlen.

Trockenes Gemüse-Curry

Dieses Curry ist eine moderne Interpretation des klassischen indischen Rezepts. Traditionell nimmt man Blumenkohl oder Kohl, ich bevorzuge aber eine Mischung verschiedener Gemüse wie grüne Bohnen, kleine Möhren, kleine, zarte Kürbisse und – besonders gut – Gartenkürbis oder Süßkartoffeln. Sie können das Curry auch mit Tofu oder indischem Paneer-Käse zubereiten, braten Sie ihn aber langsam in Öl, bis er leicht braun ist, bevor Sie ihn mitschmoren.

Vorbereitung: Das Masala hält sich in einem luftdicht verschließbaren Behälter bis zu 3 Monate. Die Gewürzpaste hält 1 Woche im Kühlschrank und 3 Monate im Tiefkühlfach.

Haltbarkeit: 1 Woche im Kühlschrank, 3 Monate im Tiefkühlfach.

FÜR DAS MASALA

1 TL Koriandersamen

4 schwarze oder grüne Kardamomkapseln

5 cm Zimtstange oder 2–3 Stück Kassiazimt

½ TL Fenchelsamen

2 TL Schwarzkümmel

FÜR DAS CURRY

4 EL Ghee (geklärte Butter) oder Öl

1 EL weiße und schwarze Senfsamen, gemischt

2 EL weiße Mohnsamen

1 Menge Gewürzpaste (s. S. 78)

4 EL Joghurt, mit 200 ml Wasser verrührt

500 g verschiedene Gemüse wie Blumenkohl, Kartoffeln, Erbsen und grüne Bohnen, gedämpft, blanchiert oder in Öl gebraten

Frisches Koriandergrün, gehackt

1 Für das Masala alle Gewürze außer dem Schwarzkümmel trocken rösten und anschließend mahlen (s. S. 78). Den Schwarzkümmel trocken rösten und unter das Masala mischen.

2 Das Ghee oder Öl in einer großen Kasserolle erhitzen, die schwarzen und weißen Senfsamen und die Mohnsamen darin 1–2 Minuten rösten, bis sie anfangen zu springen. Die Gewürzpaste einrühren und 2–3 Minuten anschwitzen, bis sie einen angenehm würzigen Duft entfaltet. Die Hälfte des Masala einstreuen und 10–15 Minuten bei schwacher Hitze rösten, bis alles schön braun ist.

3 Die Hitze verringern, ungefähr die Hälfte des verdünnten Joghurts zugießen, den Deckel auflegen, etwa 20 Minuten leicht köcheln lassen und ein wenig Joghurt nachgießen, wenn das Curry zu trocken wird.

4 Das Gemüse gründlich unter die Sauce mischen, den restlichen Joghurt zugießen und durchwärmen. Das restliche Masala unterrühren. Mit Koriandergrün garnieren und mit Reis servieren.

Anglo-indisches Curry

Dieses angenehm milde und vielseitig verwendbare Curry wurde in den Küchen Kolonialindiens erfunden, wo indische Köche traditionelle Currys auf den britischen Gaumen abstimmten. Die Sauce wurde im Viktorianischen England sehr berühmt und mit einem Braten vom Vortag zubereitet. Sie können natürlich auch frisches Fleisch braten, bis es leicht braun ist, und dann in der Sauce schmoren, bis es gar ist.

Ausreichend für 500–700 g Fleisch oder Gemüse

Vorbereitung: Der Fond kann im Voraus zubereitet werden.

Haltbarkeit: 1 Woche im Kühlschrank, 3 Monate im Tiefkühlfach.

3 EL Ghee oder Öl

500 g Zwiebeln, gehackt

2 Knoblauchzehen, gehackt (nach Belieben)

2 große Tafeläpfel, geschält, entkernt und gehackt

1–2 TL mildes Currypulver

2 Lorbeerblätter, zerrieben

Ein kleines Stück Zimtstange oder Kassiazimt

100 g Sultaninen oder Rosinen, in etwas heißem Wasser eingeweicht

500 ml Hühner- oder Gemüsefond (s. S. 28 und 31) oder Wasser

Salz

1 Das Ghee oder Öl in einer großen Kasserolle erhitzen, die Zwiebeln und nach Belieben den Knoblauch darin anschwitzen, bis sie goldgelb sind. Die Äpfel, das Currypulver, die Lorbeerblätter und den Zimt oder Kassia zugeben und bei starker Hitze 3 Minuten rühren.

2 Die Sultaninen oder Rosinen und den Fond oder Wasser zugeben. Zum Kochen bringen, die Hitze verringern und etwa 30 Minuten köcheln lassen, bis die Flüssigkeit verdampft ist und die Sauce bindet. Mit Salz abschmecken.

3 Verwendung: Entweder gekochtes Fleisch oder Gemüse einlegen und gründlich durchwärmen oder die Sauce über das heiße Fleisch gießen.

Lamm-Korma ▷

Korma ist eher eine Technik als eine Sauce. Man schmort Fleisch oder Gemüse in einer Sauce, die mit Zwiebeln, Joghurt, Erdnüssen und Gewürzen gebunden wird. Nach langem, langsamem Köcheln wird das Korma mit Joghurt oder Sahne abgerundet. Das außergewöhnliche Aroma wird durch die richtige Reihenfolge, in der die Gewürze zugegeben werden, und deren Kochzeit erreicht. Hier eine moderne Interpretation dieses nordindischen Gerichts.

Vorbereitung: Das Masala hält sich in einem luftdicht verschließbaren Behälter bis zu 3 Monate. Die Gewürzpaste hält 1 Woche im Kühlschrank und 3 Monate im Tiefkühlfach.

Haltbarkeit: 1 Woche im Kühlschrank und 3 Monate im Tiefkühlfach.

FÜR DIE GEWÜRZPASTE

4 Zwiebeln, gehackt

4 Knoblauchzehen, geschält

5 cm frische Ingwerwurzel, geschält

3–4 rote Chillies, die Samen und Scheidewände entfernt

60 g Mandeln oder Cashewnüsse, gemahlen

FÜR DAS MASALA

6 grüne Kardamomkapseln

5–6 Nelken

2,5 cm Zimtstange

1 TL Koriandersamen

2 Lorbeerblätter

FÜR DAS KORMA

6 EL Ghee (geklärte Butter) oder Öl

750 g mageres Lamm-, Hammel- oder Rindfleisch, gewürfelt

1 EL weiße Mohnsamen, gemahlen (nach Belieben)

200 ml Joghurt, mit 150 ml Wasser verrührt

5 EL Sahne oder dicker Joghurt

12 gehobelte Mandeln, im Ofen oder in einer Pfanne in wenig Öl gebräunt

2–3 EL frische Minze oder Koriandergrün

1 Für die Gewürzpaste alle Zutaten in einer Küchenmaschine sehr fein pürieren.
2 Das Masala zubereiten (s. S. 78).
3 Das Ghee oder Öl in einer großen Kasserolle erhitzen und die Gewürzpaste darin 5–8 Minuten anschwitzen, bis sich ein angenehm würziger Duft verbreitet. Das Fleisch zufügen, nach Belieben mit den Mohnsamen und drei Viertel des Masala bestreuen und alles gut vermischen.
4 Unter häufigem Rühren 10–15 Minuten braten, bis die Mischung trocken wird und anfängt, braun zu werden, dabei die Bratrückstände vom Topfboden lösen. Die Hitze verringern und 3 EL des verdünnten Joghurts einrühren, den Deckel auflegen und unter häufigem Rühren und Lösen der Rückstände vom Topfboden 20–25 Minuten schmoren. Immer etwas Joghurt nachgießen, damit das Korma nicht ansetzt.
5 Den restlichen Joghurt unterrühren, zum Kochen bringen, die Hitze reduzieren und weitere 1–1½ Stunden schmoren, bis das Fleisch weich und die Sauce eingekocht ist und bindet. An der Oberfläche sich absetzendes Fett abschöpfen. Das restliche Masala und die Sahne oder den Joghurt untermischen und 2 Minuten stark kochen, bis die Sauce glatt ist.
6 Mit den Mandeln und der Minze oder Koriandergrün garnieren und servieren.

Abwandlungen

Hähnchen-Korma

Ein Masala aus 2 TL Koriandersamen sowie 1 TL Kreuzkümmel, 2,5 cm Zimtstange oder Kassiazimt, 1 TL Fenchelsamen, ½ TL Muskatblüte und 1 TL edelsüßem oder Rosenpaprika zubereiten und weiter wie im Rezept oben vorgehen und das Lamm-, Hammel- oder Rindfleisch durch 4–6 enthäutete Hähnchenteile ersetzen. ¼ TL Safran in einigen Esslöffeln warmer Milch oder Wasser auflösen und mit dem Hähnchen zufügen.

Paneer- oder Tofu-Korma

Korma kann man auch sehr gut vegetarisch zubereiten. Einfach das Fleisch durch 750 g trockengetupften und gewürfelten Paneer-Käse oder Tofu ersetzen.
• Den Paneer oder Tofu in 3 EL Ghee oder Öl in einer Pfanne goldgelb anbraten. Auf Küchenpapier abtropfen lassen, beiseite stellen.
• Das restliche Öl, die Gewürzpaste, die Mohnsamen und drei Viertel des Masala zugeben und leicht braten, bis die Gewürzpaste anfängt, braun zu werden. 4–5 EL des verdünnten Joghurts einrühren und zum Kochen bringen. Die Hitze reduzieren und 10 Minuten unter häufigem Rühren köcheln lassen, dabei den Bodensatz immer wieder lösen. Den restlichen Joghurt einrühren und zum Kochen bringen. Die Hitze verringern und etwa 25 Minuten offen köcheln lassen, bis die Sauce eingekocht ist und bindet.
• Den Paneer oder Tofu, Sahne oder Joghurt und das restliche Masala zugeben und 5–8 Minuten köcheln lassen, bis das Korma vollständig erhitzt ist. Mit den Mandeln und Kräutern bestreuen.

Rechte Seite: Schritte 3, 4, 5 und 6 der Zubereitung des Lamm-Korma

Rogan Josh

3 EL Öl oder Ghee

6 Nelken

5 cm Zimtstange, gebrochen, oder 2 Stück Kassiazimt

2–4 kleine getrocknete rote Chillies wie Vogelaugen-Chillies, die Samen und Scheidewände entfernt, gehackt

2 Lorbeerblätter, zerbröselt

3 Zwiebeln, gerieben oder fein gehackt

4 Knoblauchzehen, zerdrückt

2,5 cm frische Ingwerwurzel, fein geraspelt

500 g Lamm-, Hammel- oder Rindfleisch, in 2,5 cm große Würfel geschnitten

4 EL Joghurt, mit 300 ml Wasser oder Fond vermischt

1–2 TL Masala (siehe Lamm-Korma, S. 80)

2–3 EL gehacktes Koriandergrün

Josh zählt zur großen Familie saftiger Currys, bei denen die Gewürze im Ganzen verwendet werden. Ein wenig Masala wird zugegeben, wodurch das Josh einen frischeren Geschmack erhält. Servieren Sie dieses schmackhafte Gericht mit Zimtreis oder – so wie ich – mit warmem Naan- oder Pitabrot.

Vorbereitung: Das Masala hält sich, luftdicht verschlossen, bis zu 3 Monate. Die Gewürzpaste hält 1 Woche im Kühlschrank und 3 Monate im Tiefkühlfach.

Haltbarkeit: 1 Woche im Kühlschrank, 3 Monate im Tiefkühlfach.

1 Das Öl oder Ghee in einer großen Kasserolle erhitzen und die Nelken darin 2 Minuten leicht braten. Den Zimt oder Kassia, die Chillies und die Lorbeerblätter einrühren und 2–3 Minuten leicht sautieren, bis die Lorbeerblätter anfangen, Farbe zu nehmen. Die Zwiebeln, den Knoblauch und den Ingwer zugeben und 15–20 Minuten dünsten, bis die Zwiebeln goldbraun sind.
2 Das Fleisch einlegen und in etwa 15 Minuten schön braun braten. Wird die Mischung zu trocken, einige Esslöffel von dem verdünnten Joghurt einrühren.
3 Den restlichen Joghurt zugießen, zum Kochen bringen, dann die Hitze reduzieren und 1–1½ Stunden sehr leise köcheln lassen, bis das Fleisch weich und die Sauce eingekocht ist und bindet. Alles Fett, das sich an der Oberfläche sammelt, abschöpfen, dann das Masala und das Koriandergrün einrühren und servieren.

Abwandlungen

Tomaten-Josh

Den Joghurt durch 375 g enthäutete, von den Samen befreite und gewürfelte Tomaten (s. S. 43) und 2 EL Tomatenmark ersetzen.

Methi Josh

150 g sehr fein gehackten frischen Bockshornklee mit den Zwiebeln, dem Knoblauch und dem Ingwer wie in Schritt 1 zugeben.

Vanille-Curry

FÜR DIE GEWÜRZPASTE

1 große Zwiebel, gehackt

3 Knoblauchzehen, geschält

2,5 cm frische Ingwerwurzel, geschält

2–3 lange, dünne rote Chillies, die Samen und Scheidewände entfernt

FÜR DAS CURRY

3 EL Öl oder Ghee

1 Vanilleschote, fein gehackt

4 EL Joghurt, mit 300 ml Kokosmilch oder Wasser vermischt

1 mittelgroße Ananas, geschält, die holzige Mitte herausgeschnitten, fein gehackt

3–4 EL frisches Koriandergrün oder Dill, gehackt

Salz

Vanille-Curry zählt zu meinen Lieblingsrezepten in diesem Buch: eine delikat gewürzte, ausgewogene und wunderbar nach Vanille duftende Sauce. Sie schmeckt hervorragend mit Ente und auch sehr gut mit Huhn oder Federwild. Ich habe dieses Rezept auch mit Pfirsich und Mango anstelle der Ananas zubereitet, beide Male mit großem Erfolg. Damit es noch stärker nach Vanille schmeckt, streue ich manchmal kurz vor dem Servieren etwas fein gehackte Vanilleschote über das Curry.

Ausreichend für 500–750 g Ente oder Huhn

Vorbereitung: Die gebratene Gewürzpaste (ohne Joghurtmischung) hält etwa 2 Wochen im Kühlschrank und 3 Monate im Tiefkühlfach.

Haltbarkeit: 1 Woche im Kühlschrank, 3 Monate im Tiefkühlfach.

1 Für die Gewürzpaste alle Zutaten in einer Küchenmaschine oder einem Mixer zu einem glatten Püree verarbeiten.
2 Das Öl oder Ghee in einer großen Kasserolle erhitzen und die Hälfte der Vanille darin 1–2 Minuten sautieren, bis sie ein angenehmes Aroma entfaltet. Die Gewürzpaste einrühren und etwa 10 Minuten unter häufigem Rühren anschwitzen, bis sie gleichmäßig braun ist, dabei den Bodensatz immer wieder lösen. Wird die Mischung zu trocken, 1–2 EL der Joghurtmischung zugießen.
3 Die Ananas zugeben und etwa 5 Minuten schmoren, bis sie weich wird. Die (restliche) Joghurtmischung zugießen, zum Kochen bringen und etwa 45 Minuten leise köcheln lassen, bis die Sauce eingekocht ist und bindet. Das Koriandergrün oder den Dill einstreuen und mit Salz abschmecken.
4 Verwendung: Über angebratene Enten- oder Hähnchenteile gießen und 1–1½ Stunden köcheln lassen, bis das Fleisch weich ist. Die Sauce kann auch zu gegrilltem Geflügel gereicht werden.

Sabzi

Im Iran wurde die Braut früher danach beurteilt, wie gut sie dieses äußerst schmackhafte Gericht mit zahlreichen Kräutern zubereiten konnte. Große Mengen frischer Kräuter sehr fein zu hacken erforderte großes Geschick und Ausdauer, was unter dem wachsamen Auge der Schwiegermutter ganz besonders mühselig war. Heutzutage kann man Kräuter in einer Küchenmaschine oder in einer speziell für diesen Zweck entwickelten Mühle hacken. Getrocknete Limetten oder lamoo *sind ein in der iranischen Küche sehr beliebtes Gewürz. Sie sind in Asienläden und Lebensmittelgeschäften erhältlich, die Waren aus südlichen Ländern und dem Nahen Osten anbieten. Wenn Sie diese Zutaten nicht bekommen können, lassen Sie sie einfach weg. Reichen Sie Sabzi mit gekochtem Reis, Pilawreis oder -bulgur.*

Vorbereitung: Die gebratene Kräutermischung ist 2 Wochen im Kühlschrank und 3 Monate im Tiefkühlfach haltbar.

Haltbarkeit: 1 Woche im Kühlschrank, 3 Monate im Tiefkühlfach.

250 g Lauch

100 g glatte Petersilie (nur die Blätter)

100 g Koriandergrün (Blätter und Stiele)

100 g Bärlauch oder Schnittknoblauch (nach Belieben)

100 g Dill, harte Stiele entfernt

100 g Minze (nur die Blätter)

50 g Bockshornklee, harte Stiele entfernt

125 ml Sesam- oder Olivenöl

100 g getrocknete Kidney-Bohnenkerne, über Nacht in kaltem Wasser eingeweicht

3 Zwiebeln, gehackt

750 g Lammschulter oder -hachse, in größere Stücke geschnitten

Hühnerfond (s. S. 28) oder Wasser zum Auffüllen

4 getrocknete Limetten, mit kochendem Wasser überbrüht und mit der Messerspitze an mehreren Stellen eingestochen

Salz

2 EL Limettensaft

1 Den Lauch und die Kräuter waschen und trockentupfen, sehr fein hacken. Etwa drei Viertel des Öls in einer großen, schweren Bratpfanne erhitzen und den Lauch sowie die Kräuter darin 20–25 Minuten bei mittlerer Hitze unter ständigem Wenden leicht bräunen. Wird die Masse zu trocken, etwas Wasser zugießen, damit sie sich einfacher wenden lässt. Die abgetropften Bohnen in einer Kasserolle mit Wasser bedecken, zum Kochen bringen und 10 Minuten kräftig kochen. Abseihen und abtropfen lassen.

2 Das restliche Öl in einer tiefen Pfanne erhitzen und die Zwiebeln darin anschwitzen, bis sie weich und goldgelb sind. Das Fleisch einlegen und kräftig anbraten. Die Kräutermischung und die Bohnen zufügen und mit Fond oder Wasser vollständig bedecken. Zum Kochen bringen, die Hitze reduzieren und zugedeckt etwa 45 Minuten leise köcheln lassen.

3 Die Limetten und etwas Salz zugeben und 45–60 Minuten köcheln lassen, bis das Fleisch weich ist und die Sauce bindet. Den Limettensaft einrühren und mit Salz abschmecken.

Pflaumensauce zu Fisch

Eine duftende und delikate Sauce, die sehr gut zu Süßwasserfisch wie Karpfen, Forelle oder Saibling, aber auch zu Meeresfisch mit hohem Fettgehalt wie Makrele oder Sardinen passt.

Ausreichend für 500 g Fisch

Vorbereitung: Der Fischfond kann im Voraus zubereitet werden.

Haltbarkeit: 1 Woche im Kühlschrank, 3 Monate im Tiefkühlfach.

3 EL Sesam- oder Erdnussöl

1 kleines Stück Zimtstange, gebrochen

1–2 getrocknete Vogelaugen-Chillies

100 g rote oder gewöhnliche Schalotten, gehackt

5 Knoblauchzehen, gehackt

2,5 cm frische Ingwerwurzel, fein gehackt oder gerieben

300 g frische Pflaumen, entsteint und grob gehackt

300 ml Fischfond (s. S. 30), Reiswein oder trockener Weißwein

1 EL dunkle Sojasauce

1–1½ TL Zucker

2 Sternanis

½ TL gemahlener Szechuanpfeffe

Salz

1 Das Öl in einem Wok oder einer großen Bratpfanne erhitzen und den Zimt sowie die Chillies darin bei starker Hitze 2–3 Minuten braten, bis der Zimt ein angenehmes Aroma entfaltet und die Chillies braun sind. Herausnehmen und wegwerfen. Die Schalotten, den Knoblauch und den Ingwer in dem aromatisierten Öl 5 Minuten anschwitzen, bis die Schalotten weich sind und anfangen, Farbe zu nehmen.

2 Die restlichen Zutaten einrühren und zum Kochen bringen. Die Hitze verringern und etwa 30 Minuten köcheln lassen, bis die Sauce eingekocht ist und bindet.

3 Die Sauce so verwenden oder, wenn sie glatt sein soll, in einem Mixer pürieren und durch ein Sieb abseihen.

4 Verwendung: Über rohen Fisch gießen und im Ofen garen oder heiß über gebackenen oder gedämpften Fisch gießen, den Fisch die Aromen einige Minuten aufnehmen lassen, dann servieren.

Süsssaure Sauce

Diese Sauce ist wahrscheinlich von chinesischen Köchen in den Eisenbahnkantinen des Wilden Westens erfunden worden. Sie wurde zu einer der am meisten eingesetzten und abgewandelten chinesischen Saucen überhaupt. Eine sorgfältig zubereitete süßsaure Sauce schmeckt köstlich und ist äußerst vielseitig verwendbar. Servieren Sie sie zu Huhn, Fisch oder Schweinefleisch oder als Dipsauce oder separat in einer Sauciere.

Ausreichend für 750 g Huhn, Fisch oder Schweinefleisch

Haltbarkeit: 2 Wochen im Kühlschrank, 3 Monate im Tiefkühlfach.

3 EL Erdnuss- oder Sesamöl oder Schmalz

4 Knoblauchzehen, fein geraffelt

2,5 cm frische Ingwerwurzel, fein geraffelt

1 Möhre, fein geraffelt

1–2 scharfe rote Chillies wie Thai- oder Vogelaugen-Chillies, Samen und Scheidewände entfernt, fein gehackt (nach Belieben)

150 ml Wasser

150 ml Reisessig

150 ml Tomatenketchup

4–5 EL guter Honig oder Zucker

1–2 EL Mais- oder Kartoffelstärke oder Pfeilwurzmehl, in 2 EL Wasser angerührt

1 Das Öl oder Schmalz in einer großen Bratpfanne erhitzen und den Knoblauch, den Ingwer, die Möhre sowie nach Belieben die Chillies darin einige Minuten anschwitzen. Die restlichen Zutaten außer dem Stärkemehl einrühren, zum Kochen bringen, die Hitze reduzieren und 5 Minuten köcheln lassen.

2 Das Stärkemehl langsam zugießen und einige Minuten köcheln lassen, bis die Sauce bindet.

3 Verwendung: Heiß über gebratene oder gegrillte Zutaten gießen und sofort servieren.

Abwandlung

Fruchtige süsssaure Sauce

Das Wasser durch Ananas-, Pfirsich-, Maracuja- oder Aprikosensaft ersetzen und etwa 75 g der entsprechenden fein gehackten Früchte am Schluss in die Sauce rühren. Den Honig oder Zucker weglassen. Man kann auch Früchte aus der Dose und etwas Dosensaft nehmen.

Schwarze-Bohnen-Sauce

Entweder mag man den Geschmack von fermentierten und gesalzenen schwarzen Bohnen oder nicht. In diesem Rezept sind sie Zutat für eine der bekanntesten klassischen chinesischen Saucen. Ich verwende sie auch anstelle von Salz für Fleisch- und Gemüsetöpfe. Gesalzene schwarze Bohnen sind in allen Fernost-Lebensmittelgeschäften erhältlich.

Ausreichend für 500 g Hühner-, Lamm-, Rindfleisch oder Fisch und 1 kg Muscheln

Haltbarkeit: 2 Wochen im Kühlschrank, 3 Monate im Tiefkühlfach.

4 EL Erdnuss- oder Sesamöl

2 Knoblauchzehen, fein gehackt

1 cm frische Ingwerwurzel, geraffelt

1–2 rote oder grüne Chillies, Samen und Scheidewände entfernt, gehackt

3 EL gesalzene schwarze Bohnen, 20 Minuten in kaltem Wasser eingeweicht, abgetropft, grob gehackt

1 TL Reis- oder Maisstärke

350 ml Hühnerfond (s. S. 28)

1 EL milde Sojasauce oder 1 EL dunkle Sojasauce und 2 TL brauner Zucker

2 EL Reiswein oder Sherry

1–2 TL dunkles Sesamöl

1 Das Öl in einem Wok oder einer großen Bratpfanne erhitzen und den Knoblauch, den Ingwer sowie die Chillies darin 1 Minute rühren. Die schwarzen Bohnen zugeben und weitere 1–2 Minuten pfannenrühren, bis der Knoblauch leicht braun zu werden beginnt.

2 Die Speisestärke, mit 1 EL Hühnerfond angerührt, mit dem restlichen Fond und den restlichen Zutaten zu den Bohnen geben. Unter ständigem Rühren zum Kochen bringen und 1–2 Minuten kochen, bis die Sauce bindet.

3 Verwendung: Am Schluss zu pfannengerührtem Rind-, Lamm-, Hühnerfleisch oder Fisch geben oder zum Dämpfen von Muscheln oder anderen Meeresfrüchten einsetzen.

Rote Currypaste

Eine wunderbar scharfe, süße und duftige Interpretation eines südostasiatischen Saucenklassikers. Andere Früchte wie Papaya, Mango oder Banane können anstelle der Ananas verwendet werden.

Ausreichend für 500–750 g Fisch oder Fleisch

Haltbarkeit: 1 Woche im Kühlschrank, 6 Monate in einem luftdicht verschlossenen Glas (s. S. 134–135).

1 große Zwiebel, grob gehackt

6 Knoblauchzehen, geschält

1 kleine Ananas, geschält, die holzige Mitte entfernt, grob gehackt

4–6 große rote Chilischoten

5 cm frische Ingwer- oder Galgantwurzel, grob gehackt

6 EL Erdnuss- oder Sesamöl

2 EL Zucker

3 EL thailändische Fischsauce *(nam pla)*

100 ml Kokosmilch

1 Die Zwiebel, den Knoblauch, die Ananas, die Chillies und die Ingwer- oder Galgantwurzel auf ein Backblech legen und mit dem Öl und dem Zucker gut vermengen. Bei 190 °C in den vorgeheizten Ofen schieben und unter häufigem Wenden etwa 60 Minuten backen, bis alles gleichmäßig gebräunt ist.
2 Etwas abkühlen lassen und in einem Mixer oder einer Küchenmaschine zu einem glatten Püree verarbeiten. Das Püree in eine saubere Kasserolle füllen, die Fischsauce und die Kokosmilch zugießen, zum Kochen bringen und unter ständigem Rühren 3–4 Minuten kochen, bis die Sauce bindet und die meiste Flüssigkeit verdampft ist.
3 Verwendung: 4–6 EL der Paste und 400 ml Kokosmilch mit gewürfeltem Fleisch oder Fisch in eine Kasserolle füllen und köcheln lassen, bis es gar ist. Man kann mit der Paste auch rohes Fleisch einreiben und 2–3 Stunden marinieren; anschließend braten.

Gelbe Currypaste

An den Geschmack von gelber Bohnenpaste muss man sich erst gewöhnen. Sie ist sehr würzig und wird aus ungesalzenen, fermentierten Sojabohnen hergestellt. Man verwendet sie wie japanisches Miso zum Würzen und Binden von Saucen, Schmorgerichten und Suppen. Gelbe Bohnenpaste ist in Gläsern oder Konserven in den meisten Fernost-Lebensmittelläden erhältlich.

Ausreichend für etwa 500–750 g Fisch

Vorbereitung: Die gebratene Gewürzpaste hält 1 Woche im Kühlschrank und 3 Monate im Tiefkühlfach.

Haltbarkeit: 1 Woche im Kühlschrank, 3 Monate im Tiefkühlfach.

FÜR DIE GEWÜRZPASTE

150 g rote Schalotten oder Zwiebeln, gehackt

4 Knoblauchzehen, geschält

3 Stengel Zitronengras, die harten Blattteile entfernt, gehackt

1–3 gelbe oder grüne Chillies, etwa grüne Vogelaugen-Chillies, Samen und Scheidewände entfernt

1 cm frische Galgant- oder Ingwerwurzel

3 EL thailändische Fischsauce *(nam pla)*

FÜR DAS CURRY

4 EL Sesam- oder Erdnussöl

1/2 TL gemahlene Kurkuma

4 EL gelbe Bohnenpaste

75 g Tamarinden-Fruchtfleisch, mit 200 ml heißem Wasser vermischt und durch ein Sieb gedrückt (s. S. 124)

1 TL Palmzucker oder brauner Zucker

400 ml Kokosmilch

100 ml Wasser

5 EL gehacktes Basilikum

1 Für die Gewürzpaste alle Zutaten in einen Mixer oder eine Küchenmaschine füllen und zu einem glatten Püree verarbeiten. Eventuell 1–2 EL Wasser zufügen.
2 Das Öl in einem Wok oder einer Bratpfanne erhitzen und die Kurkuma 1 Minute darin braten. Die Gewürzpaste einrühren und 8–10 Minuten braten, bis sie duftet und Farbe nimmt.
3 Die gelbe Bohnenpaste, das Tamarindenwasser und den Zucker zugeben und die Paste gründlich mit der Flüssigkeit verrühren. Zum Kochen bringen und 15 Minuten köcheln lassen, bis sie bindet. Die Kokosmilch und das Wasser zugießen und 2–3 Minuten kochen.
4 Verwendung: Über mit Speisestärke bestaubte und in Öl angebratene Fischstücke gießen. 8–10 Minuten köcheln lassen, bis der Fisch gar ist. Mit dem gehackten Basilikum bestreuen und servieren.

Milde Currysauce zu Fisch

Hier eine thailändische Currysauce, die am besten über Reisnudeln angerichtet wird. Sie schmeckt ausgezeichnet zu gewürfeltem Fisch mit festem Fleisch oder einer Kombination aus Meeresfrüchten wie Garnelen und Jakobsmuscheln. Sie können auch gedämpftes Gemüse, Tofu oder indischen Paneer-Käse in der Sauce fertig garen. Tofu und Paneer-Käse sollten Sie vorher in etwas Öl goldbraun braten, bevor er ganz am Schluss in die Currysauce kommt.

Ausreichend für 500–750 g Fisch

Vorbereitung: Die gebratene Gewürzpaste (ohne Kokosmilch) hält sich 2 Wochen im Kühlschrank und 3 Monate im Tiefkühlfach.

Haltbarkeit: 1 Woche im Kühlschrank, 3 Monate im Tiefkühlfach.

3 EL Erdnuss-, Sonnenblumen- oder Sesamöl

125 g Möhren, in feine Julienne geschnitten

2–6 grüne oder rote Chilischoten, Samen und Scheidewände entfernt, in feine Ringe geschnitten

200 g Schalotten oder Zwiebeln, in feine Scheiben geschnitten

5 große Knoblauchzehen, fein geraffelt

2,5 cm frische Ingwerwurzel, fein geraffelt

2 Stengel Zitronengras, die harten Blattteile entfernt, fein gehackt

1/2 TL gemahlene Kurkuma

4–5 Kaffir-Limettenblätter, gehackt

250 ml Fischfond (s. S. 30)

400 ml Kokosmilch

Saft von 1 Limette und geriebene Schale von 1/2 Limette

2–3 EL thailändische Fischsauce *(nam pla)* oder Salz

3 EL gehacktes Basilikum oder Koriandergrün

1 Das Öl in einem Wok oder einer großen Bratpfanne erhitzen und die Möhren sowie die Chillies darin 2–3 Minuten rühren. Die Schalotten, den Knoblauch, den Ingwer und das Zitronengras zugeben und rühren, bis alles gleichmäßig gebräunt ist. Die Kurkuma und die Hälfte der Limettenblätter einrühren und 1–2 Minuten weiterbraten.
2 Den Fond und die Kokosmilch zugießen und zum Kochen bringen, dann die Hitze verringern und etwa 20 Minuten leise köcheln lassen, bis die Flüssigkeit um ein Viertel eingekocht ist und die Sauce leicht bindet. Den Limettensaft und die -schale sowie die Fischsauce oder das Salz gründlich einrühren.
3 Verwendung: Gewürfelten Fisch oder Meeresfrüchte in der Sauce 5–8 Minuten gar köcheln lassen. Die restlichen Kaffir-Limettenblätter und das Basilikum oder Koriandergrün in die Sauce rühren und servieren.

Grüne Currypaste ▷

Diese beliebte thailändische Currypaste wird meist in großen Mengen hergestellt und als Basis für scharfe und erfrischende Garnelen- oder Meeresfrüchte-Currys verwendet. Man nimmt sie zum Abschmecken von Suppen und Eintöpfen und um zahlreichen Gerichten augenblicklich Würze zu verleihen. Das Rezept enthält traditionell Shrimpspaste, ein aromatisches Püree, das aus fermentierten Shrimps und Fisch hergestellt wird. Stattdessen können Sie aber auch Fischsauce oder Anchovispaste nehmen.

Ausreichend für 500 g Garnelen oder andere Meeresfrüchte

Haltbarkeit: 2 Wochen im Kühlschrank in einem fest verschlossenen Glas (achten Sie darauf, dass eine dünne Schicht Öl auf der Paste liegt), 3 Monate im Tiefkühlfach, 6 Monate in einem luftdicht verschlossenen Glas (s. S. 134–135).

250 g Schalotten, ungeschält

1 große Knolle Knoblauch, ungeschält

4–6 grüne Chilischoten

2,5 cm frische Galgant- oder Ingwerwurzel, gehackt

5 Stengel Zitronengras, die harten Blattteile entfernt, gehackt

1 Bund Koriandergrün (Wurzeln, Stiele und Blätter), grob gehackt

3–4 EL thailändische Fischsauce *(nam pla)*

1–2 EL Palmzucker oder brauner Zucker

4 EL Erdnuss- oder Sesamöl

1 Die Schalotten und den Knoblauch auf ein Backblech legen und bei 220 °C im vorgeheizten Ofen 20–25 Minuten rösten, bis sie leicht gebräunt sind und auf Fingerdruck nachgeben. Aus dem Ofen nehmen und abkühlen lassen.
2 Die Schalotten schälen und den Knoblauch aus der Schale drücken.
3 Die Chilischoten in eine Pfanne legen und mit Wasser bedecken, zum Kochen bringen und in etwa 10 Minuten weich köcheln. Unter kaltem Wasser abschrecken, Stielansatz, Samen und Scheidewände entfernen und die Schoten grob hacken.
4 Die Schalotten, den Knoblauch, die Chillies und die restlichen Zutaten außer dem Öl in einen Mixer (für eine glatte Paste) oder in eine Küchenmaschine (für eine gröbere Konsistenz) füllen und mixen. Wenn nötig, etwas Wasser zufügen.
5 Das Öl in einem Wok oder einer großen Bratpfanne erhitzen und die Paste darin 5–8 Minuten braten, bis die meiste Flüssigkeit verdampft ist und die Paste dunkler wird. Abkühlen lassen. Die Paste kann jetzt nach Geschmack in sterilisierte Gläser gefüllt werden.
6 Verwendung: 12–18 EL (2–3 EL pro Person) der Paste mit 400 ml Kokosmilch in eine Kasserolle füllen und zum Kochen bringen. Garnelen oder andere Meeresfrüchte einlegen, die Hitze verringern und etwa 10 Minuten köcheln lassen. Ist die Sauce zu dünn, die Meeresfrüchte herausnehmen und die Sauce einkochen, bis sie dick genug ist.

Rechte Seite: Schritte 1, 2, 4 und 5 der Zubereitung der grünen Currypaste

Mole

Mole ist eine der typischsten Saucen der mexikanischen Küche. Man erzählt, dass er im 18. Jahrhundert von spanischen Nonnen erfunden wurde. In Wirklichkeit aber waren mehrfach gebratene Chilipasten, die mit Pürees aus Früchten, Gewürzen, Kräutern und Schokolade kombiniert wurden, von der einheimischen Bevölkerung schon seit Jahrhunderten zubereitet worden. Einen traditionellen Mole herzustellen bedarf eines großen Aufwandes, und jede Region, sogar jede Familie kennt ihr eigenes Rezept. Das nachstehende Rezept ist eine vereinfachte Variante und ergibt eine dicke, geschmacksintensive, mittelscharfe Sauce. Mexikanische Zutaten bekommt man heute in jedem größeren Supermarkt und im Spezialitätenhandel. Die getrockneten Chillies verleihen Mole den charakteristischen, leicht bitteren Geschmack. Die Sauce wird traditionell über gesottenen Truthahn, Huhn oder Schweinefleisch gegossen, und anstelle von Fond nimmt man die Kochflüssigkeit des Fleisches. Servieren Sie Mole mit reichlich frischen Tortillas, um die köstliche Sauce aufnehmen zu können.

FÜR DIE PASTE

Je 2 der folgenden getrockneten Chillies: Ancho, Guajillo, Pasilla und Mulato, Stiele, Samen und Scheidewände entfernt

1 getrockneter Chipotle-Chili, Samen und Scheidewände entfernt

1 Zwiebel, ungeschält

1 Knolle Knoblauch, ungeschält

4 Eiertomaten oder andere

2 Tortillas oder 1 Scheibe Weißbrot vom Vortag, in Stücke geschnitten

1 reife Kochbanane oder Banane, geschält

FÜR DIE GEWÜRZMISCHUNG

5–6 Pimentkörner

2–3 Nelken

2,5 cm Zimtstange oder Kassiazimt, gebrochen

FÜR DEN MOLE

4 EL Olivenöl oder Schmalz

75 g Rosinen, etwa 20 Minuten in wenig kochend heißem Wasser eingeweicht

30 g blanchierte Mandeln, geröstet und gemahlen

30 g Sesamsamen oder Kürbiskerne, geröstet und gemahlen (einige ganze Kerne für die Garnitur beiseite stellen)

1 TL getrockneter Oregano

1 TL getrockneter Thymian

50 g ungesüßte Bitterschokolade oder 2 EL ungesüßtes Kakaopulver

600 ml Hühnerfond (s. S. 28)

Salz

1 Für die Paste die Chillies, die Zwiebel, den Knoblauch, die Tomaten und die Tortillas oder das Brot auf ein gut gefettetes Backblech legen und im vorgeheizten Ofen bei 220 °C rösten. Die Chillies nach etwa 2–3 Minuten herausnehmen, sie sollten duften, und ihre Farbe sollte sich leicht verändert haben. In einer Schüssel mit kochendem Wasser bedecken und etwa 30 Minuten einweichen.

2 Die Tortillas oder das Brot herausnehmen, wenn es goldbraun ist, aber die Zwiebel, den Knoblauch und die Tomaten noch etwa 20 Minuten rösten, bis sie weich sind.

3 Die Chillies abtropfen lassen (die Einweichflüssigkeit aufbewahren, wenn sie nicht zu bitter schmeckt) und in einem Mixer oder einer Küchenmaschine pürieren. Die Kochbanane oder Banane und die gerösteten Zutaten zugeben und zu einer glatten Paste mixen. Falls nötig, ein paar Esslöffel Wasser, Fond oder Einweichflüssigkeit der Chillies zugießen.

4 Die Zutaten der Gewürzmischung trocken rösten und mahlen (s. S. 78).

5 Das Öl oder Schmalz in einer großen Kasserolle erhitzen, die Paste, die Gewürzmischung und die restlichen Zutaten außer der Schokolade oder dem Kakaopulver, dem Fond und dem Salz zugeben. 8–10 Minuten unter ständigem Rühren bei mittlerer Hitze braten, bis die meiste Flüssigkeit verdampft ist. Dabei den Bodensatz regelmäßig lösen.

6 Die Schokolade oder das Kakaopulver zufügen und rühren, bis sie vollständig geschmolzen ist. Den Fond zugießen, zum Kochen bringen und 8–10 Minuten köcheln lassen, bis die Sauce dick auf der Rückseite eines Löffels liegen bleibt. Mit Salz abschmecken und mit den beiseite gelegten Sesamsamen und Kürbiskernen garnieren.

7 Verwendung: Über pochierten oder gebratenen Truthahn, Huhn oder Schweinefleisch gießen und vor dem Servieren gut erhitzen.

Vorbereitung: Die Gewürzpaste hält 1 Woche im Kühlschrank und 3 Monate im Tiefkühlfach.

Haltbarkeit: 1 Woche im Kühlschrank, 3 Monate im Tiefkühlfach.

Chili con carne

Dieses in aller Welt bekannte Gericht wurde Mitte des letzten Jahrhunderts von mexikanischen Landarbeitern in den Weiten Mittelamerikas erfunden. Chili con carne ist eine gehaltvolle Mahlzeit und besitzt all das Feuer mexikanischer Zutaten. Es wird mit Chili, Kreuzkümmel und Tomaten zubereitet und kann als Dipsauce zu Tortillas gereicht oder als Füllung für Enchilladas und Tortillas verwendet werden. Es passt zu Hamburgern und natürlich zu Reis.

Ergibt 8–10 Portionen

Haltbarkeit: 1 Woche im Kühlschrank, 3 Monate im Tiefkühlfach.

4–6 getrocknete rote Chillies wie Ancho oder roter New Mexico, Stiele, Samen und Scheidewände entfernt

4 EL Olivenöl

½–1 TL Kreuzkümmel

2 Zwiebeln, gehackt

8 große Knoblauchzehen, fein gehackt

2–3 TL getrockneter Oregano

750 g mageres Rindfleisch, durch den Wolf gelassen oder fein gehackt

2 Dosen geschälte Tomaten, je 200 g

2–3 gehäufte EL Tomatenmark

2 Dosen rote Kidneybohnen, je 400 g, oder 250 g getrocknete Bohnenkerne, eingeweicht und gekocht

Chilipulver

5 EL gehacktes Koriandergrün

Salz

1 Die Chillies in einer kleinen Kasserolle mit kochendem Wasser bedecken und etwa 20 Minuten köcheln lassen, bis die Haut aufreißt und die Chillies weich sind. Abseihen, etwa 150 ml des Kochwassers auffangen, wenn es nicht zu bitter ist. Die Chillies in einen Mixer oder eine Küchenmaschine füllen und mit dem Kochwasser oder Wasser zu einem glatten Püree verarbeiten.
2 Das Öl in einer großen, gusseisernen Kasserolle erhitzen, Kreuzkümmel, die Zwiebeln, den Knoblauch und den Oregano darin braten, bis die Zwiebeln braun werden. Das Fleisch zugeben und gut rühren, bis es krümelig zerfällt. Die Hitze verringern, zudecken und 15–20 Minuten unter häufigem Rühren köcheln, bis das Fleisch weich und die meiste Flüssigkeit verdampft ist.
3 Die Tomaten mit dem Saft, das Chilipüree und das Tomatenmark einrühren und zum Kochen bringen. Die Hitze verringern und halb zugedeckt etwa 30 Minuten köcheln lassen, dabei häufig rühren. Die Kidneybohnen zugeben, salzen und weitere 30–45 Minuten köcheln, bis die Sauce eingekocht und gut dick ist. Das Chili abschmecken und nach Geschmack mit etwas Chilipulver nachwürzen. Mit Koriandergrün bestreuen und servieren.

Mancha manteles

Diese süße, geschmacksintensive dunkelrote Sauce stammt aus Zentralmexiko, ihr Name bedeutet buchstäblich Tischtuchbekleckser. Man kann sie auch mit anderen Früchten wie Ananas, Mango oder Papaya anstelle der Banane zubereiten.

Ausreichend für 500–750 g Rind- oder Lammfleisch

Haltbarkeit: 3 Wochen im Kühlschrank, 3 Monate im Tiefkühlfach.

3 getrocknete Ancho-Chillies, Samen und Scheidewände entfernt

2 getrocknete Mulato-Chillies, Samen und Scheidewände entfernt

6 EL Olivenöl oder Schmalz

1 kleine Zwiebel, grob gehackt

4 Knoblauchzehen, grob gehackt

3 reife Bananen, grob gehackt

500 g Eiertomaten, enthäutet, die Samen entfernt (s. S. 43)

2 TL gemahlener Zimt

¼ TL gemahlene Nelken

¼ TL gemahlene Pimentkörner

2 EL getrockneter Oregano

Salz

1 Die Chillies auf ein Backblech legen und bei 220 °C im vorgeheizten Ofen 2–3 Minuten rösten, bis sie anfangen zu duften. Die Chillies in einer Schüssel mit kochendem Wasser bedecken und 30 Minuten einweichen. Abseihen und die Einweichflüssigkeit auffangen, wenn sie nicht zu bitter ist.
2 In einer Bratpfanne 4 EL Olivenöl oder Schmalz erhitzen und die Zwiebel, den Knoblauch sowie die Bananen darin 10–15 Minuten braten, bis die Zutaten schön gebräunt sind.
3 Die Bananenmischung, die Chillies und die Tomaten in einen Mixer oder eine Küchenmaschine füllen und zu einem glatten Püree verarbeiten. Ein wenig von der Einweichflüssigkeit der Chillies oder Wasser zugießen, wenn das Püree zu trocken ist.
4 Das restliche Öl oder Schmalz in einer großen Bratpfanne erhitzen und den Zimt, die Nelken, Piment und Oregano sowie das Püree zugeben und unter gelegentlichem Rühren 5–8 Minuten braten, bis die Sauce bindet und die meiste Flüssigkeit verdampft ist. Mit Salz abschmecken.
5 Verwendung: Gewürfeltes und angebratenes Rind- oder Lammfleisch in die Sauce geben und weich köcheln lassen. Einige Esslöffel Wasser zufügen, wenn die Sauce zu sehr einkocht.

Pastasaucen

Sie sind bei vielen Köchen sehr beliebt, weil man sie so rasch zubereiten kann. Einige von ihnen sind klassisch, jedoch habe ich auch moderne Abwandlungen alter Favoriten hinzugefügt. Allen gemein ist ihr lebhafter Geschmack und die Kombination von frischen Produkten und solchen aus dem Vorratsschrank.

Passata

Eine vielseitig verwendbare Tomatensauce. Ich bereite sie immer in großen Mengen zu, wenn es aromatische und reife Tomaten gibt. Sie lässt sich wunderbar einfrieren oder in Flaschen abfüllen. Für eine würzigere Sauce schmeckt man sie mit frischen oder getrockneten Chillies ab. Wenn Sie eine glatte Sauce bevorzugen – durch ein Sieb passieren. Zucker zufügen, wenn die Tomaten sauer sind.

Ergibt 1 ½ Liter

Haltbarkeit: 1 Woche im Kühlschrank, 3 Monate im Tiefkühlfach, 6 Monate in luftdicht verschlossenen Gläsern (s. S. 134–135).

125 ml Olivenöl

500 g Zwiebeln, gehackt

6 Knoblauchzehen, gehackt

2 kg Eiertomaten oder andere, enthäutet, die Samen entfernt (s. S. 43), gehackt

1 Bouquet garni aus einigen Zweigen Petersilie und Oregano, ein paar Sellerieblättern, 1 Lorbeerblatt und 1 Streifen Zitronenschale (nach Belieben – s. S. 30)

2 TL Zucker (nach Belieben)

Salz und frisch gemahlener schwarzer Pfeffer

Das Öl in einer großen Kasserolle erhitzen, die Zwiebeln und den Knoblauch darin glasig anschwitzen. Die Tomaten und nach Belieben das Bouquet garni zugeben und etwa 1 Stunde köcheln lassen, bis die meiste Flüssigkeit verdampft ist. Das Bouquet garni herausnehmen, die Sauce, wenn nötig, mit Zucker sowie Salz und Pfeffer abschmecken.

Arrabbiata

Diese würzige Tomatensauce kann zu Pasta (traditionell Penne) gereicht werden oder über frisch gegrillte Steaks, Lammchops oder über gegrilltes oder gebratenes Gemüse gegossen werden.

Haltbarkeit: 1 Woche im Kühlschrank, 3 Monate im Tiefkühlfach, 6 Monate in luftdicht verschlossenen Gläsern (s. S. 134–135).

6 EL Olivenöl

1–3 TL getrocknete Chiliflocken

4 Knoblauchzehen, grob gehackt

500 g Eiertomaten oder andere, enthäutet, die Samen entfernt (s. S. 43), gehackt

1 TL Zucker (nach Belieben)

3 EL frisch gehackte glatte Petersilie

Salz

Das Öl in einer großen Bratpfanne erhitzen, die Chiliflocken und den Knoblauch darin 4–5 Minuten braten, bis der Knoblauch goldgelb wird. Die Tomaten zugeben und etwa 15 Minuten köcheln lassen, bis sie bereits auseinander fallen und die Sauce dick ist, dabei von Zeit zu Zeit rühren. Die Sauce probieren und, wenn nötig, Zucker zugeben. Dann die Petersilie einrühren und mit Salz abschmecken.

Auberginensauce

Auberginen ergeben eine deliziöse, vielseitig verwendbare Sauce, die zu Pasta, Reis oder anderem gegarten Getreide passt. Manchmal gebe ich 2 EL Sojasauce zu, was der Sauce eine besondere Note verleiht.

Vorbereitung: Die Passata kann im Voraus zubereitet werden.

Haltbarkeit: 1 Woche im Kühlschrank, 3 Monate im Tiefkühlfach.

250 g Auberginen, in 1 cm große Würfel geschnitten

1 TL Salz

3 EL Olivenöl

1 große Zwiebel, gehackt

4 Knoblauchzehen, gehackt

2 EL dunkle Sojasauce

150 ml Passata (s. oben) oder 3 EL gekauftes Tomatenmark, mit 100 ml Wasser verrührt

250 g Eiertomaten oder andere, enthäutet, die Samen entfernt (s. S. 43), gehackt

3 EL frisch gehackter Thymian oder Oregano

Salz und frisch gemahlener schwarzer Pfeffer

1 Die Auberginenwürfel mit dem Salz bestreuen, in einem Sieb 30 Minuten abtropfen lassen. Mit Küchenpapier abtupfen.
2 Das Öl in einer großen Bratpfanne erhitzen, die Zwiebel und den Knoblauch darin 5–8 Minuten anschwitzen, bis die Zwiebel anfängt, Farbe zu nehmen. Die Auberginenwürfel zugeben und braten, bis sie ein bisschen weicher geworden sind. Die Sojasauce sorgfältig einrühren, dann die Passata oder das Tomatenmark zugeben. Die Sauce zugedeckt etwa 10 Minuten köcheln lassen, bis die Auberginen sehr weich sind.
3 Die Tomaten und den Thymian oder den Oregano einrühren, durchwärmen, mit Salz und Pfeffer abschmecken.

Tomaten-Thunfisch-Sauce

Eine mediterrane Pastasauce, die würzig im Geschmack und sehr leicht zuzubereiten ist.

Haltbarkeit: 1 Woche im Kühlschrank, 3 Monate im Tiefkühlfach, 6 Monate in luftdicht verschlossenen Gläsern (s. S. 134–135).

4 EL Olivenöl

1 TL Fenchelsamen (nach Belieben)

1 große Zwiebel, gehackt

3 Knoblauchzehen, gehackt

4 Anchovisfilets, gehackt

500 g Eiertomaten oder andere, enthäutet, die Samen entfernt (s. S. 43), gehackt

2 EL gekauftes Tomatenmark, mit 100 ml Rot- oder Weißwein, Wasser oder Fond verrührt

1 Bouquet garni aus einigen Zweigen frischem Thymian, Fenchelblättern und Petersilie und 2 Streifen Zitronenschale (s. S. 30)

1 Dose (200 g) Thunfisch in Öl oder Wasser, abgetropft und zerpflückt

2 EL Kapern, unter fließendem Wasser abgespült und grob gehackt (kleine Kapern im Ganzen lassen)

3 EL gehackte glatte Petersilie oder 2 EL gehackter frischer Zitronenthymian oder Estragon

Eventuell Salz, frisch gemahlener schwarzer Pfeffer

1 Das Öl in einer großen Bratpfanne erhitzen, nach Belieben die Fenchelsamen darin 2–3 Minuten braten, bis sich ein angenehm würziges Aroma entfaltet. Die Zwiebel und den Knoblauch einrühren und etwa 5 Minuten anschwitzen, bis die Zwiebel anfängt, Farbe zu nehmen. Die Anchovisfilets gründlich unterrühren.

2 Die Tomaten, das Tomatenmark und das Bouquet garni zugeben und zum Kochen bringen, dann die Hitze verringern und etwa 30 Minuten köcheln lassen, bis die meiste Flüssigkeit verdampft ist.

3 Den Thunfisch, die Kapern und die Petersilie, den Zitronenthymian oder den Estragon einrühren. Abschmecken und weitere 2–3 Minuten köcheln lassen.

Tomaten-Zucchini-Sauce

Das Braten oder Grillen hält die Zucchini frisch und knackig. Gießen Sie die Sauce über Tagliatelle, Pappardelle oder andere flache Bandnudeln, und servieren Sie reichlich geriebenen Parmesan dazu.

Haltbarkeit: 1 Woche im Kühlschrank, 3 Monate im Tiefkühlfach, 6 Monate in luftdicht verschlossenen Gläsern (s. S. 134–135).

250 g Zucchini, in 2 cm dicke Scheiben geschnitten

2 TL Salz

6 EL Olivenöl

150 g Schalotten, geviertelt

6 Knoblauchzehen, geviertelt

500 g Eiertomaten oder andere, enthäutet, die Samen entfernt (s. S. 43), gehackt

2 EL gekauftes Tomatenmark, mit 100 ml Rot- oder Weißwein, Fond oder Wasser verrührt

1 Bouquet garni aus ein paar Zweigen Thymian, Rosmarin und Petersilie und 2 Streifen Orangenschale (s. S. 30)

2 EL gehackter Thymian oder 3 EL gehackte glatte Petersilie

Salz und frisch gemahlener schwarzer Pfeffer

1 Die Zucchini mit Salz bestreuen, in einem Sieb etwa 30 Minuten das Wasser abtropfen lassen. Mit Küchenpapier trockentupfen.

2 In einer großen Bratpfanne 4 EL Öl erhitzen, die Schalotten und den Knoblauch 7–8 Minuten darin anschwitzen. Die Tomaten, das Tomatenmark und das Bouquet garni zugeben und zum Kochen bringen. Die Hitze verringern und etwa 30 Minuten köcheln lassen, bis die meiste Flüssigkeit verdampft ist.

3 Die Zucchini mit dem restlichen Öl beträufeln und in einer gerippten Grillpfanne oder unter dem heißen Grill auf beiden Seiten gleichmäßig Farbe nehmen lassen. Zusammen mit dem Thymian oder der Petersilie in die Sauce rühren, salzen und pfeffern und 3–4 Minuten köcheln lassen.

Vongole

Mein Freund Brad gab mir dieses Rezept: Es ist die effektivste und einfachste Methode, diesen italienischen Klassiker zuzubereiten. Sie weicht ein wenig von den traditionellen Vongole ab, denn die Tomaten werden nur erhitzt und nicht gekocht.

Haltbarkeit: 1 Woche im Kühlschrank.

6–8 EL Olivenöl

1–2 EL getrocknete Chiliflocken

4 Knoblauchzehen, gehackt

1 Dose (290 g) Venusmuscheln, abgetropft

250 g Eiertomaten oder andere, enthäutet, die Samen entfernt (s. S. 43), fein gehackt

Salz und frisch gemahlener schwarzer Pfeffer

1 kleines Bund glatte Petersilie oder Basilikum, gezupft

Das Öl in einer großen Bratpfanne erhitzen, die Chiliflocken darin 2–3 Minuten sautieren. Den Knoblauch mitbraten, bis er anfängt, Farbe zu nehmen. Die Venusmuscheln zugeben, in dem Öl wenden und durchwärmen, dann die Tomaten zufügen und rühren, bis die Sauce heiß ist. Abschmecken und die Kräuter untermischen.

Dreierlei-Tomaten-Sauce

Diese Pastasauce harmoniert auch sehr gut zu gegrilltem oder gebratenem Huhn. Sonnengetrocknete Tomaten in Öl sind für dieses Rezept nicht geeignet, versuchen Sie es aber mit abgepackten sonnengetrockneten Tomaten.

Vorbereitung: Die Passata kann im Voraus zubereitet werden.

Haltbarkeit: 1 Woche im Kühlschrank, 3 Monate im Tiefkühlfach, 6 Monate in luftdicht verschlossenen Gläsern (s. S. 134–135).

4 EL Olivenöl

4 Knoblauchzehen, dünn geschnitten

500 ml Passata (s. S. 90)

250 ml Rotwein

100 g sonnengetrocknete Tomaten, 20 Minuten in heißem Wasser eingeweicht, abgetropft und in dünne Streifen geschnitten

250 g Kirsch- oder Baby-Eiertomaten

1 kleines Bund Basilikum, gezupft

Salz und frisch gemahlener schwarzer Pfeffer

1 Das Öl in einer großen Bratpfanne erhitzen und den Knoblauch darin goldgelb anschwitzen. Die Passata, den Rotwein und die sonnengetrockneten Tomaten einrühren und zum Kochen bringen, die Hitze reduzieren und 20 Minuten köcheln lassen, bis die Sauce um ein Drittel eingekocht ist.
2 Die Kirsch- oder Baby-Eiertomaten im sehr heißen Ofen oder in einer Bratpfanne rösten, bis sie weich sind und ganz leicht schwarz. Mit dem Basilikum in die Sauce mischen und mit Salz und Pfeffer abschmecken.

Wildpilzsauce

Diese Pastasauce zählt zu meinen Favoriten. Sie ist ein kleiner Luxus. Probieren Sie verschiedene Pilze aus, je nachdem, was gerade erhältlich ist.

Vorbereitung: Der Fond kann im Voraus zubereitet werden.

Haltbarkeit: 1 Woche im Kühlschrank.

3 EL Olivenöl

1 große Zwiebel, gehackt

2 Knoblauchzehen, gehackt

250 g Shiitakepilze, die Stiele entfernt, geschnitten

250 g Austernpilze, in Stücke gezupft

15 g getrocknete Steinpilze, 20 Minuten in 75 ml heißem Wasser eingeweicht, abgetropft, die Einweichflüssigkeit beiseite gestellt

1 EL dunkle Sojasauce

350 ml Hühner- oder Gemüsefond (s. S. 28 und 31)

150 ml Weißwein

2 EL gehackter frischer Thymian oder Oregano

75 g Butter, gekühlt und in Würfel geschnitten (nach Belieben)

Salz und frisch gemahlener schwarzer Pfeffer

1 Das Öl in einer großen Bratpfanne erhitzen und die Zwiebel sowie den Knoblauch darin anschwitzen, bis sie goldgelb sind. Die Pilze, auch die Steinpilze, und die Sojasauce einrühren und weich dünsten.
2 Die Einweichflüssigkeit der Steinpilze abseihen und mit dem Fond und dem Wein in die Pfanne gießen. Etwa 30 Minuten köcheln lassen, bis die meiste Flüssigkeit verdampft und die Sauce dick ist.
3 Den Thymian oder Oregano zugeben, und, wenn die Sauce sehr reichhaltig sein soll, die Butter nach und nach unterschlagen. Abschmecken.

Abwandlung

Pilzrahmsauce

Nehmen Sie 350 g fein geschnittene junge Champignons anstelle der Wildpilze, und lassen Sie die Sojasauce weg. Nehmen Sie 150 ml Hühner- oder Gemüsefond oder Weißwein anstelle der 350 ml Hühnerfond und 150 ml Weißwein. Lassen Sie die Sauce etwa 15 Minuten köcheln, rühren Sie 250 g Crème double oder Crème fraîche ein, und lassen Sie sie 3–4 Minuten unter häufigem Rühren köcheln. Nehmen Sie die Sauce vom Herd, und rühren Sie 4–5 in Streifchen geschnittene Salbeiblätter und 1 EL Zitronensaft anstelle der Kräuter und der Butter unter.

Rechte Seite, im Uhrzeigersinn von links: Vongole mit Conchiglie, Dreierlei-Tomaten-Sauce mit Pappardelle, Pilzrahmsauce mit Riccioli

Salsas & andere frische Saucen

Frische Saucen wie Salsas, Chutneys, Raitas und Sambals sind äußerst vielseitig verwendbar und rasch zubereitet oder gekocht. Sie bereichern selbst die einfachste Mahlzeit, etwa als üppige Beigabe zu gegrilltem Fisch, Fleisch oder Käse oder unter Pasta gemischt. Reichen Sie sie als Dipsauce zu Pitabrot oder rohem Gemüse oder als leichte Zwischenmahlzeit zu einem Glas Wein.

Salsas

Das Wort Salsa beschreibt eine große Familie roher oder gekochter salatähnlicher Relishes, die meist mit Chili und Kräutern zubereitet werden. Salsas stammen aus Mexiko und fallen in Schärfe und Würze sehr unterschiedlich aus – von mild bis feurig scharf. Sie können sofort serviert werden, schmecken aber noch intensiver, wenn man sie mindestens eine oder mehrere Stunden im Kühlschrank durchziehen lässt.

Dreierlei-Chili-Sauce

Wenn Sie Chillies mögen, ist diese Salsa genau das Richtige. Sie ist wahrscheinlich das schärfste Rezept in diesem Buch. Die fein säuerliche und köstliche Salsa wird auf gegrillten Fisch oder Huhn gehäuft oder einfach als Dipsauce zu Tortilla-Chips oder zu Rohkost gereicht.

Haltbarkeit: 1 Woche im Kühlschrank.

100 g milde rote Chillies, geröstet, enthäutet (s. S. 96), Samen und Scheidewände entfernt, fein geschnitten

2–3 rote oder grüne Jalapeño-Chillies, Samen und Scheidewände entfernt, fein geschnitten

2–3 Chipotle-Chillies, etwa 25 Minuten in heißem Wasser eingeweicht, abgetropft, Samen und Scheidewände entfernt, gehackt

250 g Tomaten, enthäutet, die Samen entfernt (s. S. 43), gehackt

2 Limetten, geschält, fein gewürfelt

Abgeseihter Saft und Zesten von 1 Limette

4 EL gehacktes Koriandergrün

Salz

Alle Zutaten vermischen und 1 Stunde im Kühlschrank durchziehen lassen.

Tomaten-Gurken-Salsa ▷

250 g Fleischtomaten, gewürfelt

250 g kleine, feste Gurken, gewürfelt

1 große weiße oder rote Zwiebel, fein gehackt

1–2 grüne Chilischoten, Samen und Scheidewände entfernt, fein gehackt

1 EL gehackter frischer Majoran oder 2 TL getrockneter Majoran

3–4 EL fein gehackte glatte Petersilie oder Minze

3–4 EL Olivenöl

Abgeseihter Saft von 1 Zitrone

Salz

Alle Zutaten in einer Schüssel miteinander vermischen und mindestens 1 Stunde im Kühlschrank durchziehen lassen.

Diese farbenfrohe Salsa basiert auf einem traditionellen arabischen Salat. Ich serviere sie auf einem Berg heißem Bulgur oder Pilawreis. Sie schmeckt auch sehr gut zu Fisch oder Huhn oder als würzige Salatbeilage.

Rechte Seite: Frische Tomaten-Gurken-Salsa, die in einer Schüssel vermischt wird

Tomaten-Paprika-Salsa

Servieren Sie diese Salsa zu jedem gegrillten Fleisch oder Gemüse, als pikanten Salat oder zu Pasta. Sie können sie in der Küchenmaschine zubereiten, aber achten Sie darauf, dass Sie sie nicht zu fein mixen, denn das Gemüse sollte fein gehackt, aber nicht püriert sein. Soll die Salsa eine gröbere Konsistenz haben, hacken Sie die Zutaten mit der Hand. Soll sie eine besonders rauchige Note bekommen, rösten und enthäuten Sie die Paprikaschote (s. unten). Die Paprikaschoten können durch Avocado, Banane, Gurke oder sogar gehackte Mango ersetzt werden.

Haltbarkeit: 1 Woche im Kühlschrank, 6 Monate in luftdicht verschlossenen Gläsern (s. S. 134–135).

750 g grüne, rote und gelbe Paprikaschoten, Samen und Scheidewände entfernt, grob gehackt

2–3 frische rote oder grüne Chillies, Samen und Scheidewände entfernt, grob gehackt

1 große rote Zwiebel, grob gehackt

2 Knoblauchzehen, geschält

3 EL Olivenöl, Maiskeimöl oder Erdnussöl

3 EL Rotweinessig oder Zitronensaft

2 TL Salz

500 g feste, reife Tomaten, enthäutet, die Samen entfernt (s. S. 43), fein gehackt

3 EL gehacktes Koriandergrün oder glatte Petersilie (nach Belieben)

1 Alle Zutaten außer den Tomaten und dem Koriandergrün oder der Petersilie in eine Küchenmaschine füllen und in kurzen Schüben zerkleinern, bis die Zutaten gut vermischt und fein gehackt, aber nicht püriert sind.
2 Die gehackten Zutaten in eine Schüssel umfüllen und die Tomaten und nach Belieben das Koriandergrün oder die Petersilie untermengen. Wenn die Salsa als Vorrat eingemacht werden soll, alle Zutaten in eine Kasserolle füllen und 5 Minuten köcheln lassen, bevor sie in sterilisierte Gläser gefüllt werden (s. S. 134–135).
3 Andernfalls 1 Stunde im Kühlschrank durchziehen lassen, dann servieren.

Paprikaschoten & Chillies enthäuten

Die Paprika- oder Chilischoten in einer gusseisernen Pfanne oder auf einem Grill trocken rösten oder über einer offenen Flamme oder im Ofen rösten, bis die Haut schwarz wird und Blasen wirft. 5 Minuten in einem Plastikbeutel schwitzen lassen, anschließend die Haut unter fließendem kaltem Wasser abreiben.

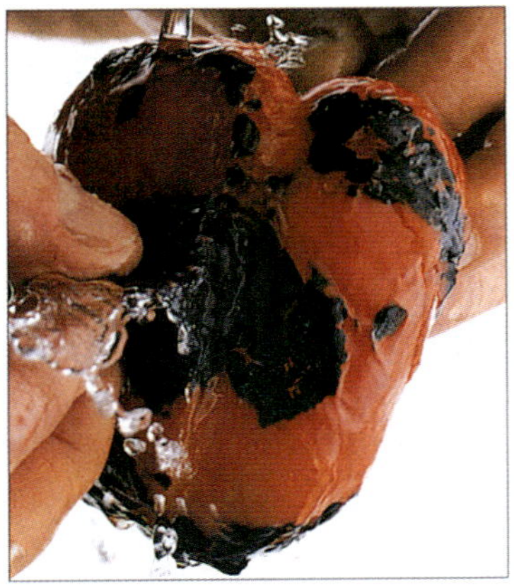

Papaya-Limetten-Salsa

1 grüne Papaya, geschält, die Samen entfernt, grob gehackt

1–2 rote Thai-Chillies, fein gehackt

3 EL Kokossahne

150 ml Kokosmilch

4–5 Kaffir-Limettenblätter, fein gehackt

Abgeseihter Saft von 1 großen Limette

Geriebene Schale von 1/2 Limette

1–2 TL Palmzucker, zerstoßen, oder brauner Zucker

1–2 EL thailändische Fischsauce (*nam pla*)

2 EL grob gehacktes Koriandergrün

Die Papaya und die Chillies in eine Schüssel füllen und mit den restlichen Zutaten vermischen. Mindestens 2 Stunden im Kühlschrank durchziehen lassen. Anschließend servieren.

Grüne Papayas sind eine geschmackliche Sensation, sie verleihen der Salsa ein frisches, köstliches Aroma und sind knackig. Wer keine grüne Papaya bekommt – sie sind in Ostasienläden erhältlich –, kann sie durch unreife grüne Mango oder einen sauren Apfel ersetzen. Diese Salsa passt besonders gut zu Räucherfisch.

Haltbarkeit: 3–4 Tage im Kühlschrank.

Abwandlung

Exotische Papaya-Limetten-Salsa
6 Anchovisfilets, abgetropft und in feine Streifen geschnitten, oder 100 g gewässerte und gehackte Salzheringe unter die fertige Salsa mischen. Zu Huhn oder Fisch reichen.

Rote-Bete-Apfel-Salsa

250 g rohe oder gekochte Rote Beten, grob gehackt

200 g Äpfel, entkernt und in Würfel geschnitten

1 Zwiebel, fein gehackt

100 g Essiggurken, gehackt

4 EL Rotweinessig

2 EL natives Olivenöl extra, Erdnuss- oder Sesamöl

1 TL Zucker

3 EL gehackter frischer Dill oder glatte Petersilie

Salz und frisch gemahlener schwarzer Pfeffer

Die Roten Beten und die Äpfel in eine Schüssel füllen und mit den restlichen Zutaten vermischen und mindestens 1 Stunde im Kühlschrank durchziehen lassen. Anschließend servieren.

Eine frische und schmackhafte Salsa, die gut zu kalten Schnitten, Bismarckhering, Rollmops oder Käse schmeckt. Wenn Sie rohe Rote Bete nicht mögen, kochen Sie sie 45 Minuten oder, was ich bevorzuge, braten Sie sie im Ofen, bis sie weich ist.

Haltbarkeit: 3–4 Tage im Kühlschrank.

Siehe Bild S. 21

Tomatillo-Salsa

Tomatillos sind tomatenähnliche Früchte, deren Schale ungenießbar ist. Sie sind frisch oder in Dosen erhältlich. Tomatillos sind mit der Kapstachelbeere (Physalis) verwandt (die man für dieses Rezept auch nehmen kann). Es gibt Köche, die die kleinen Samen entfernen. Ich finde aber, dass sie der Salsa eine einzigartige Konsistenz verleihen.

Haltbarkeit: 3–4 Tage im Kühlschrank.

500 g Tomatillos, geschält, der holzige Stielansatz entfernt, in Würfel geschnitten

2–4 Jalapeño-Chillies, geröstet, enthäutet (s. S. 96), Samen und Scheidewände entfernt, fein gehackt

1 weiße oder gelbe Zwiebel, fein gehackt

Abgeseihter Saft von 2 Limetten und etwas geriebene Schale

3 EL helles Olivenöl oder Erdnussöl

1–2 EL gehacktes Koriandergrün oder glatte Petersilie

Salz

Alle Zutaten in einer Schüssel vermischen und mindestens 1 Stunde im Kühlschrank durchziehen lassen.

Granatapfel-Kräuter-Salsa

Eine sehr einfache Salsa, wunderbar scharf und frisch im Geschmack. Man findet sie sowohl in der mexikanischen als auch in der Küche des Nahen Ostens, sie passt sehr gut zu einfach gegrilltem Fisch.

Haltbarkeit: 1 Woche im Kühlschrank.

Siehe Bilder S. 15 und 99

Je 1½ Bund Minze, glatte Petersilie und Koriandergrün, grob gehackt

Samen von 1 Granatapfel (s. unten)

1 kleine weiße Zwiebel, fein gehackt

6 EL Limettensaft

Geriebene Schale von ½ Limette

1–2 Jalapeño- oder Serrano-Chillies, fein gehackt

2 EL Erdnuss- oder Olivenöl

Salz

Alle Zutaten in einer Schüssel mischen. Zudecken und 1 Stunde kalt stellen.

Guacamole

3 reife Avocados, halbiert, den Stein entfernt

1 weiße oder rote Zwiebel, fein gehackt

1 große Fleischtomate oder 2 Eiertomaten, enthäutet, die Samen entfernt (s. S. 43), fein gehackt

Abgeseihter Saft von 2 Zitronen oder 4 Limetten

Geriebene Zitronen- oder Limettenschale

1–3 frische rote Chillies, Samen und Scheidewände entfernt, fein gehackt

1–2 EL gehacktes Koriandergrün (nach Belieben)

Salz

Das Fruchtfleisch der Avocados herauslösen und in einer Schüssel mit einer Gabel grob zerdrücken. Die restlichen Zutaten gründlich untermengen. Noch etwas mehr Zitronen- oder Limettensaft über die Zutaten träufeln, damit der Guacamole nicht braun wird, dann abdecken und etwa 30 Minuten kalt stellen. Servieren.

Die klassische mexikanische Salsa. Nehmen Sie nur völlig reife Avocados, und kratzen Sie so viel Fruchtfleisch wie nur möglich heraus. Ich mag meinen Guacamole am liebsten, wenn er schön grob ist, aber Sie können ihn in einer Küchenmaschine auch fein pürieren.

Haltbarkeit: 3–4 Tage im Kühlschrank.

Die Samen von Granatäpfeln herauslösen

1 Mit einem Messer den Blüten- und Stielansatz entfernen.

2 Die Schale viermal von oben nach unten einritzen.

3 Den Granatapfel in Hälften und dann in Viertel brechen.

4 Die Samen aus den bitteren Scheidewänden fallen lassen.

Bunte Paprika-Salsa

Diese Salsa ist farbenfreudig und unglaublich schmackhaft. Sie lässt sich einfach in der Küchenmaschine zubereiten, sieht aber verblüffend ansprechend aus, wenn man die Zutaten mit der Hand hackt. Schneiden Sie die Paprikaschoten in feine Streifen oder Stifte: So sieht die Salsa noch viel attraktiver aus.

Haltbarkeit: 3–4 Tage im Kühlschrank.

1 große rote Paprikaschote, geröstet, enthäutet (s. S. 96), Samen und Scheidewände entfernt

1 große gelbe oder orangefarbene Paprikaschote, geröstet, enthäutet (s. S. 96), Samen und Scheidewände entfernt

1 große grüne Paprikaschote, geröstet, enthäutet (s. S. 96), Samen und Scheidewände entfernt

1 weiße oder rote Zwiebel, fein gehackt

1–3 Jalapeño- oder Anaheim-Chillies, geröstet, enthäutet (s. S. 96), Samen und Scheidewände entfernt

6 EL Limettensaft oder Weißweinessig

3–4 EL Olivenöl

3 EL grob geschnittenes Koriandergrün

Salz

1 Die Paprikaschoten, die Zwiebel und die Chillies in der Küchenmaschine in kurzen Schüben zerkleinern, bis alle Zutaten fein gehackt, aber nicht püriert sind.
2 In eine Schüssel füllen und die restlichen Zutaten zugeben. Gut vermischen, zudecken und kalt stellen. Servieren.

Zitrus-Salsa

Eine säuerliche und erfrischende Salsa mit einem Hauch Chili. Ich serviere sie zu gegrilltem und gebratenem Fisch.

Haltbarkeit: 3–4 Tage im Kühlschrank.

2 Orangen, geschält, die Filets herausgelöst und in 1 cm große Stücke geschnitten

2 große Zitronen, geschält, die Filets herausgelöst und in 1 cm große Stücke geschnitten

2 eingelegte Zitronen, entkernt und fein gehackt

1 1/2 TL Chiliflocken oder mehr

2 EL edelsüßes Paprika- oder mildes Pimentpulver

3 EL gehackte glatte Petersilie oder Minze

Salz

Alle Zutaten in einer Schüssel miteinander vermischen und mindestens 1 Stunde im Kühlschrank durchziehen lassen. Anschließend servieren.

Mango-Tomaten-Salsa

Eine köstliche, süßsaure Salsa, die phantastisch zu Huhn schmeckt. Sie können die Mango durch eine Papaya ersetzen.

Haltbarkeit: 1 Woche im Kühlschrank.

1 reife, feste Mango, geschält, entsteint und gewürfelt

300 g Eier- oder Fleischtomaten, enthäutet (s. S. 43) und fein gehackt

1 kleine weiße Zwiebel, fein gehackt

2 Knoblauchzehen, zerdrückt

1–2 rote Chillies, fein gehackt

5 EL Zitronensaft

Geriebene Schale von 1/2 Zitrone

2–3 EL gezupfte frische Minze oder eine Mischung aus Minze und Basilikum

1–2 TL Honig oder Zucker

Salz

Alle Zutaten in einer Schüssel mischen. Zudecken und gut durchkühlen. Servieren.

Geröstete Mais-Salsa

Eine Salsa mit wunderbar rauchigem Geschmack, die perfekte Begleitung zu Hamburgern. Statt frischer Maiskolben können Sie auch eingefrorene verwenden: auf ein Backblech legen und im heißen Ofen rösten, bis sie Farbe annehmen.

Haltbarkeit: 3–4 Tage im Kühlschrank.

2 Maiskolben

400 g Eiertomaten, enthäutet, die Samen entfernt (s. S. 43), fein gehackt

2 Jalapeño-Chillies, geröstet, enthäutet (s. S. 96), Samen und Scheidewände entfernt, fein gehackt

1 rote Zwiebel, fein gehackt

1 Knoblauchzehe, zerdrückt

2–3 EL Olivenöl

Saft von 1 Zitrone

Geriebene Schale von 1/2 Zitrone

1–2 EL gezupftes Koriandergrün

Salz

1 Die Maiskolben 20–30 Minuten grillen, bis sie goldbraun sind. Die Spitzen der Maiskolben abschneiden und die Kolben mit der Schnittfläche nach unten auf ein Schneidebrett stellen. Mit einem scharfen Messer die Maiskörner von oben nach unten abstreifen.
2 Die Körner in eine Schüssel füllen und die restlichen Zutaten zugeben. Gut vermischen, dann zudecken und mindestens 2 Stunden kalt stellen. Servieren.

Rechte Seite, im Uhrzeigersinn von oben nach unten: Bunte Paprika-Salsa, Mango-Tomaten-Salsa, Geröstete Mais-Salsa, Granatapfel-Kräuter-Salsa (s. S. 97)

Frische Chutneys

In Indien umfassen Chutneys langsam gekochtes, marmeladeartig Eingemachtes bis hin zu einfachen Relishes aus gehacktem rohem Gemüse. Bereits nach 1–2 Stunden Durchziehen können Sie sie servieren. Sie verleihen Snacks Würze und werden zu scharfen Currys, aber auch als Sauce zu Reis und Pasta gereicht.

Frisches Zwiebel-Chutney

Nehmen Sie saftige, milde Zwiebeln für dieses einfache und frische Chutney. Reichen Sie es als Beilage zu indischen Papads oder Chips oder als exotische Sandwichfüllung.

Haltbarkeit: 1 Tag im Kühlschrank.

500 g große rote oder weiße milde Zwiebeln, in dünne Ringe geschnitten

1 EL Salz

1–2 grüne oder rote Chillies, Samen und Scheidewände entfernt, fein gehackt

3 EL Weißwein- oder Cidre-Essig

2 EL gehackte frische Minze oder Koriandergrün

1 TL Schwarzkümmel, trocken geröstet (s. S. 78 – nach Belieben)

1 Die Zwiebelringe salzen, gut vermischen und etwa 1 Stunde in einem Sieb Wasser ziehen lassen. Unter fließendem Wasser abspülen und die verbliebene Flüssigkeit mit den Händen ausdrücken, trockentupfen.

2 Die restlichen Zutaten in einer Schüssel vermischen und die Zwiebeln zugeben. Etwa 1 Stunde durchziehen lassen und dann servieren.

Kräuter-Chutney

Dieses Chutney vereint Frühling und Sommer. Es ist sehr erfrischend und voller Vitalität. Bereiten Sie es auch mit anderen Kräutern zu wie glatte Petersilie oder Dill. Von Minze sollten Sie nur die Blätter verwenden und die harten Stiele wegwerfen.

1 großes Bund frische Minze oder Koriandergrün, gehackt

1 Bund Frühlingszwiebeln, fein gehackt

1 EL Zucker

1–2 grüne oder rote Chilischoten, Samen und Scheidewände entfernt, fein gehackt

1 Knoblauchzehe, zerdrückt

Abgeseihter Saft von 1–2 Limetten

1/2 TL Chilipulver

Salz

Alle Zutaten in einer Schüssel miteinander vermischen und nicht länger als 1 Stunde im Kühlschrank durchziehen lassen. Am besten schmeckt es frisch.

Kokosnuss-Chutney

1 EL blaue Mohnsamen, trocken geröstet (s. S. 78)

1 Kokosnuss, das Fleisch ausgelöst und fein gerieben oder geraspelt, oder 250 g getrocknete Kokosflocken, etwa 20 Minuten in Wasser eingeweicht, abgetropft und mit den Händen ausgepresst

2,5 cm frische Ingwerwurzel, fein gerieben

1 kleines Bund Koriandergrün, fein gehackt

1 EL Palmzucker, gestoßen, oder Zucker (nach Belieben)

1–2 grüne Chillies, Samen und Scheidewände entfernt, fein gehackt

200 ml Kokosmilch

Abgeseihter Limetten- oder Zitronensaft

Salz

Alle Zutaten in einer Schüssel miteinander vermischen und mindestens 1 Stunde im Kühlschrank durchziehen lassen. Anschließend servieren.

In Südindien wird dieses Chutney jeden Tag frisch zubereitet. Für ein helleres, weniger faseriges Chutney entfernt man die braune Haut von dem Fruchtfleisch der Kokosnuss mit einem scharfen Messer oder einem Sparschäler. Ist frische Kokosnuss nicht erhältlich, können Sie auch ungesüßte getrocknete Kokosflocken oder gefrorene geraspelte Kokosnuss nehmen, die in einigen Ostasien-Lebensmittelgeschäften erhältlich sind. Kokosnuss-Chutney wird traditionell zu Samosas gereicht.

Haltbarkeit: 1 Woche im Kühlschrank.

Cashewnuss-Chutney

200 g Cashewnüsse

1 kleine Zwiebel, gehackt

3 EL Koriandergrün

2,5 cm frische Ingwerwurzel, gehackt

2–3 grüne Chillies, Samen und Scheidewände entfernt, fein gehackt

1/4 TL Chilipulver

1–2 EL Zitronen- oder Limettensaft

Salz

Die Cashewnüsse, die Zwiebel, das Koriandergrün und den Ingwer in einer Küchenmaschine glatt pürieren. In einer Schüssel mit den restlichen Zutaten mischen. 1 Stunde kalt stellen.

Die Zutaten für dieses Chutney wurden traditionell mit dem Stößel in einem Steinmörser zerrieben. Der Einsatz einer Küchenmaschine ist die moderne Entsprechung, der Geschmack ist aber weniger intensiv und die Konsistenz anders. Für mehr Nussgeschmack rösten Sie die Nüsse, bis sie goldbraun sind.

Haltbarkeit: 1 Woche im Kühlschrank.

Grünes Chili-Chutney

Probieren Sie dieses köstliche, frisch schmeckende, mittelscharfe Chutney zu vegetarischer Kost oder zu gegrilltem oder gebratenem Fisch.

Haltbarkeit: 3 Wochen im Kühlschrank, 1 Monat in einem luftdicht verschließbaren Glas (s. S. 134–135).

300 g lange, dünne grüne Chillies, Stielansatz entfernt, längs halbiert

3 EL Salz

8 Knoblauchzehen, geschält

2,5 cm frische Ingwerwurzel

3 EL weiße Senfkörner

1 EL Kreuzkümmel

1/4 TL Asant (nach Belieben)

100 ml Senföl, Sesamöl oder Erdnussöl

1 TL gemahlene Kurkuma

1 TL Schwarzkümmel, trocken geröstet (s. S. 78)

100 g Tamarinden-Fruchtfleisch, in 200 ml heißem Essig eingeweicht, abgeseiht (s. S. 124)

3 EL Palmzucker, zerstoßen, oder brauner Zucker

Salz

1 Die Chillies in ein Sieb legen, salzen und 3–4 Stunden Wasser ziehen lassen. Das überschüssige Salz abwaschen, abtropfen lassen und mit Küchenpapier trockentupfen.
2 Den Knoblauch, den Ingwer, die Senfkörner, den Kreuzkümmel und nach Belieben den Asant zu einer glatten Paste vermahlen.
3 Das Öl in einer Kasserolle erhitzen, das Kurkumapulver und den Schwarzkümmel darin 2–3 Minuten leicht braten, bis die Gewürze angenehm duften. Die Paste zugeben und 5–8 Minuten braten, bis sie braun zu werden beginnt. Den Tamarindenessig und den Palmzucker oder braunen Zucker einrühren, salzen und 5–8 Minuten köcheln lassen, bis die meiste Flüssigkeit verdampft ist. Dabei häufig rühren und immer wieder den sich bildenden Bodensatz lösen.
4 Die Chillies untermischen, gut rühren und 3–4 Minuten köcheln lassen. Das Chutney kann jetzt in sterilisierte Gläser gefüllt werden (s. S. 134–135).

Möhren-Chutney

Dieses Chutney ist knackig und erfrischend und passt gut zu scharfen Currys wie Vindaloo- oder Madras-Curry. Wenn Sie ein süßeres Chutney bevorzugen, nehmen Sie mehr Honig oder Zucker.

Haltbarkeit: 1 Woche im Kühlschrank.

400 g Möhren, grob gehackt

2 TL Salz

75 g geschälte Pistazien, in einer trockenen Pfanne goldbraun geröstet, fein gehackt

1 Bund Frühlingszwiebeln, fein gehackt

5 cm frische Ingwerwurzel, gerieben

1 EL Honig oder brauner Zucker (nach Belieben)

100 g Tamarinden-Fruchtfleisch, in 100 ml heißem Wasser eingeweicht, abgeseiht (s. S. 124)

1–2 rote Chillies, fein gehackt

2 TL Schwarzkümmel, trocken geröstet (s. S. 78)

3 EL gehackter frischer Dill oder Minze

1 Die Möhren in ein Sieb füllen, salzen und 1 Stunde Wasser ziehen lassen. Unter kaltem Wasser abspülen, abtropfen.
2 Die Möhren mit den restlichen Zutaten außer dem Dill oder der Minze in einer Schüssel vermengen. Mindestens 1 Stunde kalt stellen. Kurz vor dem Servieren mit dem Dill oder der Minze bestreuen.

Bananen-Chutney

Dieses klassische südindische Chutney ist originell und überraschend schmackhaft. Es passt besonders gut zu gebratenem Huhn oder Tandoori-Huhn (s. S. 110). Sie können es ebenso gut mit reifen Kochbananen zubereiten.

Haltbarkeit: 1 Woche im Kühlschank.

Abgeseihter Saft von 3 Limetten

1/4 TL Chilipulver

1 Knoblauchzehe, zerdrückt

1/4 TL gemahlener Kardamom

1/4 TL Asant

3 reife Bananen, geschält und gehackt

2,5 cm frische Ingwerwurzel, gerieben

1 Bund Frühlingszwiebeln, fein gehackt

2 Limetten, geschält, die Filets herausgelöst, gehackt

1–2 Chillies, Samen und Scheidewände entfernt, fein gehackt

Salz

Den Limettensaft, das Chilipulver, den Knoblauch, den Kardamom und den Asant in einer Schüssel vermischen. Die restlichen Zutaten unterrühren und abgedeckt mindestens 1 Stunde durchziehen lassen. Dann servieren.

Relishes

Relishes lassen sich einfach zubereiten. Sie sind süß, sauer, feurig scharf oder milde, und durch einen Löffel gutes Relish gewinnt jedes Gericht. Servieren Sie es zu Hamburgern, gegrilltem Fleisch, um Sandwiches oder kaltes Fleisch aufzupeppen oder als Würze für Saucen, Mayonnaise und Suppen. Die Rezepte sehen große Mengen vor, da diese Relishes sich leicht konservieren und auf Vorrat herstellen lassen.

Matbucha

Ein wunderbar würziges Relish, das aus dem Nahen Osten stammt. Es können viele andere Gemüsesorten für dieses Relish genommen werden – gehackte Zucchini, Gartenkürbis, Pastetenkürbis oder Auberginen zusammen mit den Paprikaschoten sind einen Versuch wert. Wenn Sie Tomaten aus der Dose verwenden, achten Sie auf das Gleichgewicht von Süß und Sauer, und schmecken Sie das Relish dann mit Zucker, Zitronensaft oder Essig ab.

Ergibt 1,5 Kilogramm

Haltbarkeit: 3 Wochen im Kühlschrank, 6 Monate in luftdicht verschlossenen Gläsern (s. S. 134–135).

200 ml Olivenöl

1 EL Kreuzkümmel oder Fenchelsamen

2 große Zwiebeln, gehackt

1 große Knolle Knoblauch, geschält und grob gehackt

1 kleine Knolle Sellerie mit Blättern, fein gehackt

4 rote oder grüne Paprikaschoten, Samen und Scheidewände entfernt, in dünne Streifen geschnitten

75–150 g frische rote Chillies wie roter Jalapeño, Samen und Scheidewände entfernt, gehackt

1,5 kg Tomaten, enthäutet, die Samen entfernt (s. S. 43), grob gehackt, oder 3 kg Dosentomaten, abgetropft und ausgedrückt

3 EL Tomatenmark

Zitronensaft (nach Belieben)

1 EL Zucker (nach Belieben)

Salz

1 Das Öl in einer großen Kasserolle erhitzen und den Kreuzkümmel oder die Fenchelsamen darin 2–3 Minuten braten, bis sie angenehm duften. Die Zwiebeln, den Knoblauch und den Sellerie zugeben und etwa 8 Minuten andünsten, bis die Zwiebeln glasig sind, dann die Paprikaschoten und Chillies einrühren und weitere 5 Minuten dünsten.

2 Die Tomaten und das Tomatenmark untermischen. Die Hitze verringern und bei halb zugedecktem Topf etwa 1½ Stunden köcheln lassen, bis die meiste Flüssigkeit verdampft und die Sauce dick ist. Dabei von Zeit zu Zeit rühren. Abschmecken, eventuell etwas Zitronensaft und Zucker zugeben und salzen. Das Relish kann jetzt nach Wunsch in sterilisierte Gläser gefüllt werden (s. S. 134–135).

Grünes Chili-Relish

Dies ist ein feurig scharfes südamerikanisches Chili-Relish. Es wird zum Würzen von Suppen, Salsas oder Mayonnaise verwendet oder auf Hamburgern, gegrilltem Huhn oder anderem Fleisch angerichtet.

Ergibt 750 Gramm

Haltbarkeit: 3 Wochen im Kühlschrank, 6 Monate in luftdicht verschlossenen Gläsern (s. S. 134–135).

3 EL Olivenöl

250 g weiße oder gelbe Zwiebeln, fein gehackt

6 Knoblauchzehen, gehackt

500 g Jalapeño- oder Serrano-Chillies, geröstet, enthäutet (s. S. 96), Samen und Scheidewände entfernt, fein gehackt

1 EL getrockneter Oregano

250 ml Weißwein- oder Cidre-Essig oder Branntweinessig

250 ml Wasser

1 gestrichener EL Salz

1 EL Mehl, mit 2 EL Öl glatt gerührt

1 Das Öl in einer Kasserolle erhitzen, die Zwiebeln und den Knoblauch darin etwa 5 Minuten anschwitzen, bis die Zwiebeln glasig sind. Die Chillies, den Oregano, den Essig, das Wasser und das Salz einrühren und zum Kochen bringen. Die Hitze verringern und etwa 20 Minuten köcheln lassen. Für ein glatteres Relish die Sauce in einer Küchenmaschine pürieren und zurück in die saubere Kasserolle gießen.

2 Die Öl-Mehl-Paste unter ständigem Schlagen zugeben. Zum Kochen bringen und unter häufigem Schlagen 5–8 Minuten kochen, bis das Relish bindet. Es kann jetzt nach Wunsch in sterilisierte Gläser gefüllt werden (s. S. 134–135).

Harissa

Hier das Rezept für die berühmte, feurig scharfe marokkanische Chilisauce. Vielleicht möchten Sie die Schärfe durch Zugabe von etwas Tomatenmark oder -püree (s. S. 43) mildern. Sie können auch etwa 1 EL trocken gerösteten Kreuzkümmel zugeben.

Ergibt 500 Gramm

Haltbarkeit: 3 Monate im Kühlschrank, 1 Jahr in luftdicht verschlossenen Gläsern (achten Sie darauf, dass eine dünne Schicht Öl auf der Paste liegt).

Siehe Bild S. 15

500 g getrocknete rote Chillies, Stielansätze entfernt

100 g Knoblauch

1 EL Koriandersamen, trocken geröstet (s. S. 78) und gemahlen

150 ml Olivenöl

$1^1/_2$ EL Salz

1 Die Chillies in einer Schüssel mit heißem Wasser bedecken und 15–20 Minuten quellen lassen, bis sie weich geworden sind.
2 Die Chillies abgießen, mit 125 ml des Einweichwassers in eine Küchenmaschine füllen und zu einer Paste verarbeiten. Die restlichen Zutaten zufügen und mixen. Harissa kann sofort vewendet oder aber in sterilisierte Gläser gefüllt werden (s. S. 134–135).

Fruchtiges Chili-Relish

Ein sehr leckeres, scharfes Relish, das sehr gut zu kaltem Huhn, Fleisch oder reifem Käse schmeckt. Man kann es auch üppig über gegrillte Lammchops löffeln und unter dem heißen Grill karamellisieren lassen.

Ergibt 900 Gramm

Haltbarkeit: 3 Monate im Kühlschrank, 1 Jahr in luftdicht verschlossenen Gläsern.

500 g Mangos, geschält, entsteint und grob gehackt

2 große Äpfel, geschält, das Kerngehäuse entfernt, grob gehackt

2 Zwiebeln, gehackt

200 g rote Chillies, Samen und Scheidewände entfernt, gehackt

200 g extrafeiner Zucker

250 ml Cidre-Essig oder Weinessig

1 großes Bund Koriandergrün, gehackt

Salz

1 Die Mangos, die Äpfel, die Zwiebeln und die Chillies in eine Küchenmaschine füllen und mixen, bis sie fein gehackt, aber nicht püriert sind.
2 In eine große Kasserolle umfüllen und den Zucker zugeben. Bei starker Hitze 8–10 Minuten kochen, bis die meiste Flüssigkeit verdampft und der Zucker leicht karamellfarben ist.
3 Den Essig und das Koriandergrün unterrühren und 4–5 Minuten kochen, bis das Relish die Konsistenz von Marmelade besitzt. Mit Salz abschmecken und auf Wunsch in sterilisierte Gläser abfüllen (s. S. 134–135).

Zwei-Tomaten-Relish

Sonnengetrocknete Tomaten geben diesem pikanten Relish eine mediterrane Geschmacksnote.

Ergibt 600 Gramm

Haltbarkeit: 3 Wochen im Kühlschrank, 6 Monate in luftdicht verschlossenen Gläsern.

Siehe Bild S. 17

1 kg Kirschtomaten

200 g sonnengetrocknete Tomaten in Öl, gehackt, das Öl abgegossen und, wenn nötig, mit Olivenöl auf 150 ml aufgefüllt

150 g Zwiebeln, gehackt

6 Knoblauchzehen, grob gehackt

3 EL gehackter frischer Thymian

1–2 rote Chillies, Samen und Scheidewände entfernt, fein gehackt

Abgeseihter Saft von 2 Zitronen

1–2 EL brauner Zucker (nach Belieben)

Salz

Alle Zutaten (auch das Öl) in eine tiefe Bratpfanne füllen und bei 230 °C im vorgeheizten Ofen 45–60 Minuten braten, bis die meiste Flüssigkeit verdampft ist. Das Relish kann jetzt nach Wunsch in sterilisierte Gläser gefüllt werden. (s. S. 134–135).

Exotisches Früchte-Relish

Dies ist ein äußerst schmackhaftes Relish, bei dem ich mich von den Aromen der südostasiatischen Küche habe leiten lassen. Reichen Sie es zu Huhn, Fisch und Meeresfrüchten. Sie können die Ananas durch Mango oder Papaya ersetzen.

Ergibt 500 Gramm

Haltbarkeit: 3 Monate im Kühlschrank, 1 Jahr in luftdicht verschlossenen Gläsern.

Siehe Bild S. 13

250 g Palmzucker oder brauner Zucker

90 ml Reis- oder Weißweinessig

1 kleine Ananas, geschält und fein gehackt

5 cm frische Ingwerwurzel, fein geraspelt

3–4 rote Chillies, Samen und Scheidewände entfernt, fein gehackt

6 Knoblauchzehen, gehackt

5 Kaffir-Limettenblätter

1 kleines Bund Koriandergrün, gehackt

2–3 EL thailändische Fischsauce *(nam pla)*

1 Den Zucker und den Essig in einer Kasserolle kochen, bis der Zucker aufgelöst ist und zu karamellisieren beginnt.
2 Vorsichtig (es entwickelt sich heißer Dampf) die restlichen Zutaten bis auf die Fischsauce in den heißen Karamell geben und gut verrühren.
3 Zum Kochen bringen, die Fischsauce zugießen und etwa 5 Minuten kochen, bis das Relish dick ist und an Marmelade erinnert. Nach Wunsch in sterilisierte Gläser abfüllen (s. S. 134–135).

Raitas & Sambals

Raitas sind auf Joghurt basierende Salate. Sie werden als kühlende Beilage zu scharfen Currys gereicht oder um trockenen Gerichten die fehlende Feuchtigkeit zurückzugeben. Richten Sie eiskaltes Raita über Reis- oder Bulgurpilaw an, und schon haben Sie ein leichtes Hauptgericht. Sambals sind frische Salate und Relishes, die ursprünglich aus Südostasien stammen. Reichen Sie sie zu gegrilltem Fleisch, zu Currys oder Reispilaw.

Zwiebel-Raita

Ein frisches, knackiges Raita, das zu scharfen Currys gereicht wird.

Haltbarkeit: 1 Tag im Kühlschrank.

4 Zwiebeln, halbiert und in feinen Scheiben

1 EL extrafeiner Zucker oder zerstoßener Palmzucker

250 ml Joghurt

Abgeseihter Saft von 1/2 Zitrone

1 TL Schwarzkümmel, trocken geröstet (s. S. 78)

1/4 TL Chilipulver oder fein gehackter frischer Chili (nach Belieben)

4 EL gehackte frische Minze oder Koriandergrün

Salz und frisch gemahlener schwarzer Pfeffer

1 Die Zwiebeln in ein Sieb legen, mit dem Zucker oder Palmzucker bestreuen und abtropfen lassen. Ausdrücken.
2 Die Zwiebeln mit den restlichen Zutaten in einer Schüssel vermischen und mindestens 1 Stunde kalt stellen. Dann servieren.

Tomaten-Raita

Servieren Sie dieses Raita zu scharfen Currys oder als kalte Dipsauce zu indischen Papads. Ersetzen Sie für ein Gurken-Raita die Tomaten durch die gleiche Menge gehackte Gurken, und nehmen Sie die gleiche Menge Fenchelsamen anstelle des Kreuzkümmels.

Haltbarkeit: 1 Tag im Kühlschrank.

Siehe Bild S. 17

350 g Eier- oder Fleischtomaten, enthäutet, die Samen entfernt (s. S. 43), gehackt

1 Bund Frühlingszwiebeln, gehackt

250 ml Joghurt

Abgeseihter Saft von 2 Limetten

Ein wenig abgeriebene Limetten- oder Zitronenschale

1/4 TL Chilipulver oder 1 kleine Chilischote, gehackt

1 TL Kreuzkümmel, trocken geröstet (s. S. 78)

4 EL gehackte frische Minze oder Koriandergrün

Salz

Alle Zutaten in einer Schüssel vermischen. Mindestens 1 Stunde kalt stellen.

Quitten-Sambal

400 g reife Quitten, geschält und grob gerieben

2 TL Salz

5 cm frische Ingwerwurzel, fein gerieben

1–2 grüne Chilischoten, Samen und Scheidewände entfernt, fein gehackt

Abgeseihter Saft von 2 Zitronen

Ein wenig abgeriebene Zitronenschale

1 Die Quitten in ein Sieb legen und salzen. Etwa 1 Stunde abtropfen lassen. Überschüssige Flüssigkeit mit den Händen ausdrücken.
2 Die Quitten mit den restlichen Zutaten in einer Schüssel vermengen, abschmecken und eventuell nachsalzen. Beiseite stellen und 1 Stunde ziehen lassen.

Ich serviere dieses köstliche, herbstliche Sambal gerne zu gegrilltem Fisch oder Currys.

Haltbarkeit: 3 Tage im Kühlschrank.

Abwandlung

Möhren-Sambal
Die Quitten durch die gleiche Menge geriebene Möhren und den Ingwer durch 1 Bund gehackte Frühlingszwiebeln ersetzen. Zitronensaft und -schale weglassen und 3 EL Weißweinessig oder Cidre-Essig hinzufügen.

Gurken-Sambal

500 g feste Salatgurken, geraspelt

1 kleine Zwiebel, fein gerieben

6 Anchovisfilets in Öl, abgetropft und fein gehackt

2 grüne oder rote Chilischoten, Samen und Scheidewände entfernt, fein gehackt

3 EL Weißweinessig

Alle Zutaten in einer Schüssel vermischen und bis zum Servieren 1 Stunde in den Kühlschrank stellen.

Dieses Sambal wurde ursprünglich mit fermentiertem Fisch oder Shrimpspaste (blatjang) gewürzt. Ich halte Anchovisfilets für einen sehr guten Ersatz. Nehmen Sie festfleischige Gurken.

Haltbarkeit: 3 Tage im Kühlschrank.

DIPS

Die Rezepte stammen überwiegend aus der mediterranen Küche. Sie können als Bestandteil eines Imbisses zwischendurch serviert oder zu einem Glas Wein oder einem Aperitif gereicht werden. Achten Sie darauf, dass die Dips gut gekühlt sind. Reichen Sie sie zu ausgesuchten frischen Blattsalaten wie Chicorée und Kopfsalat oder zu rohen Gemüsestäbchen oder Toastbrot, Chips und warmem Pitabrot.

RAUCHIGER AUBERGINEN-DIP

Der milde Geschmack der Aubergine ist eine ideale Basis für Dips. Sie können die Aubergine im sehr heißen Ofen oder bei starker Oberhitze garen. Der wunderbare Rauchgeschmack entsteht am besten, wenn Sie sie direkt über der Flamme eines Gasherdes oder auf einem Grill rösten. Soll der Dip besonders glatt sein, pürieren Sie die Aubergine in der Küchenmaschine. Manchmal rühre ich 6 EL Tahinsauce und etwas mehr Zitronensaft unter, wodurch der Dip eine leicht nussige Note bekommt.

Haltbarkeit: 1 Woche im Kühlschrank.

2–3 große Auberginen

Salz

1 große weiße oder rote Zwiebel oder 1 Bund Frühlingszwiebeln, gehackt

2–3 Knoblauchzehen, zerdrückt

4–6 EL natives Olivenöl extra

Abgeseihter Saft von 1–2 Zitronen

Ein wenig abgeriebene Zitronenschale

1–2 rote oder grüne Chilischoten, Samen und Scheidewände entfernt, fein gehackt

4–5 EL gehackte Petersilie, Minze oder Majoran oder eine Mischung aus allen 3

1 Die Auberginen 10–15 Minuten rösten oder grillen, bis die Haut verkohlt und das Fleisch weich ist. Die Auberginen tief einschneiden und in ein Sieb legen, bis sie etwas abgekühlt sind. Unter fließendem kaltem Wasser enthäuten, dabei so viel verkohlte Haut wie möglich entfernen.

2 Das Auberginen-Fruchtfleisch grob hacken und erneut in ein sauberes Sieb legen. 1 TL Salz darüber streuen, zudecken und mindestens 1 Stunde abtropfen lassen. (Sie können diesen Arbeitsschritt verkürzen, indem Sie das Wasser behutsam mit den Händen auspressen.)

3 Das Fruchtfleisch auf ein Schneidebrett geben und mit einem großen Messer oder einem Wiegemesser fein hacken. In eine Schüssel umfüllen und die restlichen Zutaten untermengen. Vor dem Servieren kalt stellen.

ABWANDLUNGEN

PAPRIKA-AUBERGINEN-DIP

Mischen Sie 3 geröstete und enthäutete rote, gelbe oder grüne Paprikaschoten (s. S. 96) unter den fertigen Auberginen-Dip.

SCHAFKÄSE-AUBERGINEN-DIP

200 g zerbröckelten griechischen Schafkäse (Feta) und 100 g enthäutetes, gehacktes Tomatenfruchtfleisch (s. S. 43) untermischen.

JOGHURT-KNOBLAUCH-ZITRONEN-DIP

Ein köstlicher, kalorienarmer Dip, der besonders gut zu Fisch, Meeresfrüchten oder Gemüse passt. Wenn Sie kein edelsüßes Paprikapulver haben, können Sie auch ein anderes mildes Gewürzpulver nehmen.

Haltbarkeit: 1 Tag im Kühlschrank.

300 ml vollfetten oder entrahmten griechischen Joghurt

1 Salzlake-Zitrone, fein gehackt

1 Knoblauchzehe, zerdrückt

2 EL Olivenöl

1–2 rote Chilischoten, fein gehackt

2 TL edelsüßes Paprikapulver

3 EL gehackter frischer Dill oder Minze

Salz

Alle Zutaten in einer Schüssel miteinander vermengen und vor dem Servieren gut durchkühlen.

ABWANDLUNG

EINFACHER JOGHURT-DIP

Die Salz-Zitrone durch den Saft von 1 Zitrone und etwas abgeriebene Zitronenschale, den Dill durch frische Minze, Petersilie oder Koriandergrün ersetzen. Statt Chilischoten und Paprikapulver 3 EL Kapern, entsteinte Oliven, Anchovisfilets, sonnengetrocknete Tomaten oder Essiggurken zugeben. Mit Salz und Pfeffer würzen.

Bohnen-Dip

Dieser deliziöse, leicht nussig schmeckende Dip passt ausgezeichnet zu rohem Gemüse, Kartoffel- und Tortilla-Chips oder warmem Pitabrot.

Haltbarkeit: 3 Tage im Kühlschrank.

200 g getrocknete Bohnenkerne

4 EL natives Olivenöl extra

1 große Zwiebel, fein gehackt

Abgeseihter Saft von 1 großen Zitrone

3 EL gehackte glatte Petersilie oder Minze

Salz und frisch gemahlener schwarzer Pfeffer

1 Die Bohnen über Nacht in ausreichend kaltem Wasser einweichen. Abtropfen lassen und in reichlich Wasser etwa 1 Stunde kochen, bis die Kerne weich sind. Gut abtropfen lassen, das Kochwasser beiseite stellen.
2 Die Bohnen in einer Küchenmaschine mit etwas Kochwasser fein pürieren.
3 Das Öl in einer Bratpfanne erhitzen, die Zwiebeln darin 10–15 Minuten braten, bis sie knusprig und goldbraun sind.
4 Das Bohnenpüree in eine Schüssel umfüllen, die gebratenen Zwiebeln und die restlichen Zutaten untermischen. Noch etwas Kochwasser zugeben, wenn der Dip zu dick ist. Warm oder bei Raumtemperatur servieren.

Paprika-Dip

Für einen glatteren Dip die Zutaten in einer Küchenmaschine pürieren. Manchmal röste und enthäute ich die Paprikaschoten (s. S. 96), wodurch der Dip einen ausgeprägteren Geschmack erhält.

Haltbarkeit: 3 Tage im Kühlschrank.

250 g Frischkäse oder mit etwas Milch oder Joghurt verdünnter Quark

3 Paprikaschoten, vorzugsweise rote, gelbe und grüne, Stiele, Samen und Scheidewände entfernt, fein gehackt

1–2 rote oder grüne Chilischoten, Samen und Scheidewände entfernt, fein gehackt (nach Belieben)

4–5 Frühlingszwiebeln, fein gehackt

1 TL Kümmel, grob gemahlen

3 EL gehackter frischer Dill

Abgeseihter Saft von 1 Zitrone

Salz und frisch gemahlener schwarzer Pfeffer

Alle Zutaten in einer Schüssel vermischen oder in einer Küchenmaschine pürieren und mindestens 2 Stunden kalt stellen.

Taramósalata

Dieser bekannte griechische Dip ist von feiner Konsistenz und sehr delikat. Er kann mit etwas Zitronensaft, Wasser oder Milch verlängert werden und als pikante Sauce zu gegrilltem Fisch oder Meeresfrüchten serviert werden. Geräucherter Kabeljaurogen ist bei jedem guten Fischhändler erhältlich.

Haltbarkeit: 3 Tage im Kühlschrank.

150 g geräucherter, gepresster Kabeljaurogen oder 125 g Taramó-Paste

1 kleine Zwiebel, fein gerieben

150 g Weißbrot ohne Rinde, in Wasser eingeweicht und gut ausgepresst

Abgeseihter Saft von 1 Zitrone oder mehr

Abgeriebene Schale von 1/2 Zitrone (nach Belieben)

1 kleine Knoblauchzehe, zerdrückt (nach Belieben)

250–300 ml natives Olivenöl extra oder eine Mischung aus Oliven- und Erdnussöl

1 Bei der Verwendung von Kabeljaurogen diesen in einer Schüssel mit kochendem Wasser übergießen und 5 Minuten einweichen. Abtropfen und in kaltem Wasser abkühlen lassen, die Haut entfernen.
2 Alle Zutaten außer dem Öl in einer Küchenmaschine glatt pürieren. Während die Maschine läuft, das Öl in einem dünnen, gleichmäßigen Strahl zugießen. Weiterlaufen lassen, bis die Konsistenz einer Mayonnaise entsteht.

Sauerrahm-Safran-Dip

Dieser wunderbar goldfarbene Dip harmoniert besonders gut mit Garnelen oder rohem Gemüse. Für einen würzigeren Dip 1–2 TL Currypulver anstelle des Safrans nehmen.

Haltbarkeit: 3 Tage im Kühlschrank.

30 g Butter oder Olivenöl

100 g Schalotten, fein gehackt

125 ml trockener Weißwein

1/4 TL Safranfäden, in 2 EL warmem Wasser oder Weißwein eingeweicht

250 ml Sauerrahm oder Crème fraîche

1–2 EL Zitronensaft

Salz

1 Die Butter oder das Olivenöl in einer kleinen Kasserolle erhitzen, die Schalotten darin goldgelb anschwitzen. Den Wein und die Safranfäden mit der Flüssigkeit hinzugießen und zum Kochen bringen. Die Hitze herunterschalten und etwa 10 Minuten köcheln lassen, bis ein Großteil der Flüssigkeit verdampft ist. Vom Herd nehmen und abkühlen lassen.
2 In einer Schüssel mit den restlichen Zutaten vermischen. Mindestens 1 Stunde kalt stellen, dann servieren.

Rechte Seite, im Uhrzeigersinn von oben links: Bohnen-Dip, Taramósalata, Sauerrahm-Safran-Dip und Paprika-Dip

MARINADEN & GEWÜRZPASTEN

Kräuter- und gewürzreiche Marinaden und Pasten sind das geeignete Mittel, Speisen die entsprechende Würze zu geben, zähe Fleischstücke zart zu machen und einfache Zutaten mit einem Minimum an Aufwand in besondere Speisen zu verwandeln. Die Marinierzeit hängt von der Dicke des Lebensmittels ab: Je dicker es ist, desto länger wird es eingelegt, damit die Gewürze einwirken können. Während der Marinierzeit das Lebensmittel gut zudecken, um es vor Staub und Insekten zu schützen, und zwischendurch häufiger wenden, damit es gleichmäßig mariniert wird. Marinieren Sie möglichst im Kühlschrank.

LAVENDEL-MARINADE FÜR LAMM

Ich habe viele Abwandlungen dieser aromatischen Marinade probiert, habe die Kräuter je nach Marktangebot verändert: Sie können jedes wohlriechende Kraut nehmen. Mein Favorit ist Lavendel, sowohl die Blätter als auch die Blüten. Eine deliziöse Marinade für viele Lammgerichte.

Ausreichend für 1 kg Lammfleisch

Marinierzeit: 5–24 Stunden.

4–5 Knoblauchzehen

1 kleine Zwiebel, grob gehackt

150 ml Olivenöl

Saft und abgeriebene Schale von 1 großen Zitrone (Schale nach Belieben)

Etwa 100 g grob gehackte frische Kräuter Ihrer Wahl wie Lavendelblätter und -blüten, Zitronen- oder Gartenthymian, Rosmarin, Oregano

Salz und grob gehackter schwarzer Pfeffer

1 Den Knoblauch und die Zwiebel in einer Küchenmaschine zu einer glatten Paste pürieren. Das Olivenöl, den Zitronensaft und nach Belieben die Zitronenschale hinzufügen und zerkleinern. Kräuter, Salz und Pfeffer zugeben.
2 Die Marinade über das Fleisch gießen, zudecken und im Kühlschrank marinieren.

MEDITERRANE MARINADE ▷ FÜR FISCH

Diese Marinade eignet sich besonders gut für ganze Fische wie Brassen oder Meeräschen. Sie eignet sich auch sehr gut zum Marinieren von fettreichem Fisch wie Makrele und Sardinen.

Ausreichend für 1 kg Fisch

Marinierzeit: 2–4 Stunden.

Siehe Bild S. 11

Saft von 1–2 Zitronen

Julienne von der Schale 1 Zitrone

6 EL gutes Olivenöl

2 Knoblauchzehen, zerdrückt

1 TL schwarze Pfefferkörner, zerdrückt

1 TL Fenchelsamen, trocken geröstet (s. S. 78) und zerdrückt

1 kleines Bund frische Petersilie, Dill oder wilde Fenchelspitzen, fein gehackt

Salz

Alle Zutaten in einer Schüssel vermischen. Den Fisch auf beiden Seiten dreimal einschneiden, in einen flachen Behälter legen und die Marinade darüber gießen. Zudecken und im Kühlschrank marinieren, bis der Fisch zubereitet wird.

Rechte Seite: Lachsfilets in mediterraner Marinade

Cidre-Kräuter-Marinade

Diese Marinade eignet sich besonders für Schweinekoteletts oder größere Stücke vom Schwein, aber auch für Huhn, Ente oder Kaninchen. Wenn die Marinade das Fleisch nicht vollständig bedeckt, dieses öfters wenden, damit es gleichmäßig mariniert wird.

Ausreichend für 2–3 kg Fleisch

Marinierzeit: 12 Stunden, für größere Stücke 3 Tage.

1 l Cidre

100 ml Cidre-Essig

3 EL Honig oder Zucker

2 saure Äpfel, geschält, Kerngehäuse entfernt, gehackt oder gerieben

2 Stangen Bleichsellerie, gehackt

1 kleines Bund frischer Thymian, gewaschen

6–8 frische Salbeiblätter, gewaschen

2 Lorbeerblätter

1 EL Koriandersamen, zerstoßen

1 TL Nelken, zerstoßen

1 TL schwarze Pfefferkörner, zerstoßen

Alle Zutaten miteinander vermengen. Das Fleisch in einen flachen Behälter legen, mit der Marinade übergießen und im Kühlschrank marinieren.

Traditionelle Grillsauce

Diese vielseitige Sauce ist einer der Eckpfeiler der nordamerikanischen Barbecue-Kultur. Sie wird zum Marinieren von Rindfleisch, Huhn, Spareribs und Schweinefleisch genommen, eignet sich aber auch gut zum Einstreichen von Grillfleisch, das dann in der Marinade gegart wird. Sie kann auch als begleitende Sauce zu vielen Grillgerichten gereicht werden.

Ausreichend für 2 kg Fleisch

Marinierzeit: 2–24 Stunden.

Haltbarkeit: 6 Monate in luftdicht verschlossenen Flaschen oder Gläsern.

4 EL Erdnuss- oder Sesamöl

1 große Zwiebel, fein gehackt

4 Knoblauchzehen, fein gehackt

1 EL Chilipulver

500 ml Tomatenketchup

250 ml Cidre-Essig

4 EL Zitronensaft

4 EL Worcestersauce

5 EL brauner Zucker

1 EL Selleriesamen, zerstoßen

1 Das Öl in einer Pfanne erhitzen, die Zwiebel und den Knoblauch darin sanft anschwitzen, bis die Zwiebel glasig und goldgelb ist.
2 Die restlichen Zutaten zufügen, zum Kochen bringen, dann die Hitze verringern und 30 Minuten köcheln lassen. Vom Herd nehmen, etwas abkühlen lassen und über das Fleisch gießen. Vollständig auskühlen lassen, dann zudecken und im Kühlschrank marinieren. Die Sauce kann nach Belieben in Flaschen konserviert werden (s. S. 134–135).

Tandoori-Marinade

6 Knoblauchzehen

5 cm frische Ingwerwurzel

250 ml Joghurt

Saft von 2 Limetten oder 1 Zitrone

Abgeriebene Schale von 1/2 Limette

2 EL gemahlener Koriander

1 EL edelsüßes Paprikapulver

1 EL gemahlener Kreuzkümmel

1 EL gemahlene Kurkuma

1–2 TL Chilipulver

1/2 TL gemahlener Kardamom

1 EL Salz

1 Den Knoblauch und den Ingwer in einer Gewürzmühle oder Küchenmaschine glatt pürieren. Die restlichen Zutaten zugeben und gut mixen.
2 Die Marinade über Huhn mit Haut oder Lammkoteletts gießen, zudecken und im Kühlschrank marinieren. In einem *tandoor* (spezieller Lehmofen) oder einem sehr heißen Ofen backen oder grillen.

Die traditionelle Tandoori-Marinade ist leuchtend rot, jedoch wird dieser Farbton durch Zugabe von Lebensmittelfarbe erreicht. Ich bevorzuge Tandoori in den natürlichen Farben der aromatischen Gewürze, die es enthält.

Ausreichend für 1–1,5 kg Hühnerstücke ohne Haut oder Lammkoteletts

Marinierzeit: 12–24 Stunden.

Siehe Bild S. 19

Grillsauce mit Kakao

4 EL ungesüßtes Kakaopulver

200 ml Rotweinessig

200 g püriertes Tomatenfruchtfleisch

8 EL Honig oder 100 g brauner Zucker

2 EL Olivenöl

10 Knoblauchzehen, zerdrückt

3–4 frische rote Chilischoten, fein gehackt, oder Chilipulver (nach Belieben)

1 EL getrockneter Oregano (nach Belieben)

2 EL Sojasauce

Salz

Das Kakaopulver in etwas Essig auflösen und mit den restlichen Zutaten in einer Kasserolle zum Kochen bringen. Bei reduzierter Hitze unter Rühren etwa 20 Minuten köcheln lassen. Zum Marinieren von Fleisch im Kühlschrank verwenden oder in Flaschen abfüllen (s. S. 134–135).

Kakaopulver ist eine ungewöhnliche Zutat für diese klassische Sauce. Sie verleiht ihr aber einen intensiven Geschmack und eine wunderbar dunkle Farbe. Verwenden Sie sie als Marinade oder zum Bestreichen von Grillfleisch oder einfach als Dipsauce für Grillfleisch oder gegrilltes Gemüse.

Ausreichend für 2 kg Fleisch

Marinierzeit: 2–24 Stunden.

Haltbarkeit: 6 Monate in luftdicht verschlossenen Behältern.

Orangen-Ingwer-Sauce ▷

Eine fein säuerlich und leicht scharf schmeckende Sauce, die sehr gut zu Schwein, Ente und Huhn passt. Verwenden Sie sie zum Einstreichen von Grillfleisch, oder reichen Sie die Sauce separat. Sie schmeckt ausgezeichnet zu Schwein- oder Hähnchen-Kebabs.

Ausreichend für 2 kg Fleisch

Marinierzeit: 4–24 Stunden für Schwein; 3–4 Stunden für Huhn; 4–5 Stunden für Ente.

Haltbarkeit: 6 Monate in luftdicht verschlossenen Flaschen oder Gläsern (s. S. 134–135).

500 ml Orangensaft

Abgeriebene Schale von 1 Orange

4 EL Tomatenmark

100 ml Tomatenketchup

75 ml Cidre-Essig oder Weißweinessig

4 EL Olivenöl

3 EL dunkle Sojasauce

4 EL Melasse

4 Knoblauchzehen, zerdrückt oder zu einer glatten Paste püriert

1 kleine Zwiebel, fein gerieben oder zu einer glatten Paste püriert

5 cm frische Ingwerwurzel, fein gerieben oder zu einer glatten Paste püriert

1–2 frische, scharfe rote Chilischoten, Samen und Scheidewände entfernt, fein gehackt, oder Chilipulver

Salz

1 TL Pfeilwurzmehl oder Speisestärke, in 2 EL Essig aufgelöst (nach Belieben)

Den Orangensaft in einer Kasserolle zum Kochen bringen, den aufsteigenden Schaum abschöpfen. Auf die Hälfte reduzieren, die restlichen Zutaten außer dem Pfeilwurzmehl zugeben und 20 Minuten köcheln lassen. Ist die Sauce zu dünn, mit etwas Pfeilwurzmehl oder Speisestärke binden und kochen lassen, bis die Sauce eindickt. Zum Marinieren oder Bestreichen verwenden.

Bier-Marinade

Verwenden Sie diese Marinade zum Marinieren von größeren Stücken Rindfleisch, Wildschwein oder Rehfleisch.

Ausreichend für ein 1–2 kg Fleisch

Marinierzeit: 12 Stunden bis 2 Tage.

750 ml gutes, würziges, helles oder dunkles Bier

5 EL brauner Zucker

4 EL Malzessig

1 EL Pimentkörner, zerstoßen

1 kleines Bund frischer Thymian, gehackt

2–3 Lorbeerblätter

Alle Zutaten in einem ausreichend großen Behältnis miteinander vermengen, das Fleisch zugeben, wenden, zudecken und im Kühlschrank marinieren. Dann wie gewohnt schmoren.

Rechts: Orangen-Ingwer-Sauce auf einem Schweinefleisch-Kebab

◁ Ceviche

Abgeseihter Saft von 3 Limetten

Julienne von der Schale 1 Limette

100 g Eier- oder Fleischtomaten, enthäutet, die Samen entfernt (s. S. 43), fein gehackt

1 kleine rote oder milde weiße Zwiebel, fein gehackt

1–3 grüne oder rote Chilischoten, die Samen und Scheidewände entfernt, fein gehackt

3 EL Olivenöl oder Erdnussöl

1–2 frische Limetten- oder Zitronenblätter, fein geschnitten (nach Belieben)

2 TL Salz

3 EL gehacktes Koriandergrün oder glatte Petersilie

Alle Zutaten bis auf das Koriandergrün vermischen. Den gewürfelten Fisch in eine Schüssel füllen und mit der Marinade übergießen. Zudecken und zum Marinieren in den Kühlschrank stellen. Vor dem Servieren das Koriandergrün oder die Petersilie untermengen.

Eine köstliche, leichte und fein säuerliche Marinade für rohen Fischsalat. Der frische Limettensaft „gart" den Fisch. Nehmen Sie nur ganz frische Fischschnitzel vom Thunfisch, Schwertfisch oder Wildlachs.

Ausreichend für 500 g Fischschnitzel ohne Haut, in Würfel geschnitten

Marinierzeit: 2–24 Stunden.

Haltbarkeit: 24 Stunden im Kühlschrank.

Tzaramelo

Abgeseihter Saft von 2 Zitronen

Abgeriebene Schale von 1/2 Zitrone

2 Eiertomaten, enthäutet, die Samen entfernt (s. S. 43), fein gehackt

2 Knoblauchzehen, fein gehackt

1 grüne Paprikaschote, Samen und Scheidewände entfernt, fein gehackt

1–2 rote oder grüne Chilischoten, fein gehackt, oder Chilipulver (nach Belieben)

1 kleine rote oder weiße Zwiebel, fein gehackt

1 kleines Bund Dill, gezupft

Salz und frisch gemahlener schwarzer Pfeffer

Alle Zutaten in einer Schüssel miteinander vermengen. Die Marinade über heißen gegrillten oder gebratenen Fisch oder Huhn gießen und bis zum Servieren marinieren.

Diese mediterrane Marinade schmeckt köstlich zu gebratenem Fisch wie Rotbarbe, aber auch zu Huhn. Am besten gießt man sie über heißen Fisch oder Fleisch.

Ausreichend für 1,5–2 kg Fisch oder Huhn

Marinierzeit: 5–10 Minuten, dabei den Fisch oder das Fleisch häufig wenden, damit die Marinade gleichmäßig einwirken kann.

Links: Saftige Schwertfischwürfel in Ceviche mit Limetten-Julienne

Orientalische Soja-Marinade

Stimmen Sie dieses Rezept auf Ihren Geschmack ab mit Zutaten wie Frühlingszwiebeln, Zitronengras, Schalotten, Kräutern und Gewürzen. Zum Marinieren von Hühnerstücken, dicken Fleischschnitten oder gewürfeltem Tofu.

Ausreichend für 500 g Huhn, Fleisch oder Tofu

Marinierzeit: 4 Stunden.

6 EL dunkle Sojasauce

2 EL Palmzucker oder brauner Zucker

3 Sternanis, zerstoßen

2 Knoblauchzehen, zerstoßen

5 cm frische Ingwerwurzel, gehackt (nach Belieben)

1–2 frische Chilischoten, gehackt (nach Belieben)

Alle Zutaten miteinander vermengen und über Fleisch oder Tofu gießen. Zudecken und im Kühlschrank marinieren.

Zitronen-Chili-Marinade

Diese Marinade gießt man am besten über gekochten Fisch wie Brassen oder Red Snapper. Sie eignet sich auch sehr gut für Huhn.

Ausreichend für 1–1,5 kg Fisch oder Huhn

Marinierzeit: 5–10 Minuten, dabei den Fisch oder das Hühnerfleisch öfters wenden, damit es gleichmäßig mariniert wird.

Saft von 1 großen Zitrone und Julienne von der Schale einer 1/2 Zitrone

3 EL Wasser

3 Knoblauchzehen, zerdrückt

3 EL fruchtiges Olivenöl

1 EL (oder mehr) Harissa (s. S. 103) oder gehackte frische Chilischoten

2 TL edelsüßes Paprikapulver

1/2 Bund Petersilie, gehackt

Salz

Alle Zutaten in einer Schüssel vermengen. Über den heißen Fisch oder Huhn gießen und marinieren.

Aprikosen-Kräuter-Marinade

Eine köstliche Marinade zu Schweinekoteletts oder -schnitzel. Am besten gießt man sie über das noch heiße Fleisch und lässt sie nur kurz einwirken.

Ausreichend für 1 kg Schweinekoteletts oder -schnitzel

Marinierzeit: 5–10 Minuten, dabei das Fleisch öfters wenden, damit es gleichmäßig mariniert wird.

4 EL Aprikosenkonfitüre

100 ml Weißwein oder trockener Cidre

4–5 frische Salbeiblätter, gehackt, oder 1–2 EL gehackter frischer Rosmarin

3 EL Rum

Salz und frisch gemahlener schwarzer Pfeffer

Die Konfitüre und den Wein in einer Kasserolle zum Kochen bringen. Die Hitze herunterschalten und 1–2 Minuten unter Rühren köcheln lassen, damit sich die Konfitüre verflüssigt. Vom Herd nehmen und die restlichen Zutaten zugeben. Über gegrillte oder gebratene Schweinekoteletts gießen und marinieren.

Chimichurri

5 Knoblauchzehen, zerdrückt

1–2 oder mehr rote Jalapeño- oder Anaheim-Chillies, Samen und Scheidewände entfernt, fein gehackt

5 EL Rotweinessig

125 ml Olivenöl

4 EL fein gehackter frischer Oregano oder 1 EL getrockneter Oregano

1 Bund Koriandergrün oder glatte Petersilie, fein gehackt

Salz

Alle Zutaten in einer Schüssel vermengen, das Fleisch zugeben, mit der Marinade bedecken und zugedeckt im Kühlschrank durchziehen lassen.

Eine scharfe und würzige mexikanische Marinade für Schweine- und Rindfleisch, die sich auch zum Bestreichen oder als Dipsauce eignet. Sie können die Zutaten auch in einer Küchenmaschine oder im Mixer zerkleinern, anstatt sie von Hand fein zu hacken.

Ausreichend für 2 kg Fleisch

Marinierzeit: 2–12 Stunden.

Südafrikanische Sosatie

50 ml Erdnuss- oder Olivenöl

500 g Zwiebeln, in dünne Scheiben geschnitten

5 cm frische Ingwerwurzel, gehackt

3 Knoblauchzehen, gehackt

1–2 EL Currypulver

100 g Tamarinden-Fruchtfleisch, in 300 ml heißem Wasser oder Rotweinessig eingeweicht, abgeseiht (s. S. 124)

1–2 Zitronen-, Orangen- oder Kaffir-Limettenblätter, fein geschnitten

Salz

1 Das Öl in einer großen Bratpfanne erhitzen, die Zwiebeln darin 8–10 Minuten dünsten, bis sie goldbraun werden. Die restlichen Zutaten zugeben, zum Kochen bringen, vom Herd nehmen und abkühlen lassen.

2 Über das Fleisch gießen und zugedeckt 12 Stunden im Kühlschrank durchziehen lassen. Das Fleisch herausheben und grillen, etwas Marinade zum Bestreichen verwenden.

3 Die restliche Marinade in einer Kasserolle aufkochen und sanft köcheln lassen, bis die meiste Flüssigkeit verdampft ist. Die eingekochte Zwiebelmischung über dem gegrillten Fleisch anrichten.

Diese mit mildem Currypulver gewürzte Marinade wird traditionell für Hammelfleisch verwendet und ebenso für Lamm, Rind oder Huhn. Für eine angenehm fruchtige Note 1–2 EL Aprikosen-Chutney mit dem Tamarindenwasser zufügen.

Ausreichend für 1 kg Fleisch

Marinierzeit: 12 Stunden.

Siehe Bild S. 13

Kräuterpaste für Fisch

Diese Paste gibt gebackenem Seebarsch, Lachs, Red Snapper oder anderen großen Fischen einen intensiven, frischen Geschmack. Durch die Kräuterpaste bleibt der Fisch auch wunderbar saftig.

Ausreichend für 1–1,5 kg Fisch

Marinierzeit: 30–60 Minuten.

60 g Butter

2 EL Olivenöl

1/4 TL Fenchelsamen

150 g Schalotten oder 1 Zwiebel, fein gehackt

2,5 cm frische Ingwerwurzel, fein gehackt

1 Dose (60 g) Anchovisfilets, abgetropft und gehackt

1 kleines Bund Dill, fein gehackt

1 kleines Bund Petersilie, fein gehackt

1 EL Kapern, abgetropft und abgespült

Saft und Zesten von 1/2 Zitrone

3 EL Mie de pain (geriebenes Weißbrot)

1 Die Butter und das Olivenöl in einer Bratpfanne erhitzen, die Fenchelsamen darin einige Minuten sanft braten. Die Schalotten oder die Zwiebel und den Ingwer 5–8 Minuten mitbraten, bis sie Farbe nehmen. Vom Herd nehmen und die restlichen Zutaten einrühren.
2 Etwas von der Paste in die Bauchhöhle des Fisches füllen und den Rest über dem Fisch verteilen. Im Kühlschrank marinieren, dann wie gewohnt backen.

Paste für gekochtes Fleisch

Eine ausgezeichnete Methode, um kaltem Fleisch mehr Geschmack zu geben. Ich nehme die Paste für gekochten Schinken, fettes Schweinefleisch, gekochte oder gepökelte Putenbrust.

Ausreichend für 1–1,5 kg Fleisch

Marinierzeit: Mindestens 2 Tage.

Haltbarkeit: 1 Woche im Kühlschrank.

100 g Knoblauch, geschält

4 EL edelsüßes Paprikapulver

1–2 TL Rosenpaprika oder Chilipulver

1 EL Salz

2 EL Kümmel, fein gemahlen

1 EL frisch gemahlener schwarzer Pfeffer

2 EL Olivenöl

1 Den Knoblauch in einer Küchenmaschine fein pürieren und mit den restlichen Zutaten zu einer glatten Paste vermengen.
2 Das gekochte Fleisch großzügig mit der Paste einstreichen und in einem geschlossenen Behältnis im Kühlschrank marinieren. Zum Servieren in dünne Scheiben aufschneiden.

Papaya-Paste zum Marinieren

1 kleine, unreife grüne Papaya (100–150 g), geschält, halbiert, die Samen entfernt, grob gehackt

Die Samen der Papaya, zu einer Paste zerstoßen

100 ml Kokosmilch oder Wasser

5 cm frische Ingwerwurzel, gehackt

2 Stengel Zitronengras, die harten Blattteile entfernt, gehackt

1–2 frische Chilischoten oder Chilipulver

Salz

Alle Zutaten in einer Küchenmaschine zu einer glatten Paste pürieren. Das Fleisch mit der Paste bedecken und im Kühlschrank marinieren.

Unreife Papayas enthalten einen hohen Anteil an Papain, ein Enzym, das Fleisch zart macht. Die pürierte Papaya-Paste eignet sich besonders für zähe Fleischschnitten von Rind oder Hammel. Anstelle der Papaya können Sie auch frische Ananas nehmen.

Ausreichend für 1 kg Fleisch

Marinierzeit: Bis zu 12 Stunden.

Scharfe Jamaika-Paste

1 Zwiebel, geschält und geviertelt

6 Knoblauchzehen

250 g Habañero-Chillies, Samen und Scheidewände entfernt

100 g frische Ingwerwurzel, geschält

1 kleines Bund glatte Petersilie

1 Bund Frühlingszwiebeln

4 EL gemahlener Jamaikapfeffer (Piment)

60 g frischer Thymian, gehackt, oder 2 EL getrockneter Thymian

1 TL gemahlene Nelken

2–3 EL dunkle Sojasauce

Abgeseihter Saft von 3 Limetten

Die ersten 6 Zutaten in einer Küchenmaschine pürieren, die restlichen Zutaten untermixen. Die Paste über das Fleisch streichen, im Kühlschrank marinieren.

Habañero-Chillies sind so scharf, dass ich Ihnen wirklich rate, bei der Zubereitung Plastik- oder Gummihandschuhe zu tragen. Für eine mildere Paste Jalapeño- oder Anaheim-Chillies nehmen.

Ausreichend für 1–1,5 kg Fleisch

Marinierzeit: 12–24 Stunden.

Haltbarkeit: 1 Woche im Kühlschrank, 3 Monate im Tiefkühlfach, 6 Monate in luftdicht verschlossenen Gläsern (s. S. 134–135).

Nordafrikanische Gewürzpaste

Eine herrlich duftende Paste, die sehr gut zu gegrilltem Huhn, Lamm- oder Hammelkoteletts passt. In Salzlake eingelegte Zitronen sind köstlich, sehr geschmacksintensiv und in der nordafrikanischen Küche sehr beliebt. Man bekommt sie im Spezialitätenhandel und in Lebensmittelgeschäften, die bevorzugt Waren aus südlichen Ländern und dem Nahen Osten anbieten.

Ausreichend für 1,5–2 kg Fleisch

Marinierzeit: 12–24 Stunden.

8 Knoblauchzehen, zerdrückt

2 Salzlake-Zitronen, die Kerne entfernt, fein gehackt

2,5 cm frische Ingwerwurzel, gehackt

2 TL Salz

1/2 TL gemahlene Muskatblüte

1/4 TL Kreuzkümmel, trocken geröstet (s. S. 78) und gemahlen

1/4 TL Safranpulver oder 1/2 TL Safranfäden, zerstoßen

3 EL gehacktes Koriandergrün

Den Knoblauch, die Zitronen und den Ingwer in einer Gewürzmühle oder einer Küchenmaschine zu einem glatten Püree verarbeiten. Die restlichen Zutaten untermischen. Die Paste in das Fleisch massieren und im Kühlschrank marinieren.

Kräuter-Marinade

Wählen Sie Kräuter wie Rosmarin, Thymian, Salbei und Oregano, und reiben Sie Lammkoteletts, Stücke vom Huhn oder Wild damit ein. Sehr schmackhaft!

Ausreichend für 1–1,5 kg Fleisch

Marinierzeit: 4–24 Stunden.

Haltbarkeit: 3 Monate in einem luftdicht verschließbaren Behältnis (dann aber getrocknete statt frischer Kräuter verwenden und den Knoblauch erst bei Verwendung dazugeben).

100 g gemischte frische Kräuter wie Rosmarin, Thymian, Salbei und Oregano, fein gehackt, oder 4 EL verschiedene getrocknete Kräuter

4 Knoblauchzehen, zerdrückt

1 EL Salz

Abgeriebene Schale von 1 Zitrone

1 EL grob gemahlener schwarzer Pfeffer

1 EL grob gemahlener weißer Pfeffer

1 TL fein gemahlene Pimentkörner

1 EL Senfpulver

Alle Zutaten vermengen. Jedes Stück Fleisch in die Kräutermarinade drücken, bis es gleichmäßig bedeckt ist. Zudecken und im Kühlschrank marinieren. Anschließend braten oder grillen.

Spareribs-Marinade

150 g brauner Zucker

2 EL Salz

4 EL edelsüßes Paprikapulver

3 EL grob gemahlene oder zerstoßene schwarze Pfefferkörner

2 EL Senfpulver

2 TL Chilipulver

2 Knoblauchzehen, zerdrückt

Alle Zutaten vermischen. In das Fleisch einmassieren und in alle Spalten hineinreiben. Zudecken und im Kühlschrank marinieren.

Eine traditionelle Marinade, die unverzichtbar ist für gegrillte oder heiß geräucherte Spareribs. Sie schmeckt aber auch sehr gut zu gegrilltem Huhn.

Ausreichend für 2 kg Spareribs oder 2 Masthähnchen von je 1 1/2 kg

Marinierzeit: 24–48 Stunden.

Haltbarkeit: Bis zu 3 Tage im Kühlschrank.

Indische Trockenmarinade

4 EL Kichererbsenmehl

2 EL Fenchelsamen, trocken geröstet (s. S. 78)

2 EL Koriandersamen, trocken geröstet (s. S. 78)

1 EL Kreuzkümmel, trocken geröstet (s. S. 78)

1 TL Kardamomkapseln, trocken geröstet (s. S. 78)

1 EL frisch gemahlener schwarzer Pfeffer

2 TL gemahlene Kurkuma

1/2–1 TL Chilipulver

1/4 TL Asant (nach Belieben)

1 Alle Zutaten in einer Gewürzmühle oder einem Mixer zu einem feinen Pulver vermahlen.
2 Das Pulver in eine flache Schüssel füllen, das Fleisch oder den Fisch darin wenden, bis alle Stücke gleichmäßig bedeckt sind. Zudecken und im Kühlschrank marinieren. Anschließend braten oder grillen.

Diese wohlduftende und würzige Marinade passt besonders gut zu Huhn und Fisch. Die Fenchel-, Koriander- und Kreuzkümmelsamen sowie die Kardamomkapseln können zusammen trocken geröstet werden.

Ausreichend für 500 g Fleisch oder Fisch

Marinierzeit: 6–24 Stunden.

Haltbarkeit: 3 Monate in einem luftdicht verschließbaren Behältnis.

Begleitende Saucen

Fruchtig, pikant oder würzig: Begleitende Saucen können ein einfaches Gericht ungemein aufwerten. Sie finden eine Zusammenstellung meiner Lieblingsrezepte aus aller Welt. Sie werden zum Besten zählen, was Ihre Speisekammer zu bieten hat! Zudem sind sie ein ausgezeichnetes Mitbringsel.

Apfelsauce

Diese köstliche Sauce ist der traditionelle Begleiter zu gebratenem Schweinefleisch und Kartoffelpuffern. Sie ergibt auch eine perfekte Kuchenfüllung. Für eine üppigere Variante gibt man 2–3 EL saure Sahne oder Crème fraîche zu.

Für 6–8 Personen

Haltbarkeit: 1 Woche im Kühlschrank, 6 Monate in einem luftdicht verschlossenen Glas (s. S. 134–135).

500 g Kochäpfel wie Boskoop, Gravensteiner, geschält, entkernt und grob gehackt

2–3 EL weißer oder brauner Zucker oder Honig, je nach Geschmack auch mehr

1–2 EL Weißwein oder Wasser

3–4 Nelken

5 cm Zimtstange

2–3 Streifen Zitronen- oder Orangenschale

Salz

30 g Butter

2–3 EL saure Sahne oder Crème fraîche (nach Belieben)

1 Die Äpfel, den Zucker oder Honig und Weißwein oder Wasser in eine Kasserolle füllen. Die Nelken, die Zimtstange und die Zitrusschale zufügen und zum Kochen bringen. Die Hitze herunterschalten, die Kasserolle zudecken und die Äpfel 10–15 Minuten sanft köcheln, bis sie weich sind und anfangen, auseinander zu fallen. Vom Herd nehmen, die Nelken, die Zimtstange und die Zitrusschale herausnehmen und wegwerfen.

2 In einer Küchenmaschine, einem Mixer, mit einem Holzlöffel oder einem Mixstab glatt pürieren. Erneut erhitzen, mit etwas Salz würzen, dann die Butter und nach Belieben die saure Sahne oder Crème fraîche unterschlagen.

Preiselbeersauce

Diese wohlschmeckende, bittersüße Sauce ist ein Muss zu Truthahnbraten und passt auch sehr gut zu kaltem Schweinebraten und Lamm. Wenn erhältlich, verwenden Sie die größeren Cranberries anstelle der Preiselbeeren.

Für 6–8 Personen

Haltbarkeit: 1 Woche im Kühlschrank, 6 Monate in einem luftdicht verschlossenen Glas (s. S. 134–135).

250 g frische oder gefrorene Preiselbeeren

Saft und Schalen-Julienne von 1 Orange

100 ml Wasser

1 großer Kochapfel wie Boskoop, geschält, entkernt und grob gehackt

125 g brauner Zucker

60 ml Grand Marnier oder Cointreau

1 TL Koriandersamen, trocken geröstet (s. S. 78) und grob zerstoßen

grob gemahlener schwarzer Pfeffer

1 Die Preiselbeeren, den Orangensaft und die Julienne, das Wasser, den Apfel und den Zucker in einer Kasserolle langsam zum Kochen bringen. Die Hitze herunterschalten und 12–15 Minuten sanft köcheln lassen, bis der Apfel und die Preiselbeeren weich sind und anfangen, auseinander zu fallen.

2 Vom Herd nehmen, den Grand Marnier und die Koriandersamen unterrühren, dann mit schwarzem Pfeffer abschmecken. Auskühlen lassen und servieren.

Rechte Seite: Köchelnde Preiselbeersauce zu Beginn der Garzeit

Stachelbeersauce

Diese Sauce ist fein säuerlich, erfrischend und hellgrün. Sie schmeckt besonders gut zu fettreichem Fisch wie Makrele, Hering oder Sardinen. Ich reiche sie auch zu Schweinefleisch, Gans und Ente.

Für 6–8 Personen

Haltbarkeit: 1 Woche im Kühlschrank, 6 Monate in einem luftdicht verschlossenen Glas (s. S. 134–135).

500 g Stachelbeeren, Stiel und Blütenansatz entfernt

3 EL Wasser

1–2 EL Zucker oder mehr

30 g Butter

1 Messerspitze Muskatnuss (nach Belieben)

Salz

1 Die Stachelbeeren, das Wasser und den Zucker in einer Kasserolle zum Kochen bringen. Etwa 15 Minuten köcheln lassen, bis die Beeren weich und breiig sind. In einem Mixer glatt pürieren oder durch ein Sieb streichen.

2 Das Püree in einer sauberen Kasserolle zum Kochen bringen. Die Butter einrühren, bis sie geschmolzen und vollständig untergerührt ist. Mit Muskat und Salz abschmecken.

Abwandlung

Pflaumen- oder Kirschsauce *Siehe Bild S. 21*
Beide Saucen sind erfrischende Begleiter zu geräuchertem Schinken. Das Rezept wie oben ausführen, aber die Stachelbeeren durch 500 g entsteinte, reife Pflaumen oder Kirschen ersetzen und 100 ml Weißwein oder Wasser zugießen. Etwa 20 Minuten köcheln lassen, bis sie weich und breiig sind, dann pürieren. Am Schluss eine Messerspitze Zimtpulver unterrühren.

Frische Beerensauce

Eine äußerst rasch zubereitete Sauce. Sie ergibt eine phantastische, fruchtige und doch würzige Begleitung zu Fisch oder Huhn.

Für 6–8 Personen

Haltbarkeit: 3 Tage im Kühlschrank.

300 g frische Beeren wie Himbeeren Brombeeren, Erdbeeren und Heidelbeeren, grob gehackt oder grob zerdrückt

4 Frühlingszwiebeln, fein gehackt

1 TL grüne Pfefferkörner in Lake, grob gehackt

2 EL Himbeeressig oder anderer Beerenessig

1–2 EL Zucker

1–2 EL gehackter frischer Estragon oder Kerbel

Salz

Alle Zutaten in einer Schüssel vermengen und mindestens 1 Stunde durchziehen lassen, dann servieren.

Cumberlandsauce

Eine der bekanntesten britischen Saucen. Sie wird traditionell zu kaltem Schinken, Schweinefleisch oder Lamm gereicht. Ich gebe gerne gehackte rohe Schalotten in die Sauce (eine Idee aus dem 18. Jahrhundert), die ihr eine herrliche Konsistenz und Geschmack verleihen.

Für 6–8 Personen

Haltbarkeit: 1 Woche im Kühlschrank (ohne Schalotten).

Sehr dünn geschnittene Schale von 1 Orange, in feine Julienne geschnitten

Sehr dünn geschnittene Schale von 1 Zitrone, in feine Julienne geschnitten

250 g Johannisbeergelee

4 EL Portwein

Abgeseihter Saft von 1 Orange

Abgeseihter Saft von 1 Zitrone

50 g Schalotten, fein gehackt (nach Belieben)

1 Messerspitze gemahlener Ingwer

1 Messerspitze Cayennepfeffer

1 Die Julienne 1 Minute in kochendem Wasser blanchieren. Abtropfen lassen, in eiskaltem Wasser abschrecken und erneut abtropfen lassen.

2 Das Gelee bei niedriger Hitze in einer kleinen Kasserolle zerlassen, den Portwein zugießen und etwa 3 Minuten köcheln lassen. Vom Herd nehmen und die blanchierten Julienne sowie die restlichen Zutaten unterrühren. Vollständig auskühlen lassen und servieren.

Abwandlung

Kirsch-Cumberlandsauce
Passt ausgezeichnet zu Ente, Schwein und Reh. Das Rezept ab Schritt 2 ausführen, aber Zitrusschale und den Saft weglassen. Stattdessen 250 g gehackte frische oder eingemachte Sauerkirschen zu dem erhitzten Gelee geben und 1 TL mit etwas Wasser angerührtes englisches Senfpulver, die Schalotten (nach Belieben), den Ingwer und den Cayennepfeffer unterrühren.

Minzsauce

Minzsauce aus frischer Gartenminze ist rasch zubereitet und viel besser als gekaufte. Zu Lamm- oder Hammelfleisch.

Für 6–8 Personen

Haltbarkeit: 1 Woche im Kühlschrank, 6 Monate in einem luftdicht verschlossenen Glas (s. S. 134–135).

100–150 g frische Minzeblätter

1 EL extrafeiner Zucker

3–4 EL Weißwein- oder Rotweinessig

Die Minzeblätter auf ein Schneidebrett legen, den Zucker darüber streuen und fein hacken oder in einer Küchenmaschine grob mixen, aber nicht pürieren. Die gehackte Minze in eine kleine Schüssel umfüllen und den Essig unterrühren.

Brotsauce

Diese Version der Brotsauce ist die Interpretation eines Rezeptes aus dem 17. Jahrhundert, obwohl Brotsauce ursprünglich aus dem Mittelalter stammt. Sie ist mild und delikat würzig und wird traditionell zu Haarwild, Geflügel oder Schwein gereicht. Brotsauce sollte eine dicke, sämige Konsistenz besitzen, wenn Sie aber eine dünnere Sauce bevorzugen, verlängern Sie sie mit etwas Milch oder Sahne. Für einen intensiveren Geschmack die Zwiebeln, die zum Aromatisieren der Milch verwendet werden, nicht herausnehmen, sondern mixen oder durch ein Sieb streichen und am Schluss in die Sauce rühren.

Für 6–8 Personen

Haltbarkeit: 1 Woche im Kühlschrank.

1 kleine Zwiebel, geschält und geviertelt

4 Nelken

1 kleine Muskatblüte

1 Lorbeerblatt

350 ml Milch

90 g frisch geriebenes Weißbrot (im Mixer)

3 EL Sahne

frisch geriebene Muskatnuss

Salz und frisch gemahlener schwarzer Pfeffer

30 g Butter

1 Jedes Zwiebelviertel mit einer Nelke spicken und zusammen mit der Muskatblüte, dem Lorbeerblatt und der Milch in eine kleine Kasserolle füllen. Zum Kochen bringen, die Hitze reduzieren und etwa 20 Minuten köcheln lassen.
2 Durch ein Sieb in eine Schüssel abgießen, die auf eine Kasserolle mit sanft köchelndem Wasser gesetzt wird. Darauf achten, dass der Boden der Schüssel das Wasser nicht berührt.
3 Die Brotkrumen einstreuen und die Sahne unterrühren, aufkochen und etwa 30 Minuten köcheln lassen, bis die Sauce glatt und dick ist.
4 Mit dem Muskat, Salz und Pfeffer abschmecken, die Butter unterschlagen und heiß servieren.

Meerrettich-Sahne-Sauce

125 g frischer Meerrettich, geschält und fein gerieben, entsprechend gefrorener Meerrettich oder aus dem Glas

3 EL Cidre-Essig oder Weißweinessig

1 EL extrafeiner Zucker

100 ml Sahne

Salz

Den Meerrettich mit allen anderen Zutaten in eine Schüssel füllen und gründlich miteinander vermischen. Die Sauce lässt sich gut sterilisieren (s. S. 134–135). Wenn Sie sie mit frischem Meerrettich zubereiten, sollte der Raum stets gut belüftet sein.

Frische Meerrettichsauce ist einzigartig scharf, sie wird traditionell zu Roastbeef gereicht. Ich serviere sie aber auch gerne zu kaltem Fleisch oder als Dip zu Gemüse.

Für 6–8 Personen

Haltbarkeit: 1 Woche im Kühlschrank, 6 Monate in einem luftdicht verschlossenen Glas (s. S. 134–135). Durch das Aufbewahren geht ein Teil der Schärfe verloren.

Chrain (Meerrettich-Rote-Bete-Sauce)

100 g frischer Meerrettich, geschält und fein gerieben, entsprechend gefrorener Meerrettich oder aus dem Glas

150 g Rote Beten, roh oder gekocht, geschält und fein gerieben

3 EL Branntwein- oder Weinessig

1–2 EL extrafeiner Zucker

Salz

Den Meerrettich mit allen anderen Zutaten in einer Schüssel vermischen. Die Sauce lässt sich nach Belieben sterilisieren (s. S. 134–135).

Eine jüdische Version der Meerrettichsauce. Chrain wird traditionell zu Fisch gereicht. Rote Bete verleiht ihr einen tiefvioletten Ton.

Für 6–8 Personen

Haltbarkeit: 3 Wochen im Kühlschrank, 6 Monate in einem luftdicht verschlossenen Glas (s. S. 134–135). Durch das Aufbewahren geht Schärfe verloren.

Cumberlandsauce

Minzsauce

Brotsauce

Chrain

PESTO ▷

Eine Kräuterpaste, die traditionell mit Basilikum hergestellt wird. Pesto wird meist zu Pasta gereicht, kann aber genauso gut vor oder nach dem Grillen oder Braten über Fisch oder Fleisch gelöffelt werden. Probieren Sie Pesto auch auf Crostinis oder in Eintöpfen, Saucen und Suppen. Pesto bereitet man am besten im Mörser zu, weil er dort die typische Konsistenz und den intensiven Geschmack erhält.

Haltbarkeit: 1 Woche im Kühlschrank (achten Sie darauf, dass der Pesto mit einer schützenden Schicht Öl bedeckt ist), obwohl er frisch zubereitet am besten schmeckt.

2 große Knoblauchzehen, halbiert und mit dem Messerrücken zerdrückt

1/2 TL grobes Salz

60 g Pinienkerne, trocken geröstet, bis sie goldbraun sind (s. S. 78)

125 g frische Basilikumblätter

60 g Parmesan oder Pecorino, frisch gerieben

125 ml natives Olivenöl extra

Mit der Hand (s. S. 121):
1 Den Knoblauch und das Salz in einem schweren Mörser mit dem Stößel zu einer Paste verreiben.
2 Die gerösteten Pinienkerne zufügen und ebenfalls verreiben.
3 Nach und nach die Basilikumblätter zugeben und fein zerstoßen. Den Käse darüber streuen und gut vermischen.
4 Das Olivenöl in dünnem Strahl einlaufen lassen und zu einer pastenartigen Konsistenz vermischen. Eventuell nachsalzen und entweder sofort servieren oder sterilisieren (s. S. 134–135).

Mit der Maschine: Den Knoblauch, das Salz, die gerösteten Pinienkerne, das Basilikum und einige Esslöffel Öl in die Küchenmaschine füllen und zu einer Paste mixen. Den Käse zugeben und bei laufender Maschine das restliche Öl in einem dünnen, gleichmäßigen Strahl einlaufen lassen.

ABWANDLUNG

KORIANDER-PESTO

Eine erfrischende und pikante Variante des traditionellen Pestos. Servieren Sie ihn als Dipsauce zu Gemüse, Pasteten oder geröstetem Pitabrot. Er schmeckt köstlich in Sandwiches, kann aber auf die gleiche Art wie Pesto zu Pasta serviert werden. Wie Basilikum-Pesto kann man Koriander-Pesto von Hand im Mörser zubereiten oder mit der Küchenmaschine. Gehen Sie vor, wie im Rezept oben beschrieben, aber ersetzen Sie die Pinienkerne durch 60 g trocken geröstete Pistazien, und nehmen Sie statt des Basilikums die gleiche Menge Koriandergrün (mit Stielen und Wurzeln).

DILL-PESTO

2 große Knoblauchzehen, halbiert und mit dem Messerrücken zerdrückt

2 Anchovisfilets in Öl, abgetropft und gehackt

75 g Pistazien, trocken geröstet, bis sie leicht gebräunt sind (s. S. 78)

125 g frischer Dill, die harten Stiele entfernt

75 ml natives Olivenöl extra

grob gemahlener schwarzer Pfeffer

Mit der Hand: Den Knoblauch und die Anchovisfilets mit dem Stößel im Mörser verreiben, die Pistazien zugeben und zu einer Paste zerstoßen. Nach und nach den Dill zufügen und mit dem Stößel zerkleinern. Das Öl in dünnem Strahl einlaufen lassen und zu einer glatten Paste verarbeiten. Mit Pfeffer abschmecken.

Mit der Maschine: Den Knoblauch, die Anchovisfilets, die Pistazien, den Dill und 1 EL Olivenöl zu einem groben Püree mixen. Das restliche Öl langsam einlaufen lassen. Pfeffern.

Dill-Pesto harmoniert besonders gut mit Fisch. Probieren Sie ihn zu Canapés mit Räucherlachs.

Haltbarkeit: 1 Woche im Kühlschrank (achten Sie darauf, dass er mit einer schützenden Schicht Öl bedeckt ist), obwohl er frisch zubereitet am besten schmeckt.

Siehe Bild S. 11

OLIVEN-PESTO

4 große Knoblauchzehen, halbiert und mit dem Messerrücken zerdrückt

3 EL gehackter frischer Thymian

1 großes Bund glatte Petersilie, die harten Stiele entfernt

100 g schwarze Oliven, entsteint

75 ml natives Olivenöl extra

Mit der Hand: Den Knoblauch und den Thymian in einem Mörser zerstoßen, die Petersilie in kleinen Mengen mit dem Stößel einarbeiten. Die Oliven zugeben und zu einem groben Püree zerstoßen. Das Olivenöl langsam zugießen und zu einer glatten Paste verarbeiten.

Mit der Maschine: Den Knoblauch, den Thymian, die Petersilie, die Oliven und 1 EL Olivenöl mixen, bis ein grobes Püree entsteht. Das restliche Olivenöl langsam einlaufen lassen und mixen, bis die Paste glatt ist.

Nehmen Sie für dieses Rezept sonnengetrocknete mediterrane Oliven.

Haltbarkeit: 1 Woche im Kühlschrank (achten Sie darauf, dass er mit einer schützenden Schicht Öl bedeckt ist), obwohl er frisch zubereitet am besten schmeckt.

Rechte Seite: Schritte 1–4 der Zubereitung von Pesto im Mörser

Tapenade

Diese köstliche Sauce stammt aus Südfrankreich, ihr Name kommt von dem alten provenzalischen Wort für Kapern, tapéno. Traditionell wird die Sauce im Mörser zubereitet, was nicht unbedingt zeitaufwendig sein muss, aber sehr mühsam sein kann. Reichen Sie diese vielseitige Sauce als Dip zu rohem Gemüse, als Aufstrich auf knuspriges Brot oder, mit vielen frischen Kräutern vermischt, als schnelle Pastasauce.

Für 6–8 Personen

Haltbarkeit: 1 Monat im Kühlschrank (achten Sie darauf, dass sie mit einer schützenden Schicht Öl bedeckt ist).

50 g Anchovisfilets in Öl, abgetropft und gehackt

2 gehäufte EL Kapern in Essig, abgetropft

250 g schwarze Oliven, entsteint

4–6 EL natives Olivenöl extra

Zitronensaft

Mit der Hand: Die Anchovisfilets und die Kapern in einem Mörser zu einer Paste zerstoßen. Die Oliven nach und nach zugeben und vollständig zerdrücken. Das Olivenöl wie bei einer Mayonnaise in dünnem Strahl zugießen und mit dem Stößel einarbeiten, bis die Paste glatt ist. Den Zitronensaft gut untermischen.

Mit der Maschine: Die Kapern, die Anchovisfilets und die Oliven in mehreren kurzen Schüben grob zerkleinern, nicht pürieren. Das Olivenöl bei laufender Maschine in einem dünnen, gleichmäßigen Strahl hineinlaufen lassen. Dann den Zitronensaft zufügen.

Anchoïade

Diese südfranzösische Paste wird traditionell auf Brot gestrichen und im Ofen überbacken. Sie kann als Sauce zu gegrilltem Fisch oder Fleisch gereicht oder mit Pasta vermischt werden.

Für 6–8 Personen

Haltbarkeit: 1 Monat im Kühlschrank (achten Sie darauf, dass sie mit einer schützenden Schicht Öl bedeckt ist).

200 g Anchovisfilets in Öl, abgetropft und gehackt, oder in Salz eingelegte Sardellen, 20 Minuten gewässert, abgespült und gehackt

3 EL natives Olivenöl extra

100 g Schalotten, fein gehackt

2–3 EL Zitronensaft

Etwas abgeriebene Zitronenschale

6 EL gehackte glatte Petersilie

Die Anchovisfilets im Mörser zu einer glatten Paste zerstoßen oder in einer Küchenmaschine zerkleinern. Das Olivenöl nach und nach zugießen, dann die restlichen Zutaten zufügen und gut vermischen.

Einfache Salsa verde

Salsa verde (grüne Sauce) ist eine klassische norditalienische Sauce. Sie ist delikat und erfrischend. Man reicht sie zu gegrilltem Käse, Fleisch, Geflügel oder Fisch. Glatter wird sie mit geriebenem Brot.

Für 6–8 Personen

Haltbarkeit: 1 Monat im Kühlschrank (achten Sie darauf, dass die Salsa verde mit einer schützenden Schicht Öl bedeckt ist).

50 g Weißbrot, in kleine Stücke zerpflückt oder gerieben (Mixer)

4 EL Weinessig oder Zitronensaft

5–6 EL natives Olivenöl extra

2 EL Kapern in Essig oder 4 Anchovisfilets in Öl, abgetropft und gehackt

8 EL gehackte gemischte Kräuter wie glatte Petersilie, Minze und Basilikum

1 EL Zucker

Salz und frisch gemahlener schwarzer Pfeffer

Alle Zutaten in einer Schüssel miteinander vermischen und etwa 1 Stunde durchziehen lassen. Dann servieren.

Abwandlung

Agrodolce (Süsssaure Salsa verde)

Wie im Rezept oben vorgehen, nur anstelle des Zuckers 100 g gehackte Rosinen zugeben.

Skordalia

Eine ausgezeichnete Knoblauchsauce griechischen Ursprungs. Sie wird traditionell zu einem kleinen Imbiss zwischendurch gereicht, ergibt aber auch eine köstliche Dipsauce zu rohem Gemüse und passt zu gegrilltem Fisch oder Geflügel. Skordalia kann auch mit Brot statt mit Kartoffeln zubereitet werden: 300 g entrindetes Weißbrot in kaltem Wasser einweichen und anschließend mit den Händen gut auspressen.

Für 6–8 Personen

Haltbarkeit: 3 Tage im Kühlschrank.

300 g mehlig kochende Kartoffeln

8–10 Knoblauchzehen, zerdrückt

Zitronensaft oder Essig

150–250 ml Olivenöl

Salz und frisch gemahlener schwarzer Pfeffer

1 Die Kartoffeln in der Schale weich kochen, abkühlen lassen, pellen und in gleich große Stücke schneiden.
2 In einer Küchenmaschine pürieren, den Knoblauch und den Zitronensaft oder Essig zugeben. Das Öl in einem dünnen, gleichmäßigen Strahl bei laufender Maschine einlaufen lassen, bis die Sauce die Konsistenz von einem weichen Kartoffelpüree erhält.
3 Mit Salz und Pfeffer abschmecken und mindestens 30 Minuten durchziehen lassen, damit sich der Geschmack optimal entfalten kann.

Romesco ▷

Diese spanische Sauce verdankt ihren Namen den Romesco-Paprikaschoten, die traditionell für die Zubereitung der Sauce genommen werden. Reichen Sie sie als Dipsauce oder als Begleitung zu Huhn, Fleisch oder Fisch. Sind Romesco- oder andere getrocknete Paprikaschoten gerade nicht erhältlich, nimmt man 3 frische, geröstete, von Samen und Scheidewänden befreite rote Paprikaschoten und etwas Chilipulver.

Haltbarkeit: 1 Woche im Kühlschrank, 6 Monate in einem luftdicht verschlossenen Glas (s. S. 134–135).

3 mittelgroße Fleischtomaten

4 Knoblauchzehen, nicht geschält

3 getrocknete Romesco- oder andere getrocknete süße Paprikaschoten, Stiele, Samen und Scheidewände entfernt, 30 Minuten in heißem Wasser eingeweicht

75 g geschälte Mandeln, trocken geröstet, bis sie goldbraun sind (s. S. 78)

3 EL Weißwein- oder Rotweinessig

150 ml natives Olivenöl extra

Salz und frisch gemahlener schwarzer Pfeffer

1 Die Tomaten und den Knoblauch auf ein Backblech legen und bei 220 °C im vorgeheizten Ofen etwa 15 Minuten rösten, bis sie weich sind. Abkühlen lassen, die Tomaten enthäuten und die Knoblauchzehen aus der pergamentartigen Schale drücken.

2 Die Paprikaschoten abtropfen lassen und mit dem Knoblauch und den Mandeln in einem Mixer pürieren oder in einem Mörser zerstoßen. Die Tomaten und den Essig einarbeiten.

3 Das Olivenöl in einem dünnen, gleichmäßigen Strahl einlaufen lassen und mixen, bis die Sauce glatt ist. Abschmecken.

Rouille

Eine klassische Sauce aus Frankreich, die traditionell zu Bouillabaise oder anderen Fischsuppen gereicht wird. Ich serviere sie separat, um verschiedenen Speisen eine pikante und knoblauchreiche Note zu geben. Soll die Sauce dicker sein, verringern Sie den Fondanteil oder lassen Sie ihn ganz weg.

Haltbarkeit: 1 Woche im Kühlschrank, 6 Monate in einem luftdicht verschlossenen Glas (s. S. 134–135).

4 große Knoblauchzehen, geschält

2 rote Paprikaschoten, geröstet, enthäutet, Samen und Scheidewände entfernt (s. S. 96), oder konservierte rote Pfefferschoten

2–4 rote Chilischoten, geröstet, enthäutet (s. S. 96), Samen und Scheidewände entfernt

60 g frisch geriebenes Weißbrot (Mixer)

3 EL Olivenöl

3 EL Fisch- oder Hühnerfond (s. S. 30 und 28 – nach Belieben)

Den Knoblauch, die Paprika- und die Chilischoten in einer Küchenmaschine mixen oder in einem Mörser zerstoßen. Das geriebene Weißbrot und nach Belieben den Fond zugeben und unterrühren.

Rechts: Romesco wird gemixt, bis die Sauce glatt ist.

Tarator

Tarator zählt zu der großen Familie alter Saucen aus dem Nahen Osten und dem Mittelmeerraum, die auf der Basis von pürierten Nüssen hergestellt werden. Reichen Sie diese Sauce separat zu Geflügel, Fisch, Fleisch oder Gemüse oder als Dipsauce. Tarator kann statt mit Walnüssen auch mit Pinienkernen, Haselnüssen oder Mandeln zubereitet werden. Wichtig: Für ein intensiveres Aroma die Nüsse vorher rösten.

Haltbarkeit: 1 Woche im Kühlschrank.

2 Knoblauchzehen, geschält

125 g frische Walnusskerne, leicht geröstet (s. S. 78)

2 Scheiben Weißbrot, entrindet, in kaltem Wasser eingeweicht und ausgedrückt

Saft von 1/2 Zitrone

100 ml Olivenöl oder Hühnerfond (s. S. 28)

Salz

Den Knoblauch, die Walnüsse, das Brot und den Zitronensaft im Mixer pürieren. Bei laufendem Gerät das Öl oder den Fond langsam zugießen, bis eine glatte Sauce entsteht. Salzen. Alternativ dazu können die Zutaten auch im Mörser zerstoßen werden.

Abwandlung

Pistazien-Tarator

Nehmen Sie anstelle von Walnüssen Pistazien, und aromatisieren Sie die Sauce mit 1/2 TL gemahlenem Kardamom und 3 TL gehackter Minze. Reichen Sie Pistazien-Tarator zu Lamm.

Muhammra

Eine scharfe Sauce aus dem Nahen Osten, die ursprünglich aus Syrien stammt. Reichen Sie sie als kleinen Imbiss zwischendurch, als Dipsauce zu geröstetem Pitabrot oder zu würzigen Pasteten oder Teigtaschen.

Haltbarkeit: 2 Wochen im Kühlschrank, 6 Monate in einem luftdicht verschlossenen Glas (s. S. 134–135).

150 g Walnusskerne, leicht geröstet (s. S. 78)

125 ml natives Olivenöl extra

3–5 rote Chillies, geröstet, enthäutet (s. S. 96), die Samen entfernt, oder 1–2 EL Chilipulver, mit 1 EL Wasser angerührt

5 rote Paprikaschoten, geröstet, enthäutet (s. S. 96), Samen und Scheidewände entfernt

1–2 Scheiben trockenes Weißbrot, gerieben, oder 2–4 EL Semmelbrösel

3–4 EL Granatapfelsirup oder 4 EL Zitronen- oder Limettensaft und 1 TL brauner Zucker

1 TL gemahlener Kreuzkümmel

1 TL gemahlener Piment oder 1/2 TL gemahlene Nelken

Salz

Die Walnusskerne mit 2 EL Olivenöl im Mixer zerkleinern, bis ein grobes Püree entsteht. Die Chillies und Paprikaschoten beigeben und grob mixen. Die Masse in eine Schüssel füllen und mit den restlichen Zutaten vermengen.

Malaiische Erdnusssauce

Eine köstlich duftende Sauce, die traditionell zu satays gereicht wird. Ich serviere sie aber auch gerne zu gegrilltem Fleisch oder Fisch oder als Dipsauce (heiß oder kalt) zu rohem oder gedämpftem Gemüse. Ist keine Galgantwurzel zu haben, nehmen Sie die doppelte Menge Ingwer. Und statt der Erdnüsse können Sie gute, schmackhafte Erdnussbutter, vorzugsweise ohne Salz und Zucker, verwenden.

Haltbarkeit: 1 Woche im Kühlschrank.

1 Zwiebel, geschält

2,5 cm frische Galgantwurzel

2 Stengel Zitronengras, die harten Blattteile entfernt

2,5 cm frische Ingwerwurzel

2–4 frische oder getrocknete rote Chillies, die Samen entfernt

4 EL Erdnussöl

75 g Tamarinden-Fruchtfleisch, in 250 ml heißem Wasser eingeweicht und durch ein Sieb gedrückt (s. unten)

2–3 EL Rohrzucker oder heller brauner Zucker

250 g Erdnüsse, geröstet, enthäutet und grob gemahlen, oder 250 g grobe Erdnussbutter

2–3 EL thailändische Fischsauce *(nam pla)* oder Salz

1 Die Zwiebel, die Galgantwurzel, das Zitronengras, den Ingwer und die Chillies in einer Küchenmaschine zu einer glatten Paste pürieren.

2 Das Öl in einer Kasserolle erhitzen und die Paste darin etwa 10 Minuten rühren, bis sie hellbraun ist und duftet. Das Tamarindenwasser zugießen und zum Kochen bringen. Etwa 10 Minuten köcheln, die restlichen Zutaten einrühren und weitere 5–10 Minuten köcheln lassen, bis die Sauce Bindung bekommt. Warm servieren.

Tamarindenwasser herstellen

1 Tamarinden-Fruchtfleisch mit kochendem Wasser vermengen. 15–20 Minuten einweichen, dabei mit einer Gabel öfters mischen und zerdrücken.

2 In ein auf eine Schüssel gesetztes Sieb füllen und das Fruchtfleisch durchdrücken. Samen und hartes Fruchtfleisch im Sieb zurücklassen.

Scharfe Anchovisbutter

Eine scharfe und knoblauchintensive Dipsauce zu Garnelen oder gedämpftem Gemüse.

Vorbereitung: Die Knoblauchbutter lässt sich im Voraus zubereiten.

Haltbarkeit: 1 Woche im Kühlschrank, 3 Monate im Tiefkühlfach.

1 Menge Knoblauchbutter (s. S. 75)

50 g Anchovisfilets in Öl, abgetropft und fein gehackt

Abgeseihter Saft von 1 Zitrone

Etwas abgeriebene Zitronenschale

Salz, wenn nötig, und frisch gemahlener schwarzer Pfeffer

Alle Zutaten in einer kleinen Kasserolle langsam erhitzen, bis die Butter geschmolzen und heiß ist. Achten Sie darauf, dass sie nicht verbrennt. Vom Herd nehmen und bei Tisch auf einem Stövchen warm halten.

Scharfe Piri-Piri-Butter

Eine klassische afrikanisch-portugiesische Buttersauce, die traditionell zu Garnelen gereicht wird. Eine Dipsauce, die man bei Tisch am besten auf einem kleinen Stövchen warm hält.

Haltbarkeit: 1 Woche im Kühlschrank, 3 Monate im Tiefkühlfach.

150 g Butter

Abgeseihter Saft von 1 Zitrone

Etwas abgeriebene Zitronenschale

1–3 oder mehr Piri-Piri-Chillies, gehackt, oder Chilipulver

1–2 Knoblauchzehen, zerdrückt (nach Belieben)

Salz

Alle Zutaten in einer kleinen Kasserolle langsam erhitzen, bis die Butter geschmolzen und heiß ist. Achten Sie darauf, dass sie nicht verbrennt. Vom Herd nehmen und heiß servieren.

Tamarinden-Dipsauce

Die fein säuerliche und fruchtige Sauce schmeckt köstlich zu Gemüse-, Fleisch-, Huhn- oder Fischspießchen oder zu heißen Teigtaschen. Tamarinde ist als Fruchtfleisch, Paste oder Mark erhältlich, nach meiner Erfahrung ist Fruchtfleisch am aromatischsten.

Siehe Bild S. 13

100 g Tamarinden-Fruchtfleisch, in 200 ml heißem Wasser eingeweicht, durch ein Sieb abgeseiht (s. S. 124)

5 Frühlingszwiebeln, fein gehackt

1–2 rote oder grüne Chilischoten, Samen und Scheidewände entfernt, fein gehackt

1 kleines Bund Koriandergrün, gehackt

Das Tamarindenwasser auf Raumtemperatur abkühlen lassen. Mit den Frühlingszwiebeln, den Chilischoten und dem Koriandergrün in einer kleinen Schüssel vermengen.

Chinesische Dipsauce

4 EL Sojasauce

3 EL Reisessig

1 Knoblauchzehe, fein gehackt

1 EL Zucker

1 cm frische Ingwerwurzel, fein geraspelt

2 Frühlingszwiebeln, fein geraspelt

2–3 EL Chiliöl (s. S. 71) oder gekauftes Chiliöl

Sojasauce und Reisessig in einer kleinen Schüssel verrühren und alle anderen Zutaten untermischen.

Eine interessante Kombination von scharf und süß. Die Sauce eignet sich besonders zum Dippen von Klößchen, gebratenen, würzigen Teigtäschchen oder gebratenem Tofu.

Thai-Dipsauce

2 EL dunkle Sojasauce

2–3 EL thailändische Fischsauce *(nam pla)*

3 EL Reisessig

1–2 EL Palmzucker oder brauner Zucker

1 Stengel Zitronengras, die harten Blattteile entfernt, fein gehackt

2 rote Thai-Chillies, in dünne Ringe geschnitten

2 Kaffir-Limettenblätter, geschnitten

Alle Zutaten in einer kleinen Schüssel miteinander vermengen.

Diese Dipsauce lässt sich rasch und einfach zubereiten. Sie wird traditionell zu heißen, würzigen Teigtaschen und Pies gereicht, schmeckt aber auch sehr gut über Reis und Nudeln gelöffelt.

Siehe Bild S. 15

Klassische vietnamesische Dipsauce

3 EL thailändische Fischsauce *(nam pla)*

4 EL Limettensaft

1 TL abgeriebene Limettenschale

2–3 scharfe Chilischoten, Samen und Scheidewände entfernt, fein gehackt

2 Knoblauchzehen, zerdrückt

1 kleine Möhre, fein geraspelt

Alle Zutaten in einer kleinen Schüssel miteinander vermengen.

Diese pikante und scharfe Sauce wird traditionell zu Gebratenem gereicht, schmeckt aber auch sehr gut, wenn sie über zischend heißem, gegrilltem Fisch oder Geflügel angerichtet wird.

DESSERTSAUCEN

Desserts wären nicht das Gleiche ohne jene einfachen, aber köstlichen Saucen. Über Biskuits, Cremes, Früchte oder Eiscreme gegossen, sind sie der Punkt auf dem i. Verfeinern Sie eine Englische Creme mit Fruchtpürees oder Likören. Krönen Sie einen einfachen Fruchtsalat mit einem Sabayon, oder beträufeln Sie Profiteroles mit üppiger Schokoladensauce. Auf den folgenden Seiten finden Sie all diese leckeren Saucen und einige unwiderstehliche neue Kreationen.

ENGLISCHE CREME, VANILLECREMESAUCE

Englische Creme, sämig und glatt, ist die klassische Dessertsauce schlechthin und die Basis für viele weitere Saucen und Desserts. Man serviert sie heiß oder kalt, über Früchte oder Puddings gegossen oder verwendet sie als Kuchenfüllung. Für eine besonders üppige Sauce ersetzt man die Hälfte der Milch durch Sahne. Englische Creme lässt sich auf vielerlei Art aromatisieren (s. rechts). Das Grundrezept ist auf S. 40 zu finden.

Haltbarkeit: 3 Tage im Kühlschrank.

500 ml Milch

1 Vanilleschote, längs aufgeschnitten, oder 1 TL natürlicher Vanilleextrakt

6 Eigelb

3–4 EL extrafeiner Zucker

1 Die Milch in eine Kasserolle gießen und mit dem ausgeschabten Vanillemark und der Schote oder mit dem Vanilleextrakt zum Kochen bringen.
2 Die Eigelbe und den Zucker in einer Schüssel schaumig schlagen, bis die Masse etwas heller wird. Die kochend heiße Milch unter Schlagen zugießen.
3 Die Schüssel auf eine Kasserolle mit leicht köchelndem Wasser setzen, dabei darauf achten, dass der Boden der Schüssel das Wasser nicht berührt. 10–15 Minuten ständig rühren, bis die Sauce dick genug ist und den Rücken eines Esslöffels deckt. Sie darf dabei auf keinen Fall zu kochen beginnen. Die Vanilleschote entfernen, gut durchschlagen.

ABWANDLUNGEN

SCHOKOLADENCREMESAUCE *Siehe Bild S. 19*
90 g gute Zartbitterschokolade im Wasserbad schmelzen und, sobald die Englische Creme ein wenig abgekühlt ist, mit 2 EL Schokoladenlikör unterrühren.

WEINBRANDCREMESAUCE
Die Englische Creme ein wenig abkühlen lassen, dann 2–3 EL guten Weinbrand oder Cognac unterrühren. Nehmen Sie als Alternative Rum oder Gin zum Parfümieren der Sauce.

BEERENCREMESAUCE ▷
Die Englische Creme ein wenig abkühlen lassen. 75–100 g frische Beeren Ihrer Wahl wie Himbeeren, Heidelbeeren oder Brombeeren pürieren und unter die Vanillesauce rühren. Eventuell mit etwas Zucker abschmecken. Nach Belieben mit einem passenden Likör parfümieren.

HONIGCREMESAUCE
Statt die Milch mit der Vanilleschote zu aromatisieren, geben Sie ein Stück Zimtstange, 1–2 Lorbeerblätter und 3–4 EL aromatischen Honig wie Lavendel- oder Wildblütenhonig in die Milch.

KARAMELLCREMESAUCE
Die Zuckermenge auf 2 EL verringern und 3–4 EL zerstoßenen dunklen Karamell (s. S. 41) zusammen mit der Vanilleschote in die Milch geben.

Rechte Seite: Frisches Himbeerpüree wird in die Englische Creme geschlagen.

Läuterzucker, Zuckersirup

Dieser glänzende, klare Zuckersirup ist das süße Pendant zu würzigen Fonds. Verwenden Sie ihn zum Verlängern von Fruchtpürees, zum Kochen von Früchten, zum Befeuchten von Biskuits oder als Basis für Eiscreme und Sorbets. Vorgekochter Läuterzucker fängt manchmal an zu kristallisieren; die Zugabe von flüssiger Glukose verhindert diese Reaktion.

Haltbarkeit: 3 Wochen im Kühlschrank.

500 g extrafeiner Zucker

450 ml Wasser

50 g flüssige Glukose (nach Belieben)

1 Den Zucker, das Wasser und nach Belieben die Glukose in einer Kasserolle langsam und unter ständigem Rühren erhitzen, bis aller Zucker aufgelöst ist (nicht aufgelöster Zucker verursacht das Kristallisieren). Die Hitze heraufschalten und die Mischung zum Kochen bringen.
2 2–3 Minuten kochen, bis der Sirup klar ist, dabei, wenn nötig, sich bildenden Schaum von der Oberfläche abschöpfen. So lange weiterkochen, bis der Sirup die richtige Konsistenz erreicht hat. Anschließend vom Herd nehmen.
3 Der Läuterzucker kann nun verwendet oder wie unten aromatisiert werden.

Abwandlungen

Gewürze
Wenden Sie diese Methode für Gewürze wie Nelken, Zimtstangen, Piment, Vanilleschoten oder Kardamom an. Geben Sie etwa 1 EL zerstoßenes Gewürz Ihrer Wahl in den fertigen Läuterzucker, und lassen Sie ihn weitere 15 Minuten köcheln. Abkühlen lassen und durch ein Tuch abseihen (s. S. 135).

Schalen & Blüten
Mazerieren ist die geeignetste Methode für Zitronen- oder Orangenschalen oder Lavendelblüten: Geben Sie 60–75 g Schalen oder Blüten in ein sterilisiertes Glas (s. S. 134), und gießen Sie den heißen Läuterzucker darüber. Abkühlen lassen und abseihen (s. S. 135).

Blütenwasser, Essenzen & Liköre
Wenden Sie diese Methode zum Aromatisieren mit Orangen- und Rosenwasser, Vanilleextrakt oder Bittermandeln, Rum, Kirschwasser, Weinbrand oder parfümierten Likören an. Den Läuterzucker abkühlen lassen, dann 2–3 EL (nach Belieben auch mehr) des Aromas Ihrer Wahl einrühren.

Zabaione

4 Eigelb

50 g extrafeiner Zucker

2–3 Tropfen natürlicher Vanilleextrakt

Schale von 1/2 Zitrone oder Orange (nach Belieben)

100 ml Marsala oder anderer aromareicher Süßwein

1 Die Eigelbe und den Zucker in einer großen Schüssel entweder mit der Hand oder einem elektrischen Rührgerät schaumig schlagen, bis die Masse etwas heller wird. Den Vanilleextrakt, die Zitrusschale und den Marsala gründlich unterschlagen.
2 Die Schüssel auf eine Kasserolle mit köchelndem Wasser setzen, dabei darauf achten, dass der Boden der Schüssel das Wasser nicht berührt, und 10–12 Minuten schlagen, bis die Sauce dick und locker ist. Sofort servieren.
3 Wollen Sie den Zabaione kalt servieren, die Schüssel in eine noch größere Schüssel mit Eiswürfeln stellen und kalt schlagen.

Diese herrlich luftige und samtig weiche Schaumsauce ist das Glanzlicht italienischer Dessertkunst. Sie ist sehr vielseitig und ergibt, warm serviert, eine phantastische Begleitung zu Obsttörtchen und Fruchtsalaten. In eleganten Gläsern angerichtet, serviert man sie mit knusprigem Feingebäck als warmes Dessert. Man kann sie auch kalt oder gefroren wie Eiscreme reichen. Für eine leichtere Variante nimmt man nur 2 Eigelb und 1 ganzes Ei.

Haltbarkeit: 1 Monat im Tiefkühlfach.

Siehe Bild S. 23

Abwandlung

Heidelbeer- oder Mango-Zabaione
100 g frische Heidelbeeren oder gewürfeltes Mango-Fruchtfleisch mit 3–4 EL Wasser oder Wein köcheln lassen, bis die Früchte weich sind. Im Mixer pürieren und mit der gewölbten Seite eines Löffels durch ein Sieb drücken. Das Fruchtpüree in den fertigen Zabaione rühren und servieren.

Joghurt-Honig-Sauce

250 ml Sahnejoghurt, gut gekühlt

1–2 EL gehackte frische rote oder grüne Minze

3 EL guter flüssiger Honig

Den kalten Joghurt in einer Schüssel glatt rühren und die Minze untermischen. Den Honig in einem dünnen Strahl darüber laufen lassen und mit einem Holzspatel vorsichtig unterheben, so dass die Sauce wie marmoriert aussieht. Sehr kalter Joghurt verstärkt den optischen Effekt des Marmorierens.

Eine sehr einfache, aber köstliche Sauce, die am besten sehr kalt serviert wird. Löffeln Sie sie über heiße Pfannkuchen oder Crêpes, Puddings oder frisches Obst. Für eine besonders üppige Sauce anstelle des Joghurts Crème double oder Crème fraîche nehmen.

Siehe Bild S. 19

Bananen-Karamell-Sauce

Eine üppige und sehr schmackhafte Sauce. Servieren Sie sie heiß oder kalt zu Eis oder Flans, oder gießen Sie sie über Waffeln, Pfannkuchen oder Crêpes. Statt der Zimtstange können Sie auch das Mark einer halbierten und aufgeschlitzten Vanilleschote nehmen.

Siehe Bild S. 21

- 3 reife Bananen, geschält und geschnitten
- Etwas abgeriebene Zitronenschale
- Abgeseihter Saft von 1 Zitrone
- 60 g Butter
- 4 EL brauner Zucker
- 1 TL gemahlener Zimt
- 250 ml Sahne
- 2–3 TL Rum

1 Die Bananen und die Zitrusschale in eine Schüssel füllen, den Zitronensaft zugießen und gut miteinander vermischen.
2 Die Butter in einer Kasserolle zerlassen, den Zucker zufügen und unter ständigem Rühren langsam erhitzen, bis der Zucker aufgelöst ist.
3 Die Bananenmischung und den Zimt unter den Karamell rühren und 10–12 Minuten köcheln, bis die Bananen weich sind und anfangen zu zerfallen.
4 Alles in einen Mixer oder eine Küchenmaschine füllen und zu einem glatten Püree verarbeiten. Die Sahne zugießen und glatt mixen.
5 Die Sauce entweder erneut bis zum Siedepunkt erhitzen oder erkalten lassen. Dann in den Kühlschrank stellen und kalt servieren. Den Rum erst vor dem Servieren unterrühren.

Ananas-Ingwer-Sauce

Eine aromatische, süßsaure Sauce, die sehr gut zu Obsttörtchen, Eiscreme und Soufflés passt. Nehmen Sie für einen besonders intensiven Geschmack eine sehr reife Ananas. Statt der Ananas sind auch 2 große Mangos eine gute Wahl, verringern Sie dann nach Geschmack die Zuckermenge.

- 1 mittelgroße Ananas, geschält, vom Strunk befreit, das Fruchtfleisch gehackt
- 200 g extrafeiner Zucker
- 4 EL Weißwein oder Fruchtsaft
- 4–5 Bittermandeln oder 1/2 TL Bittermandelöl (nach Belieben)
- 1 Vanilleschote, längs halbiert
- 60 g kandierter Ingwer, fein gehackt und 30 Minuten in 2 EL Rum oder Kirschwasser eingeweicht

1 Die Ananas bis auf 75 g in eine Kasserolle füllen, den Zucker, den Weißwein oder Fruchtsaft und nach Belieben die Bittermandeln oder das Bittermandelöl zufügen. Das Mark aus der Vanilleschote herauskratzen und beides in die Kasserolle geben. Zum Kochen bringen, dann die Hitze reduzieren und etwa 20 Minuten köcheln lassen, bis die Ananas weich ist.
2 Vom Herd nehmen, die Vanilleschote und die Bittermandeln herausnehmen. In einen Mixer oder eine Küchenmaschine umfüllen und 1–2 Minuten glatt mixen.
3 Zurück in die saubere Kasserolle gießen, zum Kochen bringen, die Hitze reduzieren und köcheln lassen, bis die Sauce leicht eingedickt ist.
4 Die restliche Ananas fein hacken und mit dem Ingwer samt Rum oder Kirschwasser in die Sauce rühren. Heiß oder kalt servieren.

Rosinensauce

Servieren Sie diese einfache Sauce zu warmen oder kalten Obsttörtchen.

- 400 ml körperreicher, fruchtiger Weißwein wie Gewürztraminer
- 150 g kernlose Rosinen, gewaschen und grob gehackt
- Abgeseihter Saft von 1 Zitrone
- 1–2 EL oder mehr Honig oder extrafeiner Zucker
- 75 ml Sahne
- 30 g Butter oder Weinbrandbutter (s. S. 133), gekühlt und gewürfelt
- 2 EL Rum

Den Wein, die Rosinen, den Zitronensaft und den Honig oder Zucker in einer Kasserolle etwa 20 Minuten köcheln lassen, bis die Rosinen prall sind. Im Mixer glatt pürieren. Zurück in die saubere Kasserolle gießen und zum Kochen bringen. Die Sahne unterrühen, die Butter in Flöckchen einmontieren, den Rum zufügen.

Orangen-Rotwein-Sauce

Diese köstlich gewürzte Sauce schmeckt großartig über Flans und Törtchen und natürlich über Eiscreme gegossen. Sind keine Blutorangen erhältlich, nehmen Sie 2 große Orangen. Servieren Sie die Sauce heiß oder kalt.

Haltbarkeit: 1 Monat im Kühlschrank.

Abgeseihter Saft von 4 Blutorangen

250 ml körperreicher, fruchtiger Rotwein

4 EL brauner Zucker

1/2 Zimtstange, 3 Nelken und 4–5 Pimentkörner, in ein Stück Musselin gebunden

Dünn geschälte Schale von 1 Orange, in Julienne geschnitten

1 TL Speisestärke, in 3 EL Orangensaft oder Rotwein angerührt

30 g Butter oder Orangenbutter (s. S. 133), gekühlt und gewürfelt

1 Den Orangensaft, den Wein und den Zucker mit dem Gewürzsäckchen in einer kleinen Kasserolle zum Kochen bringen und 15–20 Minuten köcheln lassen, bis die Flüssigkeit um etwa ein Drittel eingekocht ist. Das Gewürzsäckchen entfernen. Die Orangen-Julienne in einer weiteren Kasserolle in kochendem Wasser 1 Minute blanchieren, abgießen, in kaltem Wasser abschrecken und abtropfen lassen.

2 Die Speisestärke einrühren und die Sauce 1 Minute kochen, bis sie leicht bindet. Die Orangenschalen zufügen und nach und nach die Butter einmontieren.

Passionsfruchtsauce

Diese fein säuerliche Sauce lässt sich leicht zubereiten. Servieren Sie sie heiß oder kalt zu Gebäck oder über Eiscreme, Soufflés oder Käsekuchen. Die Samen der Passionsfrucht geben dieser wunderbaren Sauce Konsistenz und ein interessantes Aussehen.

Haltbarkeit: 1 Woche im Kühlschrank.

1 TL Pfeilwurzmehl

Abgeseihter Saft von 3 Orangen

3–4 EL oder mehr extrafeiner Zucker

1/2 TL abgeriebene Zitronenschale

6 Passionsfrüchte, halbiert

30 g Butter, gekühlt und gewürfelt

1 Das Pfeilwurzmehl in 2 EL Orangensaft anrühren und beiseite stellen. Den restlichen Orangensaft, den Zucker und die Zitronenschale in einer kleinen Kasserolle zum Kochen bringen und um die Hälfte einkochen.

2 Das Fruchtfleisch der Passionsfrüchte und die Samen in die Kasserolle löffeln, einrühren, etwa 1 Minute kochen, das Pfeilwurzmehl einrühren und eine weitere Minute kochen, bis die Sauce leicht bindet. Die Butter nach und nach einmontieren.

Ahornsirup-Pekannuss-Sauce

200 ml Ahornsirup

100 ml Sahne

1 EL guter Instantkaffee, in 2 EL kochendem Wasser aufgelöst

75 g Pekannüsse, leicht geröstet, gehackt

1–2 EL Kaffeelikör (nach Belieben)

Dieser nordamerikanische Klassiker steht und fällt mit der Qualität des Ahornsirups. Kaufen Sie nur besten Ahornsirup. Servieren Sie die Sauce über Eiscreme, Pudding oder einfach über heiße Waffeln, Pfannkuchen oder Crêpes gegossen.

1 Den Ahornsirup und die Sahne in einer kleinen Kasserolle zum Kochen bringen, dann die Hitze reduzieren und unter häufigem Rühren etwa 5 Minuten leicht einkochen lassen.

2 Vom Herd nehmen und etwas abkühlen lassen, dann den Instantkaffee, die Nüsse und nach Belieben den Likör unterrühren.

Gekochter Früchte-Coulis

300 g weiche Früchte wie Himbeeren, Erdbeeren oder Brombeeren oder 500 g Kirschen oder Pflaumen, entsteint

400 ml Wasser

100–150 g extrafeiner Zucker

Abgeseihter Saft von 1/2 Zitrone

60 ml Likör (nach Belieben)

Ein einfacher Klassiker, der sehr vielseitig ist und gekühlt oder warm zu vielen Desserts gereicht werden kann. Anstelle der genannten Beeren können Sie auch 300 g entsteinte Früchte ohne Schale nehmen, z. B. Mangos, Papayas oder Ananas. Wählen Sie einen Likör, der den Geschmack der Früchte betont.

Haltbarkeit: 1 Woche im Kühlschrank.

1 Die Früchte, das Wasser, den Zucker und den Zitronensaft in einer Kasserolle zum Kochen bringen. Dann die Hitze reduzieren und 20–25 Minuten köcheln lassen, bis die Früchte weich sind und zu zerfallen beginnen.

2 Im Mixer glatt pürieren. Die Sauce durch ein feines Sieb drücken, nach Belieben einen zu der gewählten Fruchtsorte passenden Likör unterrühren und kalt stellen.

Abwandlung

Roher Früchte-Coulis

Die rohe Variante des oben aufgeführten Rezeptes, zubereitet mit weichen Früchten. Die Früchte und den Likör mit 250 ml Läuterzucker (s. S. 128) in einer Küchenmaschine glatt mixen, dann durch ein feines Sieb passieren und gekühlt servieren.

Rechte Seite, im Uhrzeigersinn von oben links: Orangen-Rotwein-Sauce, Ahornsirup-Pekannuss-Sauce, gekochter Früchte-Coulis und Passionsfruchtsauce

Einfache Schokoladensauce

Nehmen Sie nur Schokolade von bester Qualität und mit einem sehr hohen Kakaoanteil, möglichst 70%. Soll die Sauce üppiger sein, die Milch durch Sahne ersetzen. Verändern Sie den Geschmack, indem Sie Weinbrand, Rum oder verschiedene Liköre wie Grand Marnier, Minz- oder Mandellikör oder Rosenwasser, Orangenblütenwasser oder Vanille zufügen.

Haltbarkeit: 1 Woche im Kühlschrank (im Wasserbad sanft erwärmen).

200 g Edelbitterschokolade von bester Qualität

75 ml Milch

75 ml Sahne

2–3 EL extrafeiner Zucker

1 Die Schokolade in Stücke brechen und in eine Schüssel geben, die auf eine Kasserolle mit köchelndem Wasser gesetzt wird, dabei darauf achten, dass der Boden der Schüssel das Wasser nicht berührt. Schmelzen lassen, dabei gelegentlich rühren.

2 Die Milch, die Sahne und den Zucker in einer Kasserolle zum Kochen bringen, zu der geschmolzenen Schokolade gießen und glatt rühren. Entweder heiß servieren oder abkühlen lassen. Von Zeit zu Zeit rühren, damit sich keine Haut bildet.

Weisse Schokoladensauce

Eine einfache Schokoladensauce mit einem Hauch von Orange. Verwenden Sie sie zusammen mit der braunen Schokoladensauce oben und kreieren Sie schöne Muster.

Haltbarkeit: 1 Woche im Kühlschrank (im Wasserbad sanft erwärmen).

200 g weiße Schokolade von bester Qualität, in Stücke gebrochen

200 ml Sahne

100 ml Milch

1–2 Streifen Orangenschale (nach Belieben)

1 Die Schokolade in einer Schüssel schmelzen, die auf eine Kasserolle mit köchelndem Wasser gesetzt wird, dabei darauf achten, dass der Boden der Schüssel das Wasser nicht berührt. Glatt rühren.

2 Die Sahne, die Milch und nach Belieben die Orangenstreifen in einer kleinen Kasserolle zum Kochen bringen. Die Hitze verringern und 2–3 Minuten köcheln lassen, dann die Orangenstreifen herausnehmen.

3 Die heiße Sahne-Milch zu der geschmolzenen Schokolade gießen und glatt rühren. Die Sauce warm servieren oder auf Raumtemperatur abkühlen lassen.

Fudge-Sauce

Traditionell wird diese Sauce zu Eiscreme serviert, sie passt aber auch zu Pudding oder kann als Kuchenfüllung verwendet werden.

Haltbarkeit: 1 Monat im Kühlschrank.

400 ml Kondensmilch

75–100 g extrafeiner Zucker

1 Vanilleschote, längs halbiert, oder 1 TL natürlicher Vanilleextrakt

150 g Zartbitterschokolade von bester Qualität, in Stücke gebrochen

30 g Butter

1 Prise Salz

1 Die Milch, den Zucker und die Vanilleschote oder -extrakt in einer Kasserolle bei mittlerer Hitze erhitzen, dabei rühren, damit sich der Zucker auflöst. Zum Sieden bringen und 1 Minute kochen, dabei ständig rühren.

2 Vom Herd nehmen und die Vanilleschote entfernen. Das Mark herauskratzen und in die Milch rühren, die Schote wegwerfen. Die Schokolade zugeben und rühren, bis sie geschmolzen ist. Die Butter und das Salz zugeben und glatt rühren. Heiß oder kalt servieren.

Abwandlungen

Üppige Fudge-Sauce

Ersetzen Sie die Milch durch 250 ml Sahne und den extrafeinen Zucker durch 75–100 g braunen Zucker. Die Vanilleschote und das Salz weglassen, dafür 1/2 TL gemahlenen Zimt unterrühren.

Nuss-Fudge-Sauce

75 g gehackte, leicht geröstete Pekannüsse oder Mandeln in die Fudge- oder die üppige Fudge-Sauce einrühren.

Ingwer-Fudge-Sauce

Fudge-Sauce oder üppige Fudge-Sauce mit 1/2 TL gemahlenem und 50 g fein gehacktem kandiertem Ingwer aromatisieren.

Weinbrand-Fudge-Sauce

2 EL guten Weinbrand oder Rum in die fertige Fudge- oder die üppige Fudge-Sauce rühren.

Süsse Butter-mischungen

Lassen Sie süße Butter auf heißen Pfannkuchen, Crêpes oder Waffeln zergehen, oder füllen Sie Gebäck damit. Ich verwende sie oft statt normaler Butter: Dessertsaucen bekommen dann mehr Geschmack, Glanz und Üppigkeit. Nur zu süß sollten diese Butterzubereitungen nicht sein, ich rechne 75 g Zucker auf 100 g Butter. Sie können den Zuckeranteil aber bis auf 100 g erhöhen, wenn Sie's gerne besonders süß mögen. Süße Buttermischungen lassen sich von Hand herstellen. Mit einem elektrischen Rührgerät werden sie jedoch luftiger.

Weinbrandbutter

Diese berühmte süße Butter wird traditionell zu britischem christmas pudding *gereicht.*

Haltbarkeit: 2 Wochen im Kühlschrank, 3 Monate im Tiefkühlfach.

100 g weiche Butter

75 g extrafeiner Zucker

2–3 EL Weinbrand

Einige Tropfen Zitronensaft (nach Belieben)

$^1/_2$ TL geriebene Zitronenschale (nach Belieben)

Die Butter mit dem Zucker cremig schlagen, bis sie weiß und luftig ist. Den Weinbrand, nach Belieben den Zitronensaft und die -schale zugeben und alles gut vermischen. Die Butter auf einem Stück Backpapier verteilen, einrollen (s. S. 74) und kühlen, bis die Rolle fest ist.

Abwandlungen

Orangenbutter

Den Weinbrand durch einen Orangenlikör wie Cointreau, Grand Marnier oder Triple sec ersetzen. Fügen Sie 1 TL geriebene Orangenschale anstelle von Zitronensaft und -schale zu.

Kirschbutter ▷

Geben Sie anstelle des Weinbrandes Cherry Brandy oder einen anderen Kirschlikör zu, und mischen Sie 50 g gehackte frische oder kandierte Kirschen unter die Butter. Lassen Sie den Zitronensaft und die -schale weg.

Rum-Ingwer-Butter *Siehe Bild S. 23*

Ersetzen Sie den extrafeinen Zucker durch weichen braunen Zucker. Nehmen Sie statt des Weinbrandes Rum von guter Qualität, und rühren Sie 30 g gehackten kandierten Ingwer in die Butter.

Rechts: Kirschbutter schmilzt auf heißen Waffeln.

Einkochen & Einfrieren

Es sind einfache Techniken, um die Haltbarkeit einiger Saucen zu verlängern. Zahlreiche Saucen in diesem Buch sind in sterilisierten Gläsern im Kühlschrank haltbar, andere mit nur wenig Säure, Zucker oder Salz müssen mit Hitze behandelt werden, besonders, wenn Sie sie länger als drei oder vier Monate bevorraten wollen.

Gläser sterilisieren

Die einfachste Methode, Gläser zu sterilisieren, ist, sie zu kochen. Anschließend können die Lebensmittel eingefüllt werden. Gläser mit speziellen Verschlussbügeln oder Schraubverschlüssen mit Gummiabdichtung sind überall im Handel erhältlich (lose Gummiringe immer auswechseln).
Waschen Sie die Gläser gründlich in heißem Wasser mit Spülmittel. Stellen Sie sie so in die vorbereitete Kasserolle (siehe rechts), dass sie weder sich gegenseitig noch die Seitenwände der Kasserolle berühren.
Nach dem Kochen die Kasserolle vom Herd nehmen, die Gläser mit Schaumlöffeln herausnehmen und umgedreht auf einem sauberen Küchentuch abtropfen lassen. Die Gläser anschließend auf ein mit einem sauberen Küchentuch ausgelegtes Backblech stellen und im Ofen trocknen lassen.

1 Ein rundes Kuchengitter auf den Boden der Kasserolle, darauf die Gläser, Deckel und Gummiringe stellen, mit Wasser bedecken. Schnell erhitzen, 10 Minuten kochen. Umgedreht auf einem Küchentuch abtropfen lassen.

2 Die Gläser auf ein mit einem sauberen Küchentuch ausgelegtes Backblech stellen und bei 100 °C im vorgeheizten Ofen trocknen lassen. Bei Gläsern mit Verschlussbügeln neue, sterilisierte Gummiringe einpassen.

Hitzebehandlung (Einkochen)

Durch das Kochen und anschließende Abkühlen zieht sich der Inhalt der Gläser zusammen, es bildet sich ein Vakuum. Dieser Vorgang schützt den Inhalt vor Kontakt mit Sauerstoff. So wird er haltbar gemacht.
Jedes Glas mehrfach in ein Tuch oder in Zeitungspapier wickeln, damit die Gläser beim Kochen nicht aneinander stoßen. Stellen Sie ein rundes Kuchengitter oder Ähnliches auf den Boden einer großen Kasserolle, damit die Gläser den Boden nicht direkt berühren, und stellen Sie die Gläser darauf. Füllen Sie die Kasserolle mit Wasser, und achten Sie während des Kochens darauf, dass die Gläser immer vollständig mit Wasser bedeckt sind. Einkochzeit siehe Tabelle S. 135. Die Kasserolle vom Herd nehmen und die Gläser mit Schaumlöffeln herausnehmen. Die Gläser vollständig auskühlen lassen, den Verschluss überprüfen (siehe Kasten S. 135).

1 Die heißen, sterilisierten Gläser bis 1 cm unter den Rand mit der Sauce füllen, verschließen, in ein Tuch wickeln (siehe Bild rechts) und auf ein Kuchengitter oder Ähnliches auf dem Boden der Kasserolle stellen.

2 So viel heißes Wasser in die Kasserolle gießen, dass es mindestens 2,5 cm über die Gläser reicht. Die Kasserolle mit einem Deckel schließen, das Wasser zum Kochen bringen und entsprechend lang kochen.

Dauer der Hitzebehandlung (Einkochzeiten)

Alle Zeitangaben beziehen sich auf den Moment, ab dem das Wasser kocht.

Zeiten für kalt abgefüllte Gläser		*Zeiten für heiß abgefüllte Gläser*	
500-g-Gläser	– 25 Minuten	500-g-Gläser	– 20 Minuten
600-ml-Flaschen	– 25 Minuten	600-ml-Flaschen	– 20 Minuten
1-kg-Gläser	– 30 Minuten	1-kg-Gläser	– 25 Minuten
1-l-Flaschen	– 30 Minuten	1-l-Flaschen	– 25 Minuten

Den Verschluss überprüfen

Ein Glas mit Verschlussbügel überprüfen
Den Bügel vorsichtig öffnen und das Glas am Deckel leicht anheben: Ist das Glas luftdicht verschlossen, hält es das Gewicht aus.

Ein Glas mit Schraubverschluss überprüfen
Ist in der Mitte des Deckels eine kleine Delle zu sehen, ist dies der Nachweis dafür, dass sich ein Vakuum gebildet hat.

Wenn sich kein Vakuum gebildet hat
Den Inhalt des Glases in eine Kasserolle ausleeren und 3–4 Minuten kochen. Erneut abfüllen und die Hitzebehandlung wiederholen.

Filtern, Abseihen

Essige, Öle und andere Flüssigkeiten müssen vor der Haltbarmachung von Trübstoffen oder würzenden Zutaten befreit werden.

Die Flüssigkeit durch einen mit Musselin ausgelegten Trichter in eine Flasche gießen.

Einfrieren

Frieren Sie Saucen und Salsas nicht länger als im Rezept angegeben ein, da sonst eine Verfärbung und Änderung der Konsistenz eintreten könnten. Beschriften Sie alle Behälter und Verpackungen, überprüfen Sie regelmäßig den Inhalt Ihres Gefrierfaches, und sondern Sie alles aus, dessen Gefrierzeit abgelaufen ist.
Frieren Sie Lebensmittel möglichst in geeigneten Mengen ab: in Einzelportionen oder in Eiswürfelbehältern zum Beispiel. Frieren Sie ausschließlich sehr frische und einwandfreie Lebensmittel ein. Beim Einfrieren von Flüssigkeiten sollte 1cm Rand frei bleiben, damit sich die Flüssigkeit während des Gefrierens ausdehnen kann. Lassen Sie heiße Saucen und Salsas vor dem Einfrieren schnell abkühlen, und stellen Sie niemals warme Lebensmittel ins Tiefkühlfach, da das Gefriergut sonst Kondenswasser entwickelt.

In Eiswürfelbehältern einfrieren
Kräuter- und Tomatenpürees oder Fonds lassen sich so wunderbar in kleinen Portionen einfrieren. Die gefrorenen Würfel anschließend in Gefrierbeutel umfüllen.

In Spezialbehältern einfrieren
Wählen Sie ausschließlich Behälter, die sich luftdicht verschließen lassen. Schreiben Sie den Inhalt und das Einfrierdatum auf ein Etikett, und kleben Sie dieses auf den Behälter.

TIPPS & TRICKS

Wenn bei der Zubereitung einer Ihrer Saucen Probleme auftauchen, wird Ihnen die nachstehende Liste helfen herauszufinden, warum etwas schief gegangen ist und wie man (in den meisten Fällen) die Sauce retten kann. Die Liste enthält auch Hinweise, wie man die Konsistenz korrigieren und den Geschmack noch verbessern kann.

	Problem	*Mögliche Ursache*	*Lösung*
Fonds	Trüb	• Knochen nicht gründlich gewaschen; nicht ausreichend abgeschäumt. Fond hat gekocht, Inhalt konnte sich aber nicht setzen.	• Siehe Tipps-&-Tricks-Kasten, S. 29.
	Zu dünn	• Nicht genug Knochen; minderwertige Knochen; nicht genug Gemüse; nicht lange genug eingekocht.	• Mehr Knochen und Gemüse zugeben oder länger einkochen.
	Fettig	• Nicht ausreichend abgeschäumt.	• Im Kühlschrank durchkühlen und anschließend das Fett abnehmen (s. S. 28).
Weiße Saucen	Klumpig	• Nicht ausreichend geschlagen; zu schnell zum Kochen gebracht.	• Abseihen oder im Mixer pürieren, zurück in die Kasserolle füllen, zum Sieden bringen (siehe Tipps-&-Tricks-Kasten, S. 32).
	Zu dick	• Zu sehr eingekocht; nicht genug Milch.	• Mit etwas Milch oder Sahne verdünnen.
	Zu dünn	• Nicht ausreichend eingekocht; zu viel Milch.	• Etwas Mehlbutter zugeben (s. S. 45), erneut zum Kochen bringen und kochen lassen, bis die Sauce bindet.
Käsesaucen	Zu dick	• Zu sehr eingekocht; zu viel Mehl in der Grundsauce; zu viel Käse.	• Mit etwas Milch oder Sahne verdünnen und erhitzen.
	Zu dünn	• Zu viel Flüssigkeit; nicht genug Käse.	• Etwas mehr Käse zugeben und erhitzen.
	Klumpig	• Nicht ausreichend geschlagen; Käse ist nicht richtig geschmolzen.	• Erneut erhitzen und glatt rühren.
	Faserig	• Zu lange bei zu starker Hitze gekocht; das Protein des Käses hat gekocht und ist faserig geworden.	• Keine Lösung.
Velouté	Zu dünn	• Nicht genug Mehl; zu viel Flüssigkeit; nicht ausreichend eingekocht.	• Entweder weiter einkochen oder 15–30 g Mehlbutter (s. S. 45) zugeben und gut schlagen; zum Sieden bringen und 3–4 Minuten schlagen, damit das Mehl gart.
	Klumpig	• Nicht ausreichend geschlagen.	• Durch ein Sieb passieren.
	Fade	• Schlecht zubereitet oder geschmackloser Fond; nicht genug eingekocht; nicht ausreichend gewürzt.	• Erneut würzen oder mehr Gemüse zugeben, weiter einkochen und abseihen.
Hollandaise	Zu dünn	• Zu wenig Butter; Grundreduktion nicht ausreichend reduziert.	• Mehr Butter zufügen.
	Getrennt	• Zu schnell gekocht; Butter zu schnell zugefügt.	• Siehe Tipps-&-Tricks-Kasten, S. 34.
	Ausgeflockt	• Bei zu großer Hitze oder zu lang aufgeschlagen.	• Keine Lösung.
Weiße Buttersauce und Abwandlungen	Zu dünn	• Grundreduktion nicht ausreichend eingekocht; Butter nicht kalt genug; nicht ausreichend Butter; nicht genug geschlagen.	• Vom Herd nehmen und kräftig schlagen.
	Getrennt	• Butter zu schnell zugefügt; Butter nicht kalt genug; bei zu starker Hitze gekocht.	• 2–3 EL Sahne zugeben und schnell aufkochen, 1–2 Minuten einkochen, die Hitze herunterschalten, die getrennte Sauce Löffel für Löffel unter ständigem Schlagen zufügen, bis die Sauce wieder glatt ist. Sofort servieren.
	Fade	• Grundreduktion schlecht gewürzt; Butter minderer Qualität.	• Mit etwas Zitronensaft, Pfeffer und/oder Chilipulver abschmecken.
Reduzierte Saucen	Zu dünn	• Nicht ausreichend eingekocht.	• Erneut erhitzen und weiter einkochen.
	Zu dick	• Zu sehr eingekocht.	• Etwas Wein oder Fond zugeben und weitere 1–2 Minuten kochen.
	Trüb	• Nicht genügend abgeschäumt; anfänglich zu schnell gekocht.	• Durch ein Musselintuch abseihen (siehe Fonds, S. 28–31).
Gravy	Zu dick	• Zu viel Mehl oder Bindemittel; zu sehr eingekocht.	• Etwas Wein oder Fond zugeben und weitere 1–2 Minuten kochen.
	Zu dünn	• Zu wenig eingekocht; zu wenig Mehl oder Bindemittel.	• Entweder weiter einkochen oder 2 TL oder mehr Mehlbutter (s. S. 45) unterrühren und 2–3 Minuten kochen.
	Klumpig	• Flüssigkeit zu schnell zugefügt; nicht ausreichend geschlagen.	• Durch ein Sieb passieren.

	Problem	*Mögliche Ursache*	*Lösung*
Vinaigrette	Getrennt	• Nicht ausreichend geschlagen; zu lange stehen gelassen.	• Kräftig schlagen oder mit 1 TL Senf von vorne beginnen und die getrennte Vinaigrette unterrühren.
	Zu dünn	• Zu wenig Öl; nicht genug Senf.	• Mehr Senf oder Sahne zufügen.
	Zu sauer	• Zu viel Essig oder Zitronensaft.	• Etwas Zucker oder mehr Öl zugeben.
Öle	Ranzig	• Öl war Sauerstoff ausgesetzt.	• Keine Lösung, wegwerfen.
	Trüb	• Schmutzige Zutaten; bei zu niedriger Temperatur gelagert; Reaktion des Öls auf die Zutaten.	• Wirkt sich nicht auf den Geschmack aus; mögliche Abhilfe: durch ein Musselintuch abseihen (s. S. 135).
Mayonnaise	Getrennt	• Öl zu schnell zugegeben; nicht ausreichend geschlagen.	• Siehe Tipps-&-Tricks-Kasten, S. 38.
	Zu dick	• Zu viel Öl.	• Etwas Zitronensaft, Essig, Wasser oder Sahne unterschlagen.
	Zu dünn	• Nicht genug Öl; zu viel Zitronensaft oder Essig.	• Mehr Öl unterschlagen.
Schmorsaucen	Zu dick	• Zu lange gekocht.	• Mit geeigneter Flüssigkeit verdünnen.
	Zu dünn	• Zu viel Flüssigkeit.	• Mit Mehlbutter, Speisestärke oder Pfeilwurzmehl binden (s. S. 44–45) oder stark kochen und reduzieren.
Gekochte Tomatensaucen	Zu dick	• Zu lange gekocht.	• Mit etwas Wein, Fond oder Wasser verdünnen.
	Zu dünn	• Nicht lange genug gekocht; Tomaten zu wässrig.	• Weiterkochen oder mit Speisestärke oder Pfeilwurzmehl binden (s. S. 44–45).
	Bitter oder zu sauer	• Zu lange gekocht; verbrannt; zu viele Kräuter und Gewürze; Tomaten zu sauer.	• Mit etwas Zucker abschmecken.
Salsas	Wässrig	• Gemüse zu wässrig; zu lange abgestanden.	• Abseihen; geriebenes Brot zugeben (s. S. 45) und erneut abschmecken.
	Gegoren	• Zu lange abgestanden; nicht genug Salz oder Säure.	• Sofort wegwerfen.
Relishes	Gegoren	• Nicht genug Säure oder Zucker; nicht ausreichend gekocht.	• Keine Lösung, wegwerfen.
	Schimmelig	• Nicht genug Säure oder Zucker; nicht ausreichend gekocht; in nicht sterilisiertem Behälter aufbewahrt; Verschluss undicht.	• Keine Lösung, wegwerfen.
	Verfärbt	• Zu viel Lichteinstrahlung.	• Verändert den Geschmack nicht.
Englische Creme	Ausgeflockt	• Zu langes Kochen oder zu starke Hitze verursachen das Ausflocken der Eigelbe.	• Siehe Tipps-&-Tricks-Kasten, S. 40. Keine Lösung, wenn Eigelbe vollständig geronnen sind.
	Zu dünn	• Nicht lange genug gegart.	• Die Hitze leicht erhöhen und weitergaren.
Läuterzucker	Trüb	• Unreiner Zucker; Zucker hat sich nicht vollständig aufgelöst.	• Durch ein Musselintuch abseihen oder mit Eiern wie einen Fond klären (siehe Tipps-&-Tricks-Kasten, S. 29).
	Fermentiert	• Zu lange aufbewahrt; Zucker nicht ausreichend konzentriert.	• Keine Lösung.
Zabaione	Ausgeflockt	• Bei zu großer Hitze aufgeschlagen; zu viel geschlagen.	• Keine Lösung.
	Zu dünn	• Zu viel Flüssigkeit; nicht ausreichend aufgeschlagen.	• Weiter aufschlagen oder ein steif geschlagenes Eiweiß unterheben.
Früchte-Coulis	Zu dick	• Nicht genug Läuterzucker oder Flüssigkeit; nicht fein genug püriert.	• Mit etwas Läuterzucker verdünnen oder durch ein Sieb passieren.
	Zu dünn	• Nicht genug Früchte; zu viel Läuterzucker.	• Mehr pürierte Früchte zugeben oder mit Speisestärke oder Pfeilwurzmehl binden (s. S. 44–45).
Schokoladen-sauce	Zu dick	• Zu viel Schokolade; zu wenig Butter oder Milch.	• Mit etwas Milch oder einem geeigneten Likör verdünnen.
	Zu dünn	• Zu wenig Schokolade; nicht lange genug gekocht.	• Mehr Schokolade zufügen; weiterkochen.
	Matt	• Schokolade von minderer Qualität; nicht ausreichend geschlagen.	• 1 EL neutrales Öl oder Butter zufügen und gut schlagen.
	Fest	• Bei zu starker Hitze gekocht.	• Keine Lösung.
	Schokolade zieht an	• Schokolade kommt während des Schmelzens mit Wasser oder Dampf in Kontakt.	• Etwas Butter oder Pflanzenöl zufügen und rühren, bis die Sauce wieder glatt ist.

Welche Saucen wozu?

Diese Tabelle hilft Ihnen, Saucen mit den passenden Grundzutaten zu kombinieren, und dient als inspirierender Leitfaden, phantasiereiche, köstliche Gerichte zu gestalten. Belassen Sie es nicht bei den Empfehlungen: Experimentieren Sie mit verschiedenen Zusammenstellungen, und profitieren Sie von den großartigen Möglichkeiten, egal, ob Sie nur ein einfaches Mahl planen oder ein großes Gala-Diner vorbereiten.

Salzige Saucen	Geflügel	Rind	Schwein	Lamm	Fisch, Meeresfrüchte	Gemüse	Salate	Pasta & Reis
Sauce Soubise (s. S. 48)		•		•		•		
Karamellisierte Soubise (s. S. 48)		•		•		•		
Pilzsauce (s. S. 49)	•				•	•		•
Kräftige Pilzsauce (s. S. 49)	•	•				•		•
Sauce Mornay (s. S. 49)					•	•		•
Blauschimmelkäsesauce (s. S. 49)	•	•				•		•
Béchamelsauce (s. S. 32)						•		•
Exotische Béchamelsauce (s. S. 50)	•				•	•		
Aurorasauce (s. S. 50)	•				•			
Petersiliensauce (s. S. 50)					•	•		
Gemischte Kräutersauce (s. S. 50)	•				•	•		
Velouté (s. S. 52)	•		•	•				
Kapernsauce (s. S. 52)			•	•				
Zitronengras-Kokosnuss-Sauce (s. S. 52)	•				•	•		
Sauce suprême (s. S. 53)	•							
Olivenölsauce (s. S. 53)	•				•	•		
Senfsauce (s. S. 53)	•	•	•	•	•	•		
Sauce béarnaise (s. S. 54)		•		•				
Weiße Buttersauce (s. S. 54)					•			
Orangen-Buttersauce (s. S. 54)	•			•				
Zitronengras-Buttersauce (s. S. 54)	•				•			•
Chili-Buttersauce (s. S. 54)	•	•			•	•		
Hollandaise (s. S. 34)					•	•		
Malteser Sauce (s. S. 55)	•				•	•		
Exotische Hollandaise (s. S. 55)	•				•	•		
Sabayon (s. S. 36)	•				•	•		
Rosa Champagner-Sabayon (s. S. 57)					•			
Seafood-Sabayon (s. S. 57)					•			
Avgolemono (s. S. 57)	•				•	•		
Orangen-Safran-Sabayon (s. S. 57)					•			
Brunnenkresse-Coulis (s. S. 58)					•	•		
Möhren-Coulis (s. S. 58)	•					•		
Avocado-Coulis (s. S. 59)	•				•	•		
Frischer Tomaten-Coulis (s. S. 59)	•					•		•
Gekochter Tomaten-Coulis (s. S. 59)	•	•	•	•	•	•		•
Demiglace (s. S. 60)		•						
Madeira-Demiglace (s. S. 61)		•						
Rote Demiglace (s. S. 61)		•						
Wacholder-Demiglace (s. S. 61)		•		•				
Gebundene Demiglace (s. S. 61)		•						
Wildpilze-Demiglace (s. S. 62)		•		•				
Rotweinsauce (s. S. 62)					•			
Orangen-Safran-Sauce (s. S. 62)	•				•			

	Geflügel	Rind	Schwein	Lamm	Fisch, Meeresfrüchte	Gemüse	Salate	Pasta & Reis
Frühlingszwiebel-Ingwer-Sauce (s. S. 64)					•			
Zitronensauce (s. S. 64)					•			
Balsamessigsauce (s. S. 64)	•				•			
Traditioneller Braten-Gravy (s. S. 65)	•	•	•	•				
Tomaten-Gravy (s. S. 65)	•		•	•				
Senf-Gravy (s. S. 65)	•	•	•	•				
Lamm- oder Wild-Gravy (s. S. 65)			•	•				
Zwiebel-Gravy (s. S. 65)			•	•				
Karamellisierter Zwiebel-Gravy (s. S. 65)	•		•	•				
Blauschimmelkäse-Dressing (s. S. 66)		•					•	
Thousand-Island-Dressing (s. S. 66)		•				•	•	
Feta-Dressing (s. S. 66)						•	•	
Mango-Dressing (s. S. 66)	•		•	•	•	•	•	
Sauerrahm-Dressing (s. S. 68)					•	•	•	
Tahinsauce (s. S. 68)				•	•	•	•	
Haselnuss-Tahinsauce (s. S. 68)	•			•	•	•	•	
Erdnuss-Tahinsauce (s. S. 68)	•			•	•	•	•	
Grüne Tahinsauce (s. S. 68)	•			•	•	•	•	
Salatcreme (s. S. 68)						•	•	
Vinaigrette (s. S. 68)	•				•	•	•	•
Roquefort-Dressing (s. S. 68)		•				•	•	•
Knoblauch-Kräuter-Vinaigrette (s. S. 68)					•	•	•	•
Paprika-Chili-Vinaigrette (s. S. 69)	•				•	•	•	•
Gekochte Vinaigrette (s. S. 69)	•				•	•	•	•
Würzige Vinaigrette (s. S. 69)					•	•	•	•
Himbeer-Vinaigrette (s. S. 69)	•				•	•	•	
Ahornsirup-Vinaigrette (s. S. 69)	•					•	•	
Kräuteröl (s. S. 70)	•	•	•	•	•	•	•	•
Lavendelöl (s. S. 70)				•			•	
Karamellisiertes Thai-Öl (s. S. 70)	•					•	•	•
Zitronenöl (s. S. 70)	•				•	•	•	•
Knoblauchöl (s. S. 70)	•	•	•	•	•	•	•	•
Frisches Chiliöl (s. S. 71)	•	•	•	•	•	•	•	•
Rauchiges Chiliöl (s. S. 71)	•	•	•	•	•	•	•	•
Kaffir-Limetten-Öl (s. S. 71)	•				•	•	•	•
Mayonnaise (s. S. 72)	•				•	•	•	
Knoblauchmayonnaise (s. S. 72)	•				•	•	•	
Kräutermayonnaise (s. S. 72)	•				•	•	•	
Rauchige Paprikamayonnaise (s. S. 72)	•				•	•	•	
Orangen-Senf-Mayonnaise (s. S. 72)	•	•			•	•	•	
Rote-Bete-Mayonnaise (s. S. 72)	•				•	•	•	
Harissa-Mayonnaise (s. S. 72)	•				•	•	•	
Garnelen-Cocktailsauce (s. S. 72)	•				•	•	•	

	Geflügel	Rind	Schwein	Lamm	Fisch, Meeresfrüchte	Gemüse	Salate	Pasta & Reis
Green-Goddess-Dressing (s. S. 72)		•			•	•	•	
Gribiche Sauce (s. S. 73)		•			•	•	•	
Tartarensauce (s. S. 73)					•	•		
Leichte Mayonnaise (s. S. 73)					•	•	•	
Aïoli (s. S. 73)	•	•	•	•	•	•	•	
Remouladensauce (s. S. 73)	•	•	•	•	•	•	•	
Chilibutter (s. S. 74)	•	•	•	•	•	•		•
Zitronengras-Limetten-Butter (s. S. 74)	•		•	•	•	•		•
Tomatenbutter (s. S. 74)	•	•	•	•	•	•		•
Anchovisbutter (s. S. 75)		•			•	•		•
Zitronenbutter (s. S. 75)	•				•	•		•
Knoblauchbutter (s. S. 75)	•	•	•	•	•	•		•
Würzige Tomaten-Chili-Sauce (s. S. 76)					•			
Würzige Tomaten-Fenchel-Sauce (s. S. 76)	•				•			
Würzige Paprikasauce (s. S. 76)	•	•			•	•		•
Trockenes Fleisch-Curry (s. S. 78)	•	•		•	•			
Trockenes Gemüse-Curry (s. S. 79)						•		
Anglo-Indisches Curry (s. S. 79)	•	•	•	•	•	•		
Lamm-Korma (s. S. 80)				•				
Hähnchen-Korma (s. S. 80)	•							
Paneer- oder Tofu-Korma (s. S. 80)								
Rogan Josh (s. S. 82)	•	•						
Vanille-Curry (s. S. 82)	•							
Sabzi (s. S. 83)	•	•		•				
Pflaumensauce zu Fisch (s. S. 83)					•			
Süßsaure Sauce (s. S. 84)	•		•	•	•			
Fruchtige süßsaure Sauce (s. S. 84)	•		•	•	•			
Schwarze-Bohnen-Sauce (s. S. 84)	•	•	•	•	•	•		
Rote Currypaste (s. S. 85)		•	•	•				
Gelbe Currypaste (s. S. 85)	•		•	•	•	•		
Grüne Currypaste (s. S. 86)	•	•	•	•	•	•		
Milde Currysauce zu Fisch (s. S. 86)					•			
Mole (s. S. 88)	•			•				
Chili con carne (s. S. 89)		•		•				
Mancha manteles (s. S. 89)		•	•					
Passata (s. S. 90)	•	•	•	•	•	•		•
Arrabbiata (s. S. 90)	•							•
Auberginesauce (s. S. 90)				•		•		•
Tomaten-Thunfisch-Sauce (s. S. 91)								•
Tomaten-Zucchini-Sauce (s. S. 91)								•
Vongole (s. S. 92)								•
Dreierlei-Tomaten-Sauce (s. S. 92)	•				•	•		•
Wildpilzsauce (s. S. 92)	•							•
Pilzrahmsauce (s. S. 92)	•	•						•
Dreierlei-Chili-Sauce (s. S. 94)	•		•	•	•	•		•
Tomaten-Gurken-Salsa (s. S. 94)	•					•		•
Tomaten-Paprika-Salsa (s. S. 96)	•		•	•	•	•		•
Papaya-Limetten-Salsa (s. S. 96)	•	•	•	•	•	•		•
Exotische Papaya-Limetten-Salsa (s. S. 96)	•	•	•	•	•	•		•
Rote-Bete-Apfel-Salsa (s. S. 96)						•		•
Tomatillo-Salsa (s. S. 97)	•	•	•	•	•	•		•
Granatapfel-Kräuter-Salsa (s. S. 97)		•			•	•		•
Guacamole (s. S. 97)	•					•		

	Geflügel	Rind	Schwein	Lamm	Fisch, Meeresfrüchte	Gemüse	Salate	Pasta & Reis
Bunte Paprika-Salsa (s. S. 98)	•	•	•	•	•	•		•
Zitrus-Salsa (s. S. 98)	•				•	•		
Mango-Tomaten-Salsa (s. S. 98)	•				•	•		•
Geröstete Mais-Salsa (s. S. 98)	•	•	•			•		
Frisches Zwiebel-Chutney (s. S. 100)	•				•	•		
Kräuter-Chutney (s. S. 100)	•			•	•	•		
Kokosnuss-Chutney (s. S. 100)				•		•		•
Cashewnuss-Chutney (s. S. 100)	•				•	•		
Grünes Chili-Chutney (s. S. 101)			•	•		•		
Möhren-Chutney (s. S. 101)	•			•		•		
Bananen-Chutney (s. S. 101)	•	•	•	•		•		
Matbucha (s. S. 102)	•			•		•		
Grünes Chili-Relish (s. S. 102)		•	•	•		•		
Harissa (s. S. 103)	•	•	•	•	•	•		•
Fruchtiges Chili-Relish (s. S. 103)	•				•	•		
Zwei-Tomaten-Relish (s. S. 103)	•				•	•		
Exotisches Früchte-Relish (s. S. 103)	•		•	•				
Zwiebel-Raita (s. S. 104)				•	•	•		
Tomaten-Raita (s. S. 104)	•		•	•		•		•
Quitten-Sambal (s. S. 104)	•	•	•	•		•		•
Möhren-Sambal (s. S. 104)	•	•		•		•		
Gurken-Sambal (s. S. 104)	•				•	•		
Rauchiger Auberginen-Dip (s. S. 105)	•			•	•	•		
Paprika-Auberginen-Dip (s. S. 105)				•	•	•		
Schafkäse-Auberginen-Dip (s. S. 105)				•	•	•		
Joghurt-Knoblauch-Zitronen-Dip (s. S. 105)					•	•		
Einfacher Joghurt-Dip (s. S. 105)				•	•	•		
Bohnen-Dip (s. S. 106)						•		
Paprika-Dip (s. S. 106)						•		
Taramósalata (s. S. 106)					•	•		
Sauerrahm-Safran-Dip (s. S. 106)					•	•		
Lavendel-Marinade für Lamm (s. S. 108)				•				
Mediterrane Marinade für Fisch (s. S. 108)					•			
Cidre-Kräuter-Marinade (s. S. 110)		•	•					
Traditionelle Grillsauce (s. S. 110)	•	•	•	•				
Grillsauce mit Kakao (s. S. 110)		•	•					
Tandoori-Marinade (s. S. 110)	•	•	•	•	•			
Orangen-Ingwer-Sauce (s. S. 111)	•		•					
Bier-Marinade (s. S. 111)		•	•					
Ceviche (s. S. 112)					•			
Tzaramelo (s. S. 112)	•	•	•	•	•			
Orientalische Soja-Marinade (s. S. 113)	•	•	•	•	•	•		
Zitronen-Chili-Marinade (s. S. 113)	•				•			
Aprikosen-Kräuter-Marinade (s. S. 113)			•	•				
Chimichurri (s. S. 113)	•	•	•	•				
Südafrikanische Sosatie (s. S. 113)	•	•	•	•				
Kräuterpaste für Fisch (s. S. 114)					•			
Paste für gekochtes Fleisch (s. S. 114)	•	•	•	•				
Papaya-Paste zum Marinieren (s. S. 114)		•	•	•				
Scharfe Jamaika-Paste (s. S. 114)	•	•	•	•				
Nordafrikanische Gewürzpaste (s. S. 115)	•		•	•				
Kräuter-Marinade (s. S. 115)		•	•	•				
Spareribs-Marinade (s. S. 115)		•	•					

	Geflügel	Rind	Schwein	Lamm	Fisch, Meeresfrüchte	Gemüse	Salate	Pasta & Reis
Indische Trockenmarinade (s. S. 115)	•	•	•	•	•			
Apfelsauce (s. S. 116)			•			•		
Preiselbeersauce (s. S. 116)	•		•	•				
Stachelbeersauce (s. S. 118)				•				
Kirschsauce (s. S. 118)		•	•	•				
Pflaumensauce (s. S. 118)	•		•	•	•	•		
Frische Beerensauce (s. S. 118)	•			•	•			
Cumberlandsauce (s. S. 118)	•	•	•	•				
Kirsch-Cumberlandsauce (s. S. 118)	•	•	•	•				
Minzsauce (s. S. 118)				•				
Brotsauce (s. S. 119)	•			•				
Meerrettich-Sahne-Sauce (s. S. 119)	•	•	•					
Chrain (s. S. 119)	•	•			•			
Pesto (s. S. 120)	•				•	•		•
Dill-Pesto (s. S. 120)	•				•	•		•
Koriander-Pesto (s. S. 120)	•		•	•	•	•		•
Oliven-Pesto (s. S. 120)	•				•	•		•
Tapenade (s. S. 122)					•	•		•
Anchoïade (s. S. 122)					•	•		•
Einfache Salsa verde (s. S. 122)	•		•	•	•	•		•
Agrodolce (s. S. 122)	•				•	•		
Skordalia (s. S. 122)	•				•	•		
Romesco (s. S. 123)	•			•		•		
Rouille (s. S. 123)	•				•	•		
Tarator (s. S. 124)	•					•		
Pistazien-Tarator (s. S. 124)	•					•		
Muhammra (s. S. 124)	•					•		
Malaiische Erdnusssauce (s. S. 124)	•	•	•	•		•		
Scharfe Anchovisbutter (s. S. 125)					•	•		
Scharfe Piri-Piri-Butter (s. S. 125)	•				•	•		
Tamarinden-Dipsauce (s. S. 125)	•				•	•		
Chinesische Dipsauce (s. S. 125)	•				•	•		
Thai-Dipsauce (s. S. 125)	•	•	•	•	•	•		
Vietnamesische Dipsauce (s. S. 125)	•	•	•	•	•	•		

Dessertsaucen

Dessertsaucen	Eiscreme	Früchte	Törtchen	Pudding, Auflauf	Pfannkuchen, Crêpes
Englische Creme (s. S. 126)	•	•	•	•	
Schokoladencremesauce (s. S. 126)	•	•	•	•	
Weinbrandcremesauce (s. S. 126)	•	•	•	•	
Beerencremesauce (s. S. 126)	•	•	•	•	
Honigcremesauce (s. S. 126)	•	•	•	•	•
Karamellcremesauce (s. S. 126)	•	•	•	•	
Läuterzucker (s. S. 128)	•	•	•	•	•
Zabaione (s. S. 128)		•	•	•	
Heidelbeer-Zabaione (s. S. 128)		•	•		
Mango-Zabaione (s. S. 128)		•	•		•
Joghurt-Honig-Sauce (s. S. 128)		•	•	•	•
Bananen-Karamell-Sauce (s. S. 129)	•			•	•
Ananas-Ingwer-Sauce (s. S. 129)	•			•	•
Rosinensauce (s. S. 129)	•			•	
Orangen-Rotwein-Sauce (s. S. 130)			•	•	
Passionsfruchtsauce (s. S. 130)	•	•	•	•	
Ahornsirup-Pekannuss-Sauce (s. S. 130)	•			•	•
Gekochter Früchte-Coulis (s. S. 130)	•	•	•	•	
Roher Früchte-Coulis (s. S. 130)	•	•	•	•	
Einfache Schokoladensauce (s. S. 132)	•	•		•	•
Weiße Schokoladensauce (s. S. 132)			•		
Fudge-Sauce (s. S. 132)	•		•		•
Üppige Fudge-Sauce (s. S. 132)	•		•		•
Nuss-Fudge-Sauce (s. S. 132)	•		•		•
Ingwer-Fudge-Sauce (s. S. 132)	•		•		•
Weinbrand-Fudge-Sauce (s. S. 132)	•				
Weinbrandbutter (s. S. 133)			•	•	•
Rum-Ingwer-Butter (s. S. 133)			•	•	•
Orangenbutter (s. S. 133)			•	•	•
Kirschbutter (s. S. 133)			•	•	•

REGISTER

Kursiv gedruckte Seitenzahlen verweisen auf Bilder.

A

B

C

D

E

F

G

Danksagung

Dank des Autors
Ein Buch wie *Saucen, Salsas, Dressings* zu schreiben ist Teamarbeit, und ich möchte allen danken, die an seiner Entstehung mitgewirkt haben. Im Büro: Susannah Marriott, die immer Zeit für meine Einwände hatte und mir doch die Freiheit gab, meine eigenen Vorstellungen zu verwirklichen, wo immer dies möglich war; Tracy Ward und Nicky Graimes, die zwar nicht unmittelbar an dem Buch mitarbeiteten, jedoch in das Originalkonzept einbezogen waren. Mein Dank gilt Alison Austin, meinem Assistenten, der in allen Phasen die Ruhe bewahrte; Amanda Young, meinem Engel, die mich zu den zahlreichen südostasiatischen Saucen anregte; ebenso Sue Storey, Jane Suthering und Jane Middleton. Mein besonderer Dank gilt Ian O'Leary, dessen unerschütterliche Geduld, Humor und großartiger Sachverstand für das Künstlerische Leben und Schwung in das Buch brachten, sowie seiner Assistentin Emma Brogi; und schließlich meinem Verleger Nasim Mawji, dessen Begeisterung, Freundschaft, Unternehmungsgeist und Intelligenz dazu beigetragen haben, dass mir das Schreiben dieses Buches so viel Freude bereitet hat.

Dorling Kindersley möchte David Summers und Janice Anderson für ihre redaktionelle Bearbeitung danken; Bodum für seine Bereitstellung von Töpfen und Pfannen; Celia Morris von Kitchen Aid für das Beisteuern eines elektrischen Rührgeräts; The Fresh Olive Company für das Olivenöl; Pam Bewley von Magimix für die Bereitstellung eines Magimix; Hujo's Restaurant in Berwick Street. Dank gilt auch Valerie Chandler für die Erstellung des Registers.